ÉCONOMIE DE L'HISTOIRE

THÉORIE DE L'ÉVOLUTION

PAR

G. DE MOLINARI

Correspondant de l'Institut

Rédacteur en chef du *Journal des Économistes*

PARIS

FÉLIX ALCAN, ÉDITEUR

LIBRAIRIES FÉLIX ALCAN ET GUILLAUMIN RÉUNIES

108, BOULEVARD SAINT-GERMAIN, 108

—

1908

ÉCONOMIE DE L'HISTOIRE

THÉORIE DE L'ÉVOLUTION

OUVRAGES DE M. G. DE MOLINARI

LIBRAIRIE FÉLIX ALCAN

Les Soirées de la rue Saint-Lazare. Entretiens sur les lois économiques et défense de la propriété. 1 vol gr. in-18 1849. Paris .... 3 fr. 50

Conversations sur le commerce des grains et la protection de l'agriculture. Nouvelle édit. 1 vol. gr. in-18. 1886 3 fr. 50

Les Lois naturelles de l'économie politique. 1 vol. gr. in-18. 1887 .... 3 fr. 50

La Morale économique. 1 vol. in-8°. 1888.... 7 fr. 50

Notions fondamentales d'économie politique et Programme économique. 1 vol. in-8°, 1891.................. 7 fr. 50

Religion. 1 volume gr. in-18 2e édition, 1892... 3 fr. 50

Précis d'économie politique et de morale. 1 vol. gr. in-18. 1893.. 3 fr. 50

Les Bourses du travail 1 volume in-18. 1893... 3 fr. 50

Science et Religion. 1 volume gr in-18. 1894.. 3 fr. 50

Comment se résoudra la question sociale. 1 vol. gr. in-18, 2e édition. 1896.. 3 fr. 50

La Viriculture. 1 vol. gr. in-18. 1897................ 3 fr. 50

Grandeur et Décadence de la Guerre. 1 vol. gr. in-18. 1898.. 3 fr. 50

Esquisse de l'organisation politique et économique de la Société future. 1 volume gr. in-18. 1899..... 3 fr. 50

Les Problèmes du XXe siècle. 1 vol. gr. in-18. 1901 3 fr. 50

Questions économiques à l'ordre du jour. 1 vol. gr. in-18. 1906.. 3 fr. 50

L'Évolution économique du XIXe siècle. Théorie du progrès. 1 vol. in-18°. 1880, Paris, C. Reinwald.......... 6 fr. »

L'Évolution politique et la Révolution. 1 vol. in-8°. 1881. Paris, C. Reinwald........................ 7 fr. 50

ÉCONOMIE DE L'HISTOIRE

THÉORIE DE L'ÉVOLUTION

PAR

G. DE MOLINARI
Correspondant de l'Institut
Rédacteur en chef du *Journal des Économistes*

PARIS
FÉLIX ALCAN, ÉDITEUR
LIBRAIRIES FÉLIX ALCAN ET GUILLAUMIN RÉUNIES
108, BOULEVARD SAINT-GERMAIN, 108

1908

THÉORIE DE L'ÉVOLUTION

CHAPITRE PREMIER

Les lois naturelles.
Le gouvernement des espèces inférieures.

De tout temps, les hommes ont cru que leur destinée était régie par une puissance surhumaine. C'était le Fatum des païens, auquel a succédé la Providence des chrétiens. L'homme s'agite et Dieu le mène, disait Bossuet. Au pouvoir d'une divinité, la science moderne a substitué celui des lois naturelles. Si la connaissance de ces lois qui gouvernent l'activité des êtres vivants aussi bien que les mouvements des astres ne nous a point donné encore des notions certaines sur l'origine de la multitude des espèces qui peuplent notre globe, elle nous explique comment elles se conservent et comment elles progressent. Tandis que leur capacité de progrès diffère, selon la nature et la somme des forces vitales dont elles sont pourvues, les lois sous l'impulsion desquelles elles se conservent et progressent sont les mêmes. Ces lois gouvernent l'existence du plus humble végétal comme celle de l'homme, et si, à la connaissance de leur opération, on joint celle des caractères de l'espèce et du rang qu'elle occupe dans la hiérarchie des êtres, on pourra savoir jusqu'à quel point le végétal ou l'homme sera capable de se modifier et de se perfectionner.

I. Les lois naturelles. L'économie des forces et la concurrence

Quelle est la nature du phénomène de la vie ? Nous l'ignorons. En revanche, nous savons que la vie ne peut se conserver dans les êtres où elle réside qu'à la condition d'y être entretenue et renouvelée par l'apport et la consommation de matériaux et de forces qui lui soient assimilables. On peut la comparer à une flamme qu'il faut incessamment alimenter par des matériaux combustibles. L'être vivant est averti de cette nécessité ou, pour nous servir de l'expression économique, de ce « besoin », par la souffrance. Sous l'aiguillon de la souffrance, il cherche les matériaux propres à l'entretien de sa vie, il les consomme et cette consommation lui procure une jouissance. Tel est le mobile initial de son activité.

Ces matériaux, l'être vivant les trouve dans le milieu où il est plongé. Quelques-uns, — tel est l'air respirable, — lui arrivent sans qu'il ait à faire aucun effort pour s'en emparer, mais il en est autrement du plus grand nombre. Leur acquisition et leur appropriation au besoin, exigent une dépense préalable de forces, laquelle constitue un « travail ». De là, la loi naturelle de l'économie des forces ou du moindre effort à laquelle obéissent consciemment ou inconsciemment tous les êtres vivants. Tous travaillent pour éviter une souffrance, une peine, et se procurer une jouissance. Cependant le résultat qu'ils obtiennent est toujours plus ou moins aléatoire. Tantôt la force dépensée dans le travail est inférieure à la force acquise, la jouissance excède la peine, et le travail se solde par un « profit », tantôt la force acquise est inférieure à la force dépensée, la peine dépasse la jouissance et le travail se solde par une perte, tantôt, enfin, la force dépensée et la force acquise, la peine et la jouissance se balancent, il n'y a ni profit, ni perte. Mais c'est l'espoir sinon la certitude du profit qui détermine l'être vivant à faire l'effort et à endurer la peine du travail.

Tous les êtres vivants travaillent donc pour réaliser un profit, lequel constitue un capital de vitalité, dont l'emploi représente des jouissances. Ce capital peut recevoir des destinations de diverses sortes, mais la plus nécessaire à la conservation de l'espèce consiste dans la reproduction. Les êtres vivants n'ont, en effet, qu'une existence limitée et, dans ces limites mêmes, sont continuellement exposés à des risques de destruction. Ils doivent se reproduire pour conserver l'espèce, et leur reproduction doit être d'autant plus abondante que leur vie est plus courte et exposée à plus de risques.

De la multiplication des êtres vivants, suscitée par l'emploi de leur excédent de forces vitales à la reproduction, naît la concurrence.

La concurrence apparaît et agit aussitôt que plusieurs individus ont besoin des mêmes matériaux pour alimenter leur vitalité et sont obligés de travailler, c'est-à-dire de faire une dépense de force et de peine pour les acquérir. Si ces matériaux existaient en quantité illimitée, et s'ils pouvaient être obtenus sans travail, il n'y aurait point de concurrence, mais tel n'est point l'arrangement des choses. Même quand les matériaux de la vie existent en quantité suffisante pour alimenter la généralité de ceux qui en ont besoin, ils ne sont pas tous également accessibles ; les uns exigent plus de travail, les autres moins. Alors, sous l'impulsion de la loi de l'économie des forces, surgit la concurrence, chacun ayant pour objectif l'acquisition des plus accessibles, de ceux qui peuvent être acquis avec la moindre dépense de travail et de peine. Dans cette lutte, les plus forts l'emportent ; les plus faibles sont obligés de se rabattre sur les matériaux qui exigent une dépense plus considérable, et ceux qui sont trop faibles pour surmonter les obstacles à leur acquisition sont condamnés à périr. Il en est de même lorsque les matériaux de vitalité sont insuffisants pour alimenter tous ceux qui en ont besoin.

Le rôle de la concurrence consiste donc à éliminer les plus faibles, et à exciter ainsi sous la plus efficace des peines, celle de la perte de la vie, tous les individus de chaque espèce à devenir plus forts. Elle est le propulseur du progrès.

Elle remplit aussi l'office de régulateur, en établissant l'équilibre entre la population utile de chaque espèce et ses moyens de subsistance. — Si cette population devient trop nombreuse, la pression de la concurrence augmente et élimine les plus faibles ; si la population devient insuffisante, la pression de la concurrence diminue et laisse subsister un contingent des plus faibles jusqu'à ce que l'équilibre soit rétabli.

Cette élimination des plus faibles qu'opère la concurrence occasionnerait une énorme déperdition de vie si la nature utilitaire n'avait pas évité ce gaspillage en employant les individus les plus faibles qui constituent le rebut de chaque espèce à nourrir les individus les plus forts d'une ou de plusieurs autres.

II. Comment la nature pourvoit au gouvernement des espèces

Toutes les espèces qui peuplent notre globe alimentent leur vitalité aux dépens les unes des autres: les espèces végétales trouvent leur subsistance dans les matériaux et les forces vitales contenues dans le sol, les eaux et l'atmosphère ; les espèces animales vivent, les unes, aux dépens des espèces végétales et des espèces animales ; d'autres encore exclusivement aux dépens de ces dernières. Chacune perçoit un impôt sur les espèces que la nature a chargées de la nourrir et en paie un autre à celles qu'elle nourrit. Elle détruit l'organisme en possession des matériaux de vitalité dont elle s'empare et qu'elle fait passer dans le sien. Bref, chaque espèce entretient sa vitalité par le meurtre et le vol. L'impôt qu'elle prélève par ce procédé lui procure une jouissance, laquelle est achetée par la souffrance que la destruction de l'organisme vital et le vol des matériaux de la vie inflige à l'espèce alimentaire.

La nature atteint ainsi un double but qui est d'économiser les matériaux de la vie et de pourvoir à la conservation et au progrès des espèces, en les assujettissant à une double lutte, lutte entre les individus pour se dérober au paiement de l'impôt, lutte pour le percevoir. Le globe apparaît comme un vaste champ de bataille, dans lequel la victoire appartient aux plus forts. Les vainqueurs subsistent à l'avantage de l'espèce, les vaincus périssent. Il faut donc devenir plus fort sous peine de subir le maximum de souffrance qu'entraîne la destruction de la vie. De là, les progrès que la concurrence impose aux individus de chaque espèce, et qu'ils s'appliquent consciemment ou inconsciemment à réaliser, soit pour se dérober à l'impôt, soit pour le percevoir. L'excitation à les réaliser est plus ou moins vive selon le degré d'intensité de la pression de la concurrence. Si les concurrents à l'acquisition de la subsistance sont nombreux, si la subsistance est rare ou difficile à atteindre, l'excitation sera portée au plus haut degré, et elle déterminera l'invention des procédés les mieux adaptés au but : la conservation de la vie. Ces procédés peuvent être rangés en trois catégories : 1° Le plein développement des facultés individuelles ; 2° L'association ; 3° L'appropriation.

I. *Le plein développement des facultés individuelles.* — Toutes les espèces sont excitées à exercer et à développer les facultés qui leur sont nécessaires tant pour atteindre celles qui leur servent de nourriture que pour se dérober à celles qui vivent à leurs dépens : telles sont les facultés physiques de la vue, de l'ouïe, de l'odorat, de la vélocité, telles sont encore certaines facultés intellectuelles et morales : la ruse, la prudence, la patience. Ces facultés ou ces qualités sont plus ou moins développées dans la même espèce, selon les circonstances du milieu, selon qu'elle peut atteindre plus ou moins aisément les espèces qui l'alimentent et qu'elle est obligée de se défendre contre des espèces plus ou moins fortes. Et il faut remarquer que les progrès que chaque espèce réalise pour acquérir la subsistance ont pour effet d'en susciter d'autres chez celle qui la lui fournissent. Il n'y a de limites à ce développement progressif des facultés nécessaires à la conservation de la vie que celles qui sont marquées par le nombre et la nature des facultés de chaque espèce.

II. *L'association.* — Ce n'est point, comme on le

suppose d'habitude, un sentiment de sympathie entre les individus de la même espèce qui les pousse à s'associer, c'est la satisfaction que l'association apporte à leur besoin de conservation, en augmentant leur sécurité, en l'assurant mieux, moyennant une moindre dépense de force et de peine. La sympathie n'est point le facteur de l'association, elle en est le produit. Elle a sa source dans le service d'assurance mutuelle que se rendent les associés et se proportionne à l'utilité de ce service. Elle est d'autant plus vive que les risques auxquels ils sont exposés sont plus grands, et que la coopération de tous est plus utile à chacun.

Dans les espèces inférieures,végétales et animales, l'association est à l'état embryonnaire elle consiste en un simple rapprochement mais ce rapprochement des individus ne leur est pas moins utile, en ce qu'il augmente leur sécurité par la division des risques. Plus les troupes de harengs, de sardines, de sauterelles sont nombreuses, moindres sont les risques qui menacent les existences individuelles. Ces associations embryonnaires comprennent la grande majorité des espèces inférieures. Il en est peu qui vivent à l'état de couples ou de familles. Il en est autrement à mesure qu'on s'élève dans l'échelle de l'animalité. Parmi les carnassiers, par exemple, ceux qui sont capables de se défendre et d'atteindre leur proie sans recourir à l'association, vivent isolés. Tels sont les lions, les tigres et les requins.

Aux herbivores qui servent de pâture aux carnivores, l'association est généralement avantageuse. Ils s'associent tant pour suppléer, par l'emploi de leurs forces réunies, à l'insuffisance de leurs armes défensives que pour se créer collectivement des abris qui les dérobent à la dent de leurs ennemis. C'est toujours en définitive un profit, résultant de la supériorité de la productivité de l'association qui la détermine. Quand ce profit n'existe pas, quand l'effort individuel rapporte autant que l'effort collectif, ou bien encore quand l'excédent de jouissance ou d'épargne de peine que procure celui-ci ne compense pas, et au-delà, l'effort auquel l'individu doit se livrer et les sacrifices qu'il doit s'imposer pour se plier aux règles ou lois de l'association, il n'a aucune raison de s'associer et il ne s'associe pas.

Car toute association exige l'établissement de règles ou « lois » adaptées au but en vue duquel elle s'est constituée et nécessaires à sa conservation. Dans les sociétés animales, le but consiste dans la défense de la vie et des moyens d'existence de leurs membres contre les espèces auxquelles elles servent de nourriture, dans la poursuite et l'attaque des espèces dont elles se nourrissent. Elles se fondent lorsque, dans l'un et l'autre cas, l'emploi des forces associées procure un plus grand profit que celui des forces isolées. Tel est le mobile déterminant de l'association. Tous ses membres sont donc intéressés à son existence, en raison et en proportion de la supériorité du profit de l'emploi de leurs forces associées sur celui de leurs forces isolées. Mais ce profit est acheté par les efforts et les sacrifices que nécessite la mise en œuvre et la conservation de l'association. Qu'il s'agisse de la défense ou de l'attaque, il faut que les associés organisent leur travail conformément à la loi naturelle de l'économie des forces ; ce qui implique une discipline et une direction, une hiérarchie et un chef, par conséquent, l'obligation, pour chacun, de renoncer à une partie de sa liberté d'agir pour la transférer à un supérieur hiérarchique. C'est chez un chef, reconnu le plus propre à les mettre en œuvre, à l'avantage de tous, que s'accumulent et s'unifient ces portions de liberté, représentant autant de forces individuelles. Cette collectivité de libertés et de forces, dans lesquelles les siennes sont comprises, le chef, à son tour, n'est pas libre de leur donner un emploi autre que celui pour lequel l'exercice lui en a été conféré. Mais ces servitudes que l'association impose à ses membres ne sont ni les seules, ' les plus graves. Elle en impose une autre, particulièrement sensible aux plus forts. Elle leur interdit, à l'égard de leurs associés plus faibles, la pratique du vol et du meurtre qui est leur mode naturel d'acquisition des matériaux de la vie. Elle les oblige même à assister et protéger les faibles au lieu de les dépouiller. Elle leur impose enfin toutes les charges et tous les sacrifices que peut exiger sa conservation, en y comprenant même le sacrifice de la vie.

Or, pour que des individus consentent librement à observer ces règles et à s'imposer ces charges et ces sacrifices, il faut qu'ils soient, au moins, dans quelque mesure, pourvus d'intelligence et de force morale. L'intelligence leur est nécessaire d'abord pour comprendre l'utilité de l'association. A la vérité, cette nécessité, l'expérience ne tarde pas à la leur enseigner. Ils constatent aisément qu'en unissant leurs forces au lieu de les mettre en œuvre isolément, ils peuvent mieux sauvegarder leur existence ou bien encore s'emparer avec une moindre dépense d'efforts et de peine des matériaux nécessaires à la satisfaction de leurs besoins. Il leur est moins facile de comprendre la nécessité des servitudes et des charges que nécessite l'association et d'évaluer si elles en dépassent ou non les avantages ; en un mot, si l'association se solde pour eux par une perte ou par un profit. Que la plupart des espèces animales possèdent assez d'intelligence pour faire cette évaluation, on peut en trouver la preuve dans ce qu'elles sont plus nombreuses que celles qui vivent à l'état d'isolement individuel.

Cependant, si l'intelligence est le premier facteur et le facteur nécessaire à l'association, elle ne suffit pas à la conserver. L'intelligence peut bien faire comprendre aux individus que les efforts et les sacrifices que l'association exige d'eux, leur en épargnent de plus grands et de plus pénibles, en leur laissant ainsi un profit, mais elle ne possède pas en elle-même la force spéciale, *sui generis*, que nécessite l'accomplissement de ces efforts et de ces sacrifices. De quoi s'agit-il ?

Il s'agit avant tout de lutter contre l'impulsion de l'instinct qui pousse le plus fort à satisfaire sa faim, avec le moindre effort, en dévorant le plus faible. En vain, l'intelligence dont le plus fort est pourvu lui fait-elle comprendre clairement qu'en l'obligeant à respecter le plus faible, l'association lui procure, par d'autres côtés, une économie de forces incomparablement plus grande, il lui faut, pour résister à l'impulsion de son instinct alimentaire, une force supérieure, et cette force, il ne la trouve point dans l'intelligence. Elle réside dans une autre partie de son être moral : dans le sentiment du juste, agissant à la suggestion et à la lumière de l'intelligence. Les règles ou « lois » que l'intelligence reconnaît utiles à l'association, le sentiment moral du juste met à son service la force qui lui est propre pour les faire observer. Il oppose cette force à celle des instincts qui veulent se satisfaire quand même, dût cette satisfaction être nuisible à autrui et compromettre l'existence de l'association.

Cependant l'existence du sentiment du juste ne suffirait pas seule à expliquer l'obéissance aux règles ou lois nécessaires à l'association. Dans toutes les sociétés animales et même humaines, un nombre plus ou moins considérable d'individus ne possèdent ni assez d'intelligence pour apprécier l'utilité de ces règles ou de ces lois, ni un sentiment du juste assez fort pour s'y conformer. A ce sentiment doit s'en joindre un autre, celui de la vénération ou du respect et de la soumission aux plus forts et aux plus capables. C'est sous l'influence de ce sentiment, associé à celui du juste que la foule obéit à ses chefs et aux règles qu'ils commandent en leur prêtant, au besoin, son appui pour en imposer l'obéissance. Tels sont les facteurs de la formation et de la conservation de toutes les sociétés qui existent dans les espèces les plus basses comme dans les plus hautes.

C'est plutôt pour échapper à la perception de l'impôt vital que pour percevoir cet impôt que se constituent les sociétés animales. C'est pour rendre cet impôt plus productif que celles qui le perçoivent ont recours à un autre procédé : l'appropriation.

III. *L'appropriation.* — Certaines espèces s'approprient un canton où elles trouvent en abondance celles dont elles se nourrissent, et elles en interdisent l'accès ou en bannissent leurs concurrents plus faibles, soit qu'ils appartiennent à une espèce étrangère ou même à la leur. De là des luttes qui se terminent par la destruction ou l'expulsion des plus faibles.

Sans doute, ceux-ci auraient péri, quand même ils n'auraient pas été éliminés par les plus forts ; mais en consommant et en raréfiant, dans le cours de leur existence, la quantité de subsistances contenue dans le canton, ils auraient diminué la part des plus forts et augmenté la somme d'efforts qu'elle exige. L'élimination de leurs concurrents procure donc aux plus forts un profit consistant dans la quantité de subsistances qu'ils auraient consommée, partant, dans la somme de jouissance ou d'épargne de peine que représente cette consommation, sous déduction toutefois de la somme d'efforts et de peine que coûte aux plus forts l'élimination ou la destruction des plus faibles.

C'est ainsi que, sous la pression de la concurrence, les individus appartenant à la multitude d'espèces entre lesquelles se distribue la vie sont excités à développer pleinement leurs forces vitales, à s'associer quand l'association leur est avantageuse, et à s'approprier les localités où ils trouvent leur subsistance.

La concurrence agit donc comme le propulseur du progrès, en le rendant nécessaire sous peine de mort. En même temps, elle remplit l'office de régulateur, en employant la portion la plus faible de la population de chaque espèce, partant la moins propre à en assurer la durée, à nourrir la portion la plus forte d'une ou de plusieurs autres espèces. Lorsque l'impôt vital est excessif, la population qui le fournit diminue et sa diminution entraîne celle de la population qui le perçoit, en rétablissant ainsi l'équilibre entre les subsistances de la population utile de chacune. Lorsque l'impôt tombe au-dessous du taux nécessaire, l'effet contraire se produit, jusqu'à ce que l'équilibre soit de nouveau rétabli.

Cet impôt vital est *utile*, en ce qu'il élimine les individus les moins capables de conserver et de faire progresser l'espèce. Au premier abord, il nous paraît contraire à l'idée que nous nous faisons de la justice. Mais nous ne connaissons point tous les secrets de la nature. Nous ignorons si en répandant et en diversifiant les germes de la vie, elle n'a pas laissé à ses créatures le soin de les développer, et si en sacrifiant celles qui sont restées en retard au profit de celles qui ont rempli son dessein, elle n'agit point d'une manière conforme à la justice aussi bien qu'à l'utilité.

Si nous considérons d'ailleurs la situation des espèces dans lesquelles la nature a répandu la vie, nous trouvons qu'elle a donné à chacune le pouvoir d'acquérir une certaine somme de jouissances au prix d'une somme de peines, et qu'aussi longtemps qu'elles conservent leur vitalité intacte, la somme des jouissances dépasse celle des peines.

Les jouissances consistent dans la satisfaction que procure la consommation des matériaux de la vie et l'emploi de l'excédent de ces matériaux à la reproduction et à la satisfaction des autres instincts et sentiments dont la nature a pourvu, à des degrés inégaux, les différentes espèces. Les peines résident d'abord dans les efforts que nécessite l'acquisition des matériaux de la vie, ensuite dans les risques résultant des périls qui menacent toutes les existences et dans la douleur qui s'attache à l'échéance de ces risques. Seulement, tout en y exposant ses créatures, la nature leur donne les moyens, sinon de s'en affranchir, du moins de les atténuer, en devenant plus fortes. A mesure qu'elles y parviennent et que l'accroissement de leur pouvoir de résistance diminue leurs risques, le sentiment de leur force les rassure, fait descendre le plateau de la balance de leurs peines et monter celui de leurs jouissances. Devenir plus forts, tel est donc le commandement de la nature aux êtres auxquels elle a fait don de la vie, et, tout en les laissant libres d'obéir à ce commandement, elle les y incite en les soumettant à la loi de la concurrence vitale.

III. L'intervention de l'homme dans le gouvernement des espèces inférieures

L'homme a modifié la distribution de la vie entre les espèces inférieures, et remplacé sur un nombre croissant d'espèces le gouvernement de la nature par le sien.

L'action de l'homme s'opère sur les trois grandes catégories entre lesquelles se partagent les œuvres de la nature : les matières inorganiques, les végétaux et les animaux. L'homme extrait du sol les minéraux et la plupart des autres matières inorganiques pour les approprier à ses besoins, et selon l'emploi qu'il leur donne, il peut augmenter ou diminuer la somme de vie existant sur le globe. Son influence sur la production et la répartition de la vie dans les espèces végétales n'est pas moins sensible. En mettant en culture les végétaux qui servent à son alimentation et à celle de ses animaux domestiques, l'homme en accroît la quantité beaucoup plus que ne le faisait la nature. Il détruit les mauvaises herbes, c'est-à-dire celles qui sont ou qu'il croit impropres à son usage et les remplace par du blé, du riz ou d'autres végétaux utilisables. Quel est le résultat de cette substitution ? C'est d'enlever au sol la quantité de matériaux de vitalité nécessaire à l'alimentation du blé ou du riz, tout en laissant intacts ceux qui alimentent les mauvaises herbes. Mais, si ceux-ci ne conviennent pas au blé ou au riz, le sol ne tarde pas à s'épuiser. A cela l'homme a remédié d'abord en le laissant en jachère jusqu'à ce que la nature y ait reconstitué les matériaux alimentaires du blé ou du riz, ensuite en reconstituant lui-même ces matériaux par l'emploi des engrais ou mieux encore des substances particulièrement adaptées aux espèces végétales qu'il cultive. Mais, trop souvent, il a demandé au sol plus qu'il ne lui a restitué, et le résultat a été de transformer en déserts stériles des régions fécondes qui nourrissaient des populations nombreuses. L'homme y a éteint la vie. Son influence a été fréquemment plus désastreuse encore dans le domaine forestier. En dénudant les montagnes, il a transformé des cours d'eau fertilisateurs en torrents destructeurs. Et il est malheureusement probable que la somme de vie qu'il a éteinte par cette pratique barbare n'a pas été compensée par celle qu'il a accrue en éclaircissant les régions surboisées et en faisant pousser du blé à la place des arbres. La science lui a suggéré des pratiques plus intelligentes, mais la perte qu'ont causée son ignorance et son imprévoyance par le déboisement des montagnes n'en est pas moins irrécouvrable.

L'influence que l'homme exerce sur le règne animal par la domestication d'une part, par la chasse de l'autre, a été plus considérable encore. On peut se demander de même si elle a augmenté ou diminué la quantité de la vie existant sur notre globe, et si elle en a élevé ou abaissé la nature ?

L'homme a asservi et approprié à son usage de nombreuses espèces d'animaux, les uns pour en faire ses compagnons et ses serviteurs, les autres des instruments de transport, ou pour se nourrir de leur chair. Ces diverses espèces, il les a multipliées beaucoup plus qu'elles ne se multiplient elles-mêmes à l'état sauvage et, dans les espaces qu'elles occupent, elles représentent une somme de vie plus grande que celle des espèces dont elles ont pris la place. L'homme les a modifiées en changeant leurs conditions d'existence et celles de leur reproduction, mais sans pouvoir toutefois dépasser les limites que la nature avait assignées à chacune. Il a créé de nouvelles variétés, il n'a pas créé de nouvelles espèces. Mais les modifications artificielles qu'il a opérées ont développé certaines facultés, et en ont affaibli d'autres. En affranchissant les espèces qu'il a asservies de la nécessité de pourvoir elles-mêmes à leur alimentation et d'assurer leur sécurité, il a affaibli les facultés qu'elles mettaient en œuvre pour se procurer l'une et l'autre. Le mouton domestique est moins agile que son congénère sauvage le mouflon, le porc moins courageux que le sanglier. En revanche, il a développé les facultés qui lui étaient utiles, facultés physiques, intellectuelles et même morales ; chez le chien, par exemple, le développement de la conscience n'est-il pas attesté par la satisfaction du devoir accompli et le remords de la faute commise ?

Il resterait à savoir si, dans l'ensemble des espèces qu'il a domestiquées, l'homme a augmenté la somme des jouissances et diminué celle des peines ; si elles ont, à ce point de vue, gagné ou perdu à échanger la liberté de l'état sauvage contre la servitude de la domesticité. La balance des biens et des maux est ici difficile à établir, elle penche d'un côté ou d'un autre selon la destination des espèces. Les animaux attachés au service de la personne ou de la maison ont certainement gagné au change, à l'exception de ceux que les besoins réels ou prétendus de la science vouent aux tortures de la vivisection. Il en est autrement pour les animaux de transport, chargés de fardeaux dépassant leurs forces, et livrés à la merci de conducteurs brutaux ; on peut douter que pour ces victimes de la brutalité de l'homme, le plateau des biens penche du côté de la servitude. En revanche, on peut douter aussi que les scrupules philanthropiques des végétariens soient fondés en ce qui concerne les animaux de boucherie. En asservissant le bœuf et le mouton, l'homme leur a procuré une alimentation régulière et assurée, il les a préservés de la dent des carnassiers et abrités contre les intempéries en les délivrant ainsi des affres de la faim et de la peur. Dans toute la durée de leur existence ils jouissent du bonheur de vivre, sans que ce bonheur soit altéré par la crainte incessante d'un péril. Et dans la sécurité dont ils ont le sentiment et l'habitude, peuvent-ils prévoir la fin qui leur est réservée ? A moins donc que l'homme ne fasse endurer aux animaux des souffrances inutiles, chose d'ailleurs contraire à son intérêt, car les mauvais traitements en diminuent la valeur, il a remplacé avec avantage pour les espèces qu'il a domestiquées le gouvernement de la nature par le sien.

Tandis que l'homme protège les espèces qu'il a réduites en servitude, il fait la guerre à celles qu'il n'a point assujetties. Tel est l'objet des industries destructives de la chasse et de la pêche qu'il a commencé à pratiquer exclusivement comme la généralité des espèces inférieures, soit pour se nourrir, se vêtir, et satisfaire d'autres besoins, soit pour se débarrasser des espèces qui lui font concurrence ou qui lui sont autrement nuisibles, soit simplement pour satisfaire son appétit de destruction.

Dès son apparition sur la terre, l'homme s'est trouvé en concurrence avec les espèces qui se nourrissent des mêmes aliments que lui. Il avait intérêt à les détruire dans toutes les circonstances où leur destruction lui coûtait une somme d'efforts et de peine inférieure à celle que lui aurait coûtée la raréfaction des aliments, résultant de leur consommation. En les détruisant il obéissait à la loi naturelle de l'économie des forces. Il ne pouvait, d'ailleurs, se dispenser d'obéir à cette loi sous peine d'être détruit par elles. Car son apparition déterminait un surcroît de consommation alimentaire sans augmenter la quantité des aliments. Il fallait donc que la nouvelle espèce, à mesure qu'elle se multipliait, éliminât une proportion correspondante de la population des anciennes sous peine d'être éliminée elle-même. Si la guerre n'avait pas existé avant l'apparition de l'homme, il l'aurait déchaînée.

En détruisant ses concurrents à la consommation alimentaire, et en prenant leur place, l'homme n'a pas augmenté la somme de la vie physique qui existait avant lui sur la terre ; en revanche, il a accru dans une progression qui a été croissant à mesure qu'il s'est élevé au-dessus de l'animalité, celle de la vie intellectuelle et morale. Mais son intervention dans l'existence des espèces inférieures ne risque-t-elle point de détruire à leur détriment l'équilibre que la nature avait établi entre la population et la subsistance ? Les carnassiers de la terre et des eaux, par exemple, ne pouvaient élever, au moins d'une manière permanente, le taux de l'impôt qu'ils percevaient sur les espèces dont ils se nourrissaient, faute de pouvoir accroître leur puissance destructive en ajoutant à leur armement naturel un armement artificiel. Ils pouvaient bien, par l'intervention de quelque artifice nouveau, rendre cet impôt plus productif jusqu'à ce que leurs victimes eussent réussi de leur côté à se prémunir contre ce progrès.

Mais, dans l'intervalle, l'aggravation de l'impôt déterminant la diminution de l'espèce nourricière, et, par contre-coup, celle de l'espèce nourrie, l'équilibre se rétablissait entre les populations de l'une et de l'autre. L'intervention de l'homme n'a d'abord changé que d'une manière presque insensible cet état de choses. Car le supplément de pouvoir destructif que lui apportait son armement artificiel ne dépassait que dans une faible mesure celui que les carnassiers trouvaient dans leur armement naturel. L'homme se substituait simplement à eux en les détruisant. Mais, depuis que la transformation de son armement a accru dans une proportion énorme et toujours croissante sa puissance destructive, cette situation s'est complètement modifiée. En utilisant toute sa capacité destructive, l'homme civilisé peut porter à un taux destructeur l'impôt qu'il prélève sur des espèces dont il se nourrit ou qui pourvoient à ses autres besoins. C'est ainsi qu'il a anéanti en peu d'années les troupeaux de bisons de l'Amérique du Nord ; qu'il menace, dans son imprévoyante avidité, d'éteindre les races les plus précieuses d'animaux à fourrures, de dépeupler les fleuves et même les océans d'une foule d'espèces qui lui sont utiles. S'il ne veut point tarir à son détriment cette source de vie, il faut qu'il abaisse le taux de son impôt à la limite qu'avait fixée la nature, ou mieux encore qu'il augmente le produit de cet impôt en protégeant les espèces sur lesquelles il le prélève, contre ses concurrents et contre lui-même.

Enfin l'homme détruit les espèce qui lui sont ou lui paraissent nuisibles, ou même uniquement pour satisfaire son instinct destructeur. Mais il lui arrive de s'en prendre à des espèces dont il n'aperçoit pas l'utilité, ou qui lui rendent plus de services qu'elles ne lui causent de dommage. Telle est, notamment, la destruction des oiseaux insectivores.

Bref, l'homme peut exercer sur les espèces inférieures une influence bienfaisante ou malfaisante ; son gouvernement peut leur être utile ou nuisible, augmenter ou diminuer la somme de forces vitales dont elles sont pourvues, en élever ou en abaisser la nature, et par là même influer en bien ou en mal sur sa propre destinée.

IV. Conclusion

Sans avoir encore entièrement soulevé le voile qui nous cache l'éclosion de la vie sur notre globe, la formation et la succession des espèces dans lesquelles elle s'est investie, nous savons comment la nature a pourvu à leur conservation et à leurs progrès, tout en renfermant ces progrès dans des limites qu'elles ne peuvent franchir. Les agents dont elle se sert pour les gouverner sont les lois de l'économie des forces et de la concurrence. Chaque espèce percevant un impôt alimentaire et en payant un autre, une double lutte s'établit pour percevoir celui-là et se soustraire à celui-ci. Les individus les plus faibles succombent dans cette double lutte, les plus forts survivent et perpétuent l'espèce. De là une excitation constante à réaliser les progrès qui rendent plus fort, savoir la mise en œuvre et le développement le plus complet des forces individuelles, l'association et l'appropriation. Ces progrès se conservent et se perpétuent par la reproduction. La concurrence exerce la même influence sur la reproduction en mettant en lutte les individus des deux sexes, et en assurant par la victoire des plus capables la sélection la plus avantageuse à l'espèce. Enfin, la concurrence remplit l'office de régulateur avec celui de propulseur, en proportionnant la population utile de chaque espèce à ses moyens de subsistance.

Au gouvernement de la nature sur les espèces inférieures l'homme a substitué le sien. Il a asservi un certain nombre d'espèces, développé chez elles les facultés qui lui sont utiles, affaibli ou atrophié celles qui lui sont inutiles ou nuisibles. Il a obtenu ce résultat en les soumettant, d'une part, à une discipline et à un régime appropriés, d'une autre part, en intervenant dans leur reproduction sans pouvoir, toutefois, bouleverser l'ordre établi par la nature, en mélangeant les espèces et en en créa .: de nouvelles. Et de même qu'il a remplacé chez les espèces qu'il a asservies la sélection naturelle par la sélection dite artificielle, il a substitué au règlement de leur population, tel que l'avait institué la nature, un règlement fondé sur ses besoins ou ses convenances. Entre les espèces qu'il n'a point su ou voulu asservir, il a fait un choix : il s'efforce de détruire celles qu'il considère à tort ou à raison comme nuisibles et il prélève un impôt sur les autres. S'il se garde d'élever cet impôt à un taux destructeur, s'il en règle avec intelligence et prévoyance la perception et le montant, s'il détruit les espèces qui lui font concurrence pour le percevoir, il peut non seulement conserver mais encore multiplier, tout en respectant leur liberté, la plupart des espèces non asservies qui lui fournissent des matériaux nécessaires à l'entretien de sa vie.

Somme toute, l'examen du bilan du gouvernement de l'homme sur les espèces inférieures nous montre que l'actif de ce bilan dépasse le passif. Malgré son ignorance et son imprévoyance, l'homme a augmenté la somme de vie que la nature avait répandue sur la terre ; s'il l'a diminuée en stérilisant le sol par une culture épuisante et en détruisant les forêts, il l'a accrue dans une proportion plus forte en utilisant des matériaux de vitalité qui demeuraient improductifs, et en assainissant des régions ravagées par des fléaux destructeurs de la vie. Il a multiplié et perfectionné par une sélection intelligente les espèces qu'il a asservies et développé, chez celles qu'il s'est plus intimement associées, la vie intellectuelle et morale. Ajoutons que l'impôt qu'il prélève sur les autres espèces est moins lourd et moins dur que celui qu'elles payaient à ses concurrents, car il s'abstient généralement de le prélever à l'époque de la reproduction.

On peut donc conclure que le gouvernement de

l'homme sur les espèces inférieures a contribué à leur évolution progressive, tout en diminuant la somme des peines par lesquelles elles achètent la joie de vivre. Et le pouvoir que l'homme exerce sur elles, dans son intérêt comme dans le leur, devient plus efficace, et plus bienfaisant à mesure qu'il avance lui-même dans son évolution, sous l'impulsion des lois de l'économie des forces et de la concurrence auxquelles la nature a soumis toutes ses créatures.

CHAPITRE II

Temps primitifs.

I

Nous ne possédons pas encore des notions positives sur l'origine des espèces qui peuplent notre globe et, par conséquent, sur celle de l'espèce humaine. On a partagé en plusieurs époques la formation des couches qui enveloppent l'ossature terrestre et dans lesquelles la vie s'est répandue sous des formes innombrables. A chaque époque correspond une catégorie d'espèces. Dans la première apparaissent des êtres grossièrement façonnés et monstrueux qui disparaissent pour la plupart dans la seconde. De nouvelles espèces prennent leur place, d'autres s'y adjoignent dans la troisième, et nous trouvons enfin dans la quatrième, sous des formes moins rudes et grossières, celles qui existent de nos jours, y compris la plus parfaite ou la moins imparfaite de toutes:

l'espèce humaine. Mais de cette succession des espèces, s'ensuit-il qu'elles descendent les unes des autres ? C'est une question qui demeure encore pendante. On remarque d'abord que si les espèces subissent par l'opération de la sélection naturelle ou artificielle des modifications nécessitées par les changements de leurs conditions d'existence, elles conservent cependant leurs caractères originaires. On constate ensuite que la *conformation* physique de chaque espèce est déterminée par les forces ou facultés, de diverse nature, qui constituent sa mentalité, et qui, chez les espèces supérieures ont, chacune, leur organe dans une circonvolution particulière du cerveau. Le nombre et la proportion de ces forces ou facultés caractérisent chaque espèce. Les organes par lesquels elles agissent commandent des agents et des instruments adaptés à leur fonction : la vue, l'ouïe, l'odorat, le toucher, et les membres qui les desservent. Ces agents et instruments sont au service des différentes forces qui constituent la mentalité de chaque espèce ; ils exécutent les ordres qu'elles transmettent par l'intermédiaire de leurs organes. Lorsque le fonctionnement d'un organe est arrêté ou troublé par quelque cause intérieure ou extérieure, cet arrêt ou ce désordre se répercute dans ses agents et ses instruments d'exécution. Si ceux-ci ne peuvent s'adapter aux changements qui surviennent dans le milieu, on conçoit que l'espèce cesse de pouvoir subsister et qu'elle disparaisse. On conçoit moins aisément qu'elle se modifie par l'adjonction d'autres forces ou facultés, différentes de celles qu'elle possédait. La création d'espèces nouvelles n'est-elle pas pour le moins aussi probable que la transformation des anciennes? Le cerveau de l'homme, par exemple, possède des circonvolutions beaucoup plus nombreuses que celles de l'espèce qui lui est la plus voisine. Comment s'expliquer l'adjonction de celles qui lui sont propres ? Ajoutons qu'on n'a pas retrouvé les vestiges d'une espèce intermédiaire, dont la mentalité se rapprocherait de la sienne, et que les artistes préhistoriques, dont on a retrouvé les dessins d'animaux, étaient pourvus de facultés qui n'accusent qu'une simple différence de développement avec celles des artistes modernes. D'où l'on peut conclure que la question de l'origine des espèces reste encore à résoudre.

En est-il de même de la question qui divise les monogénistes et les polygénistes ? Il nous paraît difficile de croire que les races blanche, jaune, rouge et noire soient issues du même ancêtre. Quoiqu'elles possèdent les mêmes facultés qui caractérisent l'espèce, la proportion de ces facultés diffère et détermine la différence sensible de leurs opérations mentales et l'inégalité de leurs progrès. Que l'espèce humaine soit issue d'un nombre plus ou moins considérable de souches, qui ont constitué autant de variétés, cela nous paraît ressortir d'ailleurs de leurs conditions économiques. L'examen de ces conditions ne permet guère de douter que l'espèce ait apparu dans les différentes régions du globe aussitôt qu'elles sont devenues habitables, et que chacune de ses branches soit demeurée longtemps immobilisée au lieu de sa naissance. Les migrations que suppose l'hypothèse monogéniste n'ont pu, en effet, commencer qu'à une époque où les races les plus aventureuses étaient pourvues des avances et des instruments nécessaires à leur mobilisation, c'est-à-dire après qu'elles eurent domestiqué les animaux de boucherie et de trait, et augmenté la productivité de leur industrie rudimentaire de manière à accumuler par l'épargne le capital nécessaire pour pourvoir aux frais d'invasion et d'exploration de contrées inconnues. L'attachement au lieu de sa naissance dérive, pour une bonne part, de la crainte des risques de l'inconnu et il est commun à l'animal et à l'homme. Le nombre des espèces qui se déplacent est restreint, même parmi celles auxquelles la distance n'oppose qu'un faible obstacle. Les animaux qui habitent le sol sont généralement sédentaires ou ne dépassent pas, dans leurs pérégrinations, un rayon très limité. Il en est de même du plus grand nombre des espèces de poissons et d'oiseaux, malgré la facilité de mobilisation que leur procure la nature de leur habitat. Et pour en revenir à l'espèce humaine, si nous consultons les statistiques de l'émigration avant l'avènement des chemins de fer et de la navigation à vapeur, nous constatons qu'elle était un fait exceptionnel, même dans les pays où la masse de la population n'était point attachée à la glèbe. On peut donc considérer comme des produits de l'esprit de système les grandes migrations qui auraient, dès les temps préhistoriques, peuplé l'Europe et l'Amérique avec les émigrants de l'Asie, pour ne rien dire de l'ancêtre expulsé du paradis terrestre. Selon toutes probabilités, les hommes sont demeurés pendant de longs siècles attachés au sol où ils étaient nés et où leurs sociétés se sont constituées isolément.

II

Nous pouvons difficilement nous faire une idée de la condition de notre espèce dans la première période de son existence, avant qu'elle eût appris à multiplier ses matériaux alimentaires, lorsqu'elle était obligée de se contenter, comme les espèces inférieures, des subsistances que la nature mettait à sa disposition. Si arriérées que soient les tribus des Papous, des Botocudos et des indigènes de l'Australie, elles sont cependant sorties de cette période d'apprentissage, pendant laquelle les hommes ont dû pourvoir à leur nourriture et à leur sécurité, sans armes ni outils. Comment ont-ils pourvu à ces premières et urgentes nécessités de la vie, la nourriture et la sécurité ?

I. *La nourriture.* — A la différence de la plupart des autres espèces, l'homme est omnivore. Sous l'impulsion de la loi de l'économie des forces, il a d'abord apaisé sa faim avec les aliments qu'il pouvait se procurer en échange du moindre effort. De là une première sélection : il lui fallait reconnaître les matériaux propres à son alimentation et les distinguer de ceux qui y étaient impropres ou nuisibles. Et tout en recherchant ceux qui se trouvaient le plus à sa portée, il faisait une seconde sélection, il choisissait de préférence ceux qui flattaient davantage son goût et répondaient le mieux à son besoin alimentaire. Or, dans toutes les races et variétés entre lesquelles se partage l'espèce on distingue deux catégories différentes sinon opposées : celle que la prépondérance de ses facultés de combat et de destruction, manifestée par le développement des circonvolutions cérébrales, organes de ces facultés, rapproche des animaux carnivores et celle qui se rapproche, au contraire, des espèces herbivores. La nourriture carnée répond davantage au goût et au besoin de la première, la nourriture végétale au goût et au besoin de la seconde.

L'une et l'autre se trouvèrent, dès le début, en concurrence avec les espèces carnivores ou herbivores, dont elles venaient partager le stock alimentaire, lequel était naturellement limité. A mesure que les hommes se multiplièrent, l'accroissement de leur demande de subsistances devaient susciter entre eux et les espèces qui se nourrissaient des mêmes aliments une concurrence plus pressante. Lorsque le stock alimentaire devenait insuffisant pour nourrir tous les concurrents, les plus faibles étaient condamnés à périr. Une lutte pour la vie était donc inévitable entre l'espèce humaine et les espèces dont elle devait partager les subsistances alors même que ni les hommes, ni leurs concurrents n'eussent été propres à se servir d'aliments les uns aux autres. Or parmi les espèces existantes à l'époque de l'apparition de l'homme figuraient les grands carnassiers pour lesquels il était un gibier.

II. *La sécurité*. — En ce qui concernait cet autre besoin de première nécessité, la situation de l'homme ne différait pas de celle de la multitude des espèces sur lesquelles une espèce plus forte percevait l'impôt alimentaire. L'homme isolé, réduit à ses seules forces, ne pouvait se dérober au paiement de cet impôt vital. Sous l'impulsion de l'instinct de la conservation il associa donc, comme la plupart des autres espèces, ses forces à celles de ses semblables ; il forma des troupeaux, des clans ou des tribus. Mais l'association impliquait des servitudes qui contrariaient d'autres impulsions de sa nature : telle était l'obligation de soumettre sa volonté à celle d'un chef, telle était encore et surtout, à une époque où l'unique mode d'acquisition des subsistances était le meurtre et le vol, l'obligation de respecter la vie de ses associés et de s'abstenir de faire main-basse sur les matériaux alimentaires en leur possession.

Il ne suffisait pas, en effet, aux hommes d'associer leurs forces pour sauvegarder leur vie contre des espèces individuellement plus fortes et mieux armées, il fallait que ces forces fussent organisées de manière à produire le plus grand effet utile ; d'où la nécessité d'un chef qui en ordonne les mouvements conformément à la loi de l'économie des forces et d'une hiérarchie qui opère la transmission de ses ordres et en assure l'exécution. D'où encore la nécessité de conserver et d'accroître les forces individuelles dont l'ensemble constituait la puissance de l'association et d'en empêcher la déperdition. C'était par l'observation et l'expérience que l'on pouvait découvrir, d'une part, l'organisation la plus efficace des forces associées, de l'autre, les règles de conduite que devaient suivre les individus pour conserver et développer leurs forces, partant celles de l'association. Cette constitution nécessaire du gouvernement de la société et de l'individu était du ressort de l'intelligence et ne pouvait être édifiée que par ceux des associés qui étaient capables d'observer et de déduire de leurs observations les mesures et les règles adaptées à la satisfaction de ce besoin de première nécessité : la sécurité. Elle a été l'œuvre des savants ou sorciers, — tout ce qui dépassait l'intelligence de la foule émanant à ses yeux d'un pouvoir occulte et surhumain en communication avec le sorcier, — et selon que ceux-ci étaient plus ou moins pourvus des aptitudes qu'exigeait cette œuvre, elle était plus ou moins exactement appropriée à sa destination. Les législations primitives, telles que nous pouvons encore les observer chez les tribus qui sont demeurées dans leur état originaire, accusent les différences en même temps que l'insuffisance ordinaire de la capacité de leurs sorciers législateurs ; mais quoiqu'elles soient inégalement conformes à l'intérêt de ces sociétés embryonnaires, et même que quelques-unes des règles qu'elles établissent y soient contraires, elles ont une ressemblance générale déterminée par la nature du besoin auquel elles pourvoient : toutes instituent un pouvoir de commandement unique avec une hiérarchie dirigeante, toutes interdisent dans le sein de l'association le vol, le rapt, le meurtre et les autres actes nuisibles qu'elles autorisent et commandent même au dehors ; le plus grand nombre réglementant jusqu'aux moindres manifestations de l'activité individuelle, ce qui a fait dire justement que le sauvage est le moins libre des hommes.

Cependant, si l'intelligence pouvait concevoir l'organisation et découvrir les règles nécessaires à la satisfaction du besoin de sécurité, non moins urgent que le besoin de nourriture, elle ne trouvait pas en elle-même le pouvoir de les faire obéir. Ce pouvoir appartenait et devait être demandé à deux forces morales, le sentiment du juste et le sentiment de la vénération ou de la religiosité. De quoi s'agissait-il ? Il s'agissait de déterminer la foule encore voisine de l'animalité à s'imposer les freins et les charges que nécessitait l'association. Or, plus les facultés que possède une espèce sont nombreuses et fortes, plus il est difficile de les assujettir à une discipline. Et, sous ce rapport, la supériorité mentale de l'espèce humaine sur toutes les autres espèces est manifeste. Pour la plier aux dures exigences de l'association, il fallait donc l'intervention d'un pouvoir auquel fussent incapables de résister ses instincts les plus forts et les plus rebelles à une discipline. Ce pouvoir, les deux forces morales qui constituent le sentiment du juste et le sentiment religieux et dont les organes s'avoisinent dans le cerveau de l'homme, s'associent poûr exciter l'intelligence à le concevoir et à se soumettre à son autorité pour subvenir au besoin impérieux de la sécurité. Sous une forme ou sous une autre, des êtres divins, tout puissants et justes, entraient en communication avec leurs élus et leur révélaient l'organisation et les règles de conduite ou lois nécessaires à la conservation et à la prospérité du clan ou de la tribu, en se chargeant d'en assurer l'obéissance par des pénalités auxquelles nul ne pouvait échapper. Le sentiment religieux associé au sentiment du juste apparaît ainsi comme l'instrument nécessaire de l'organisation et des lois, à défaut desquelles les sociétés primitives n'auraient pas tardé à se dissoudre, en rendant, par conséquent, impossibles les progrès qui ont amené l'espèce humaine à la civilisation.

Cependant, en dépit de leur origine divine, les lois ne répondaient pas toujours à leur objet. Elles étaient viciées, tantôt par l'ignorance du législateur incapable de discerner ce qui était utile à l'association et ce qui lui était nuisible dans les manifestations de l'activité individuelle, tantôt par les intérêts particuliers et égoïstes des législateurs. Aussi longtemps que l'association était florissante et victorieuse de ses ennemis, cette défectuosité des lois n'était point aperçue ou n'excitait que de faibles murmures.

Mais il en était autrement lorsque l'association éprouvait des maux ou subissait des revers qui mettaient son existence en péril. Alors, une réaction s'opérait, soit contre les législateurs et leurs mandataires, chargés de l'exécution des lois, soit contre les divinités elles-mêmes. Car les maux dont souffrait ou les revers que subissait l'association attestaient ou que les divinités manquaient à un devoir pour lequel elles recevaient une rétribution, ou qu'elles ne possédaient point la puissance nécessaire à l'accomplissement de ce devoir. En conséquence, on les abandonnait pour recourir à la protection de divinités plus justes et plus puissantes.

Nous n'avons pas besoin de dire que les lois ne s'appliquaient qu'à la tribu, laquelle, aux yeux de ses membres, constituait seule l'humanité. Les membres des autres tribus pouvaient bien avoir une forme humaine, mais ils n'en appartenaient pas moins à des espèces inférieures, et que le mode originaire d'acquisition des subsistances, le vol et le meurtre, lui rendaient naturellement ennemies. Ce mode d'acquisition a changé, mais les sentiments d'orgueil et d'hostilité des tribus n'ont pas disparu quand elles se sont transformées en nations.

En résumé, l'association était la condition nécessaire d'existence de l'espèce humaine comme de toutes celles sur lesquelles des espèces supérieures en force et en armement percevaient un impôt alimentaire. Avec cette différence que l'espèce humaine pouvait réaliser des progrès qui, non seulement lui permettraient de s'exonérer de cet impôt, ce qui leur était impossible, mais encore de le prélever sur la généralité des espèces.

III

L'appropriation d'une localité offrant à l'homme des défenses naturelles, rochers, cavernes, cours d'eau, pourvue en même temps de ressources alimentaires, végétales et animales, fruits et racines comestibles, gibier de la terre et des eaux, était un complément de l'association, et, comme elle, une application de la loi de l'économie des forces. Le choix de ces localités ou de ces gîtes qui ont été l'origine des patries était déterminé concurremment par le besoin de sécurité et le besoin de nourriture. Des régions moins fécondes que d'autres en ressources alimentaires ont pu être peuplées de préférence, parce qu'il était plus facile de s'y dérober aux atteintes des espèces ennemies. Ce qui décidait du choix, c'était une appréciation comparative des risques provenant, d'une part, du nombre et de la puissance de ces espèces carnivores, de l'autre, de l'insuffisance des matériaux alimentaires. On s'attachait au gîte, à la patrie, surtout parce qu'on ne trouvait aucune sécurité au dehors. Privé de la protection de la puissance collective de la tribu, exposé à devenir la proie de carnassiers supérieurs en force et en armement, repoussé, parfois même traité comme un gibier par les autres tribus, l'individu ne pouvait échapper à une fin cruelle et inévitable. C'est pourquoi dans les sociétés humaines du premier âge, comme dans les sociétés d'animaux supérieurs, tels que les éléphants, le bannissement était la peine la plus efficace qui pût être infligée pour les infractions aux lois de la tribu. Cette efficacité s'est affaiblie à mesure que le banni a pu trouver hors de sa patrie des garanties de sécurité et des moyens d'existence. Alors, au bannissement dépouillé de sa vertu pénale, on a substitué d'autres pénalités, en les aggravant successivement dans la proportion de l'affaiblissement de celle qu'elles remplaçaient. Mais les hommes du premier âge auraient-ils pu prévoir qu'un temps viendrait où un nombre toujours croissant de leurs descendants se banniraient eux-mêmes de plein gré, pour améliorer leurs conditions d'existence ?

De même encore que les espèces inférieures, les hommes étaient excités, sous l'impulsion de la concurrence, à devenir individuellement plus forts pour échapper à l'impôt alimentaire ou pour le percevoir. Seulement, — et cette différence est capitale, — les animaux ne peuvent s'approprier et utiliser que les forces qu'ils trouvent en eux-mêmes, tandis que l'homme peut capter et ajouter aux siennes celles qui existent en dehors de lui. C'est à sa supériorité mentale, c'est aux facultés dont il est pourvu et qui font défaut aux espèces inférieures, beaucoup plus qu'à sa conformation physique, car celle du singe diffère peu de la sienne, que l'homme est redevable du pouvoir de s'emparer des forces du milieu où il vit, et de les employer à la satisfaction de ses besoins, en inventant des armes, des outils, des machines, au moyen desquels il les met en œuvre. C'est en réalisant ce progrès inaccessible aux autres espèces qu'il s'est élevé à la civilisation. Cependant, l'animal invente, lui aussi, des procédés par lesquels il essaie de se dérober à la poursuite de ses ennemis ou d'atteindre sa proie, il économise ainsi ses forces ou les rend plus productives, mais son intelligence ne va pas plus loin. Incapable de comprendre l'utilité qu'il peut tirer d'une arme ou d'un outil, il ne fait point la dépense de temps nécessaire pour le créer.

Car toute invention ne demande pas seulement des efforts plus ou moins nombreux et pénibles, elle exige d'abord une épargne de temps. Or, le temps peut recevoir divers emplois. Et l'homme, comme l'animal, est excité par le mobile même de son activité à lui donner celui qui lui procure le plus de jouissances ou lui épargne le plus de peine. S'il en emploie nécessairement une partie à l'acquisition de sa subsistance, il peut disposer librement du reste. Ce temps disponible, il peut le consacrer tout entier au repos, au jeu ou à tout autre plaisir, ou bien en soustraire une portion pour l'employer à l'invention ou à la confection d'une arme ou d'un outil. Mais pour qu'il se décide à se priver ainsi des jouissances que le repos ou le jeu lui procurerait dans cette portion de temps qu'il leur enlève, il faut que son intelligence soit capable de concevoir l'utilité de l'arme ou de l'outil, qu'il comprenne que l'économie de forces ou l'augmentation de pouvoir que lui vaudra cet instrument de travail lui procurera une jouissance ou une épargne de peine supérieure à la jouissance dont il se prive. Voilà ce que ne peut comprendre l'intelligence de l'animal et en quoi elle est inférieure à celle de l'homme.

Cependant, cette conception de son intelligence suffirait-elle pour décider l'homme à soustraire au temps qu'il consacre, soit à l'acquisition et à la consommation de sa subsistance, soit au repos ou au jeu et à d'autres délassements, le temps nécessaire à l'invention et à la confection de l'arme et de l'outil ? Notons que cette utilité est incertaine ; que l'arme ou l'outil peut ne pas lui procurer l'utilité qu'il a en vue et lui causer ainsi une perte de temps. Qu'est-ce donc qui pourra le décider à soustraire aux emplois accoutumés de son temps,—à ceux qui lui sont communs avec les animaux,—la fraction de temps nécessaire à une invention d'ailleurs aléatoire et qui lui coûtera, en sus, une somme d'efforts et de peine ? Il faudra pour qu'il s'y résolve une circonstance extraordinaire, savoir une augmentation de la pression de la concurrence qui élève le taux des risques ausquels sa vie est exposée. S'il juge que la somme des efforts nécessaires pour couvrir ces risques, par l'invention d'une arme ou d'un outil lui coûtera moins de peine que la privation des jouissances du repos ou du jeu, il soustraira à ses emplois accoutumés l'espace de temps qu'elle nécessitera, et cette épargne de temps, déterminée par la pression de la concurrence, sera l'origine de tous les progrès de l'industrie humaine.

On s'explique ainsi que l'invention des armes et des outils se soit imposée aux tribus qui avaient à se défendre contre un nombre croissant de percepteurs de l'impôt alimentaire ou dont l'excès de reproduction raréfiait les subsistances. On s'explique aussi que la foule dont ces instruments nouveaux dérangeaient la routine se soit d'abord montrée réfractaire à leur emploi, sauf ensuite, lorsque l'expérience lui en eût démontré l'utilité, à en attribuer l'invention aux divinités de la tribu. Et c'est encore à ces divinités bienfaisantes que les inventeurs des armes et des outils eux-mêmes, comme ceux des lois non moins nécessaires que les armes ou les outils, en faisaient remonter l'inspiration.

Maintenant, si l'on songe à la somme de temps que l'homme primitif était obligé de consacrer à sa défense, à sa nourriture, à la confection d'un vêtement, à l'aménagement d'un abri, en l'absence de l'armement et de l'outillage dont sont pourvues aujourd'hui les tribus les plus ariérées, on s'aperçoit qu'il n'a pu épargner qu'une bien petite fraction de son temps pour l'employer à l'invention et à la confection des instruments qui ajoutaient à la force de ses muscles celle des matériaux qu'il avait à sa portée, — le bois et la pierre. Ces matériaux, il devait les approprier à son usage, déraciner et ébrancher un tronc d'arbre pour en faire une massue, faire éclater une pierre pour la transformer en perçoir ou en racloir. Combien ces opérations qu'il exécutait à l'origine sans autres outils que ses mains devaient être difficiles et lentes ! Combien de temps la satisfaction des premières nécessités de la vie exigeait chaque jour ! Il ne pouvait être question alors de la journée de huit heures.

IV

Dans cette période initiale de son existence, pendant laquelle elle a commencé le travail qui a abouti à la création de la machinerie colossale de l'industrie moderne, l'humanité, réduite comme les espèces inférieures aux subsistances que lui offrait la nature, était incessamment menacée de destruction. Elle eut d'abord à se défendre contre les puissants carnassiers pour lesquels l'homme était un gibier. A défaut du témoignage de l'histoire, les légendes nous renseignent sur les tributs que prélevaient sur elle les monstres qui se repaissaient de sa chair. Tel était le tribut que les Crétois payaient au Minotaure, jusqu'à ce qu'un héros, appartenant à une race guerrière, eût réussi à les en affranchir. Il ne lui était pas moins nécessaire de se débarrasser des concurrents qui lui disputaient la subsistance et qui l'auraient affamée si elle ne les avait pas refoulés ou exterminés, et cette nécessité devenait plus urgente, à mesure qu'elle croissait en nombre. Même lorsqu'une tribu était parvenue à détruire les espèces concurrentes, un moment arrivait où sa population tendait à dépasser ses moyens de subsistance. Alors, de deux choses l'une, ou il fallait qu'elle agrandît son domaine, ceci aux dépens d'une autre tribu, car les terres fécondes en végétaux et en animaux comestibles ne tardaient point à être occupées, ou il fallait qu'elle limitât sa population pour la proportionner à ses ressources alimentaires. En considérant cette nécessité inéluctable, on se rend compte de l'existence de coutumes que nous condamnons aujourd'hui comme immorales, parce qu'elles sont devenues nuisibles à l'espèce, mais qui étaient alors morales parce qu'elles étaient commandées par l'intérêt de sa conservation, c'est-à-dire utiles. Tels étaient l'immolation des vieillards et l'infanticide. Et remarquons encore que l'infanticide sévissait principalement sur le sexe le plus faible, le moins capable de coopérer à la défense de la tribu, partant le moins utile. Ajoutons que cette pratique apporte en même temps la raison et la justification morale de la polyandrie et l'explication de l'autorité et du prestige que possédait la femme, dont la rareté avait naturellement pour effet d'augmenter la valeur.

Remarquons, enfin, que les tribus insuffisamment pourvues de vertus guerrières n'étaient pas seulement victimes de la voracité des monstres, mais qu'elles n'avaient pas moins à redouter celle des héros, vainqueurs des monstres. Lorsque ces hommes forts et courageux, dont la nature se rapprochait de celle des animaux carnassiers, se multipliaient et que le gibier qui était leur nourriture préférée se raréfiait en conséquence, ils y suppléaient, en prélevant un impôt de chair humaine sur les tribus végétariennes moins vigoureuses et moins combatives. C'est ainsi que l'anthropophagie, contemporaine du premier âge de l'humanité, s'est perpétuée, en Océanie et dans le centre de l'Afrique. En Océanie les tribus guerrières et carnivores s'y livrent aux dépens des race nourries de racines et de fruits, en l'absence de tout autre gibier ; en Afrique, parce que la chasse à l'homme est moins pénible et plus productive que celle des autres sortes de gibier. Dans l'Amérique du Nord, où les tribus paisibles et laborieuses, dont on retrouve les traces, avaient, selon toute apparence, été victimes de la voracité des tribus guerrières, celles-ci engageaient des luttes mortelles pour agrandir leurs terrains de chasse aux dépens les unes des autres. Ces luttes qui étaient dans toute leur violence sauvage à l'arrivée des Européens, avaient nécessairement un caractère d'extermination, car le même terrain giboyeux ne pouvait nourrir à la fois le vainqueur et le vaincu. Et telles avaient été, pour la même raison, les guerres du premier âge, avant que l'homme eût appris à multiplier ses subsistances.

Si l'on considère la situation de l'espèce humaine dans cette première période de son existence, on voit donc combien cette situation était dure et précaire. Les sociétés embryonnaires entre lesquelles elle se partageait avaient à soutenir des luttes incessantes, dans lesquelles son existence même était en jeu, lutte contre les grands carnassiers, plus forts et mieux pourvus d'armes naturelles, luttes contre les espèces concurrentes, auxquelles elle disputait sa subsistance, luttes entre les tribus guerrières pour la possession des terrains de chasse. N'en déplaise aux légendes de l'âge d'or et du paradis terrestre, l'espèce humaine s'est trouvée soumise ainsi, dès ses débuts, à la pression de la concurrence vitale sous sa forme la plus rude et la plus inexorable. Toutefois, cette pression n'était pas également intense dans toutes les régions du globe. Dans celles où elle était la plus faible et se faisait à peine sentir, où la nature fournissait en abondance à l'homme des subsistances, qu'il recueillait sans peine, où il ne rencontrait point de concurrents pour les lui disputer, il demeurait, et nous le retrouvons aujourd'hui, tel qu'il était sorti des mains de la nature. C'est, au contraire, dans les régions où la pression de la concurrence était la plus forte, où l'homme avait le plus d'efforts à faire pour se procurer la subsistance, où des concurrents nombreux, actifs et vigoureux la lui disputaient, qu'il a réalisé les progrès qui l'ont élevé au-dessus de l'animalité. En même temps, la concurrence, en éliminant les faibles et les incapables, a assuré la durée de l'espèce et l'accroissement de sa puissance, jusqu'au point que comportent les facultés dont elle est douée.

V

On s'est demandé quelle pouvait être dans cette période, dont nous ignorons la durée, la population de l'espèce humaine. On ne peut évidemment résoudre cette question que d'une manière très approximative. On connaît toutefois à peu près l'étendue de la terre habitable, et l'on a calculé qu'un agriculteur produit sur le même espace de terrain cent fois la quantité de subsistance que s'y procure, à grand'peine, un chasseur. En partant de cette donnée, dans quelque mesure approchant de la vérité, on trouve que la population du globe, dans cette période où l'homme vivait comme l'animal, uniquement des subsistances que lui offrait la nature, ne pouvait guère dépasser la centième partie de sa population actuelle, soit tout au plus 15 millions d'individus.

CHAPITRE III

L'agriculture. — La fondation des Etats.

I

C'est sous la pression de la concurrence que l'espèce humaine a réalisé les progrès qui ont multiplié ses moyens de subsistance et déterminé la fondation des Etats politiques. A mesure que la population d'une tribu s'accroissait, il lui fallait, soit en limiter la multiplication, soit étendre son domaine alimentaire, soit augmenter la quantité de subsistance qu'elle trouvait dans ce domaine. Les deux premiers procédés ne demandaient point l'intervention de l'intelligence, mais il en était autrement du troisième. Celui-ci exigeait la mise en œuvre des facultés d'observation et de causalité. L'observation et l'expérience avaient fait découvrir les végétaux alimentaires, le blé, le maïs, le riz, et le besoin de les multiplier n'avait pas tardé à se faire sentir. Sous l'excitation de ce besoin, un homme pourvu de la faculté de causalité, un homme de génie, rechercha la cause qui empêchait leur multiplication. Cette cause, il découvrit qu'elle résidait dans la concurrence des plantes impropres à la nourriture de l'homme, qui leur disputaient la subsistance et les étouffaient. Il les débarrassa de ces parasites, et c'est ainsi, selon toute apparence, que l'agriculture débuta par le sarclage. Délivrées de leurs concurrentes, les graines alimentaires fournirent une récolte plus abondante. Cependant les oiseaux et les insectes enlevaient un grand nombre de celles qui tombaient des épis et servaient de semences. Alors le même homme de génie, ou quelqu'autre, eut l'idée d'enfouir la graine dans le sol, avec les mains, puis à l'aide d'un bâton pointu, et le résultat fut encore une augmentation de la récolte. Lorsque l'homme eut inventé des outils rudimentaires en pierre éclatée, l'idée lui vint encore de transformer le bâton en une pioche et, finalement, d'en faire un soc et de s'en servir pour tracer un sillon. Ces progrès successifs donnèrent naissance à l'agriculture et augmentèrent dans une proportion énorme la productivité du travail appliqué à l'acquisition des subsistances.

Avant d'examiner les conséquences de cet accroissement extraordinaire de la productivité du travail nourricier, il importe de remarquer qu'il a été acquis par la substitution de l'échange au vol. Comme les animaux herbivores, l'homme primitif dérobait aux espèces végétales les matériaux dont il se nourrissait sans rien leur restituer en échange. Il en a été autrement lorsqu'il les a mises en culture. En les protégeant contre les espèces concurrentes, en mettant leurs graines à l'abri des atteintes des animaux destructeurs, en les enfouissant dans un sol ameublé où elles trouvaient en abondance les matériaux propres à les alimenter, il a, non *seulement* assuré l'existence de ces espèces, mais il les a multipliées beaucoup plus qu'elles n'auraient pu se multiplier elles-mêmes sans son intervention. A l'égard des végétaux alimentaires, l'agriculture a été une assurance et un échange. Seulement, l'agriculteur s'attribuait la grosse part du profit de cette assurance et de cet échange, car il s'emparait de la presque totalité de la récolte, en ne laissant à l'espèce cultivée que la semence. Remarquons encore que la multiplication des espèces alimentaires ayant pour effet d'augmenter la consommation des matériaux qu'elles puisent dans le sol, la diminution de ces matériaux nutritifs entraînait celle des récoltes et aurait abouti à leur extinction, s'il n'y avait point été porté remède. On s'avisa d'abord de laisser reposer le sol jusqu'à ce que la nature eût reconstitué les matériaux fertilisants enlevés par la culture, puis on vint en aide à la nature trop lente, en restituant ces matériaux par des engrais et finalement par des produits chimiques. C'était le procédé de l'échange substitué à celui du vol dans les rapports de l'homme avec la terre, et l'expérience devait démontrer que cette substitution n'était pas moins avantageuse dans les rapports entre les hommes eux-mêmes.

Comme la mise en culture des végétaux alimentaires, la domestication des animaux comestibles a eu pour cause déterminante un accroissement de la pression de la concurrence. A mesure que la population des tribus carnivores se multipliait, la concurrence pour l'acquisition des subsistances devenait plus vive entre leurs membres, les moins vigoureux, les moins courageux, les moins agiles ne parvenaient qu'avec un redoublement d'efforts et de peine à atteindre le gibier devenu relativement plus rare. Ils étaient donc excités à rechercher un procédé qui leur procurât la subsistance plus sûrement et avec moins d'efforts ou, ce qui revient au même, qui rendît leurs efforts plus productifs. Le plus intelligent d'entre eux, — encore un homme de génie, — découvrit ce procédé, en s'avisant de différer la consommation des animaux dont il s'emparait, en veillant dans l'intervalle à leur conservation et à leur reproduction. La domestication était inventée. L'inventeur et ses imitateurs choisirent naturellement les espèces dont la capture et la domestication exigeaient le moins d'efforts, et dont la chair était la plus abondante et la plus savoureuse. L'expérience dut faire écarter de bonne heure les carnivores et restreindre ce choix aux herbivores. Elle démontra encore que les espèces ovine, porcine, bovine et caprine étaient, plus que les autres, faciles à capturer et à réduire en servitude ; cependant, leur capture et leur asservissement n'en nécessitaient pas moins des procédés et un outillage rudimentaires, des pièges, des liens, des barrières, des abris contre les animaux carnassiers et les intempéries. La construction des bergeries, des étables et des écuries ne représente aujourd'hui qu'une faible somme d'efforts, mais il n'en était pas ainsi à l'époque où l'homme n'avait pas encore appris à travailler les métaux, où il ne possédait que des outils en bois ou en pierre éclatée. Aussi dût-il chercher parmi les carnivores des auxiliaires capables de l'aider dans la pratique de cette nouvelle industrie alimentaire. Le chien devint le serviteur du pasteur, comme il était probablement déjà le compagnon du chasseur, le gardien de son bétail, de sa personne et de sa demeure ; en échange, l'homme se chargea d'assurer sa subsistance et cette réciprocité de services développa entre eux des sympathies qui avaient, sans doute, leur source dans des affinités naturelles, mais que ces affinités n'auraient point suffi à cimenter sans l'adjuvant de l'utilité. La domestication du cheval répondait à un besoin de vélocité commun aux chasseurs et aux pasteurs ; ce qui permet de conjecturer qu'elle a été, comme celle des autres serviteurs de l'homme, l'œuvre des tribus dont la nourriture principale était le gibier, y compris le gibier humain.

Comme la mise en culture des végétaux alimentaires, la domestication des espèces animales constituait une assurance et un échange. De même que l'homme assurait l'existence et accroissait la multiplication des végétaux propres à sa nourriture, en les débarrassant de leurs concurrents faméliques, en enfouissant leurs graines dans les terrains où elles trouvaient les matériaux nourriciers les plus abondants et finalement en renouvelant ces matériaux de vie, il assurait l'existence et la multiplication des animaux qu'il s'asservissait, en les défendant contre les carnassiers, en pourvoyant à leur nourriture et à leur entretien. Et en rendant ces services aux uns et autres, il leur épargnait des souffrances que les végétaux semblent ressentir dans quelque mesure, mais qui s'aggravent chez les animaux qui en ont conscience : les tourments de la faim et les affres de l'insécurité et de la peur.

Cependant, l'homme s'attribuait dans cet échange une part léonine du produit, car aux espèces végétales qu'il mettait en culture, il ne laissait que les semences, aux espèces animales que les reproducteurs. Mais si réduite que fût la part qu'il leur abandonnait, elle leur permettait de se multiplier dans une proportion infiniment plus forte, décuplée, parfois même centuplée, de celle qu'ils auraient atteinte, sans l'intervention de l'homme. Et non seulement elles croissaient en nombre, mais, comme nous venons de le voir, elles acquéraient sous la loi de l'homme une sécurité, partant un bien-être, qu'elles ne possédaient point sous la dure loi de la nature, — lorsque le végétal s'emparait des matériaux de vitalité du sol, lorsque l'animal se nourrissait du végétal, l'un et l'autre sans presque rien restituer, en usant du procédé du vol.

Si l'on veut se rendre compte de l'importance de

la part de l'homme, il faut comparer le produit de la culture des végétaux alimentaires et de l'élève du bétail à celui de la chasse et de la récolte des fruits naturels du sol. Nous ne possédons, à la vérité, que des données incertaines et approximatives pour faire cette comparaison. Il en est une, cependant, sur laquelle tous les témoignages sont d'accord, c'est l'énorme accroissement de la population qui a suivi la naissance de l'agriculture et la lutte qui s'est aussitôt engagée et qui devait se poursuivre à travers les siècles, sous des formes diverses et multiples, entre la pratique du vol et celle de l'échange.

II

Les tribus industrieuses, auxquelles l'agriculture fournissait des subsistances en abondance, sans parler des articles propres à satisfaire des besoins moins urgents, dont elle procurait aux agriculteurs le temps et le surcroît d'aliments nécessaires pour les produire, ces tribus en voie d'enrichissement ne pouvaient manquer d'être l'objet des entreprises de pillage des tribus pauvres qui continuaient à vivre des industries moins productives de la chasse ou de la récolte des fruits naturels du sol. Les dangers qui menaçaient leur sécurité croissaient avec leur richesse. Elles devaient, sous peine de périr, s'assurer contre ces dangers, d'autant plus redoutables, qu'elles étaient plus riches et moins capables de se défendre. Or, cette capacité était naturellement inégale. Si les tribus d'hommes forts et courageux, dont la nature se rapprochait de celle des carnassiers, étaient capables de se protéger elles-mêmes, il n'en était pas ainsi des tribus paisibles qui demandaient leur subsistance à la culture des végétaux alimentaires. Celles-ci étaient une proie facile pour les chasseurs, dont les facultés de combat étaient chaque jour exercées et développées par la lutte contre leurs concurrents, les animaux carnassiers. Elles auraient été détruites et avec elles auraient péri les germes de la civilisation, si elles avaient été réduites à leurs propres forces pour satisfaire leur besoin de sécurité. Qu'elles aient pourvu à ce besoin par un « contrat social », conclu apparemment avec des hommes capables d'y pourvoir, comme le supposaient Rousseau et les théoriciens de son école, n'est-ce pas aussi vraisemblablement que pourrait l'être une association entre des moutons et des loups. Nous préférons nous arrêter à une hypothèse beaucoup plus conforme à la nature humaine, savoir que les premiers Etats ont été fondés par des « hommes forts », mi-chasseurs, mi-pasteurs, auxquels les profits qu'ils tiraient de l'assujetissement des animaux ont suggéré l'idée de ceux qu'ils pourraient tirer de l'assujetissement des hommes. Et si l'on songe que chaque tribu se considérait comme appartenant à une espèce supérieure, seule véritablement humaine, — sentiment dont les nations ont hérité des tribus, — cette hypothèse n'aura-t-elle pas pour elle les plus fortes probabilités ? Elle peut s'appuyer, au surplus, sur ce que les découvertes modernes nous ont appris de la fondation des vieux empires de la Chaldée, de l'Assyrie et de l'Egypte.

III

Si nous recherchons ce que pouvait être une entreprise de conquête dans ces temps primitifs, nous nous apercevrons qu'elle ne différait point des entreprises industrielles constituées par voie d'association qui se fondent sous nos yeux. Comme tout autre entreprise, elle avait pour objectif un profit. Ce profit qui déterminait les tribus guerrières les plus intelligentes à conquérir un territoire et à y fonder un établissement permanent d'exploitation agricole au lieu d'y faire de simples expéditions de pillage, ce profit provenait de l'énorme accroissement de productivité résultant de la substitution de l'échange au vol dans l'acquisition des subsistances. Le pillage des approvisionnements accumulés par les tribus agricoles pouvait, sans doute, procurer un profit temporaire, mais en tarissant la source même de ce profit. Une conquête qui assujettissait ces tribus laborieuses, mais incapables de se protéger elles-mêmes, à fournir, d'une manière permanente, à leurs maîtres le produit de leur travail, était évidemment plus avantageuse que le pillage. Aussi, ce nouveau genre d'entreprise apparut-il après la naissance de l'agriculture et d'abord dans les régions où il pouvait donner le profit le plus élevé, telles que les alluvions du Nil, de l'Euphrate, de l'Indus et du Gange. Comme toutes les entreprises encore, celles-ci exigeaient l'association d'un personnel et l'apport d'un capital, sous la forme d'un outillage et d'une avance de subsistances. Chacun de leurs participants, nous pourrions dire de leurs actionnaires, y contribuait dans la mesure de ses forces et de ses ressources. Lorsque l'entreprise était couronnée de succès chacun avait, en conséquence, droit à une part proportionnée à l'importance de ses services et de son apport. S'il s'était agi d'un simple pillage, ceux qui y avaient coopéré se seraient séparés après le partage du butin, leur association serait dissoute, sauf à se reconstituer ensuite pour quelque entreprise analogue. Mais il en était autrement, s'il s'agissait d'une conquête, le butin se composant, dans ce cas, d'un domaine immobilier et de la population qui le peuplait. Après avoir procédé au partage de ce domaine et de son cheptel humain, il fallait l'occuper et s'en assurer la conservation. L'association qui s'était constituée pour la conquête devait donc continuer de subsister et demeurer organisée, tant pour maintenir dans l'obéissance la population assujettie que pour défendre son domaine contre les associations rivales, conquérantes ou pillardes, et, au besoin, pour l'agrandir. Bref, il fallait que, dans l'éventualité d'une lutte intérieure ou extérieure, elle se trouvât debout et prête, telle, en un mot, qu'elle était au moment de la conquête. Le moyen le plus simple d'obtenir ce résultat, et en même temps le plus conforme à la loi de l'économie des forces, consistait dans l'hérédité des propriétés et des fonctions, et c'est à ce moyen qu'ont eu généralement recours les sociétés conquérantes et fondatrices des entreprises d'exploitation agricole et industrielle que l'on a désignées sous le nom d'Etats politiques.

IV

C'était en vue d'un profit, que les tribus guerrières vivant de la chasse et de l'élève du bétail entreprenaient la conquête d'un territoire et de ses habitants pour y fonder un établissement, un Etat, lequel n'était autre chose qu'une vaste ferme ; c'est parce que les conquérants estimaient que l'exploitation de cette ferme leur procurerait des moyens d'existence plus amples et plus assurés, en échange d'une moindre somme d'efforts et en les exposant à de moindres privations que leurs industries primitives. Cependant, cette sorte d'entreprise était naturellement aléatoire ; elle pouvait échouer et entraîner même la destruction des entrepreneurs. Le profit devait donc être proportionné aux risques. Il allait dépendre, d'une part, de la fécondité du sol du domaine, des fortifications naturelles qui en facilitaient la défense, de la douceur du climat, d'une autre part, du nombre, de la capacité productive, de la docilité de la population qui, avec les animaux domestiques, en constituaient le cheptel. La conquête faite, et le partage effectué entre les conquérants, chacun de ces co-partageants exploitait le lot qui lui était échu. Que lui rapportait cette exploitation ? En quoi consistaient ses frais et son profit ?

Les frais consistaient, en premier lieu, dans la nourriture, les vêtements, le logement et les autres articles nécessaires à l'entretien des esclaves, du personnel chargé de les diriger et de pourvoir à la sécurité intérieure du domaine ; en second lieu, de la contribution en personnel et en matériel, — armement et subsistances, — que chaque détenteur d'un lot devait fournir à l'association pour défendre et, au besoin, pour agrandir l'établissement, l'Etat, dont la conservation était pour tous une question vitale. La portion la plus considérable de ces frais était celle de la production alimentaire, et la plus grande partie de la population esclave devait y être employée. L'autre partie était appliquée à la satisfaction d'autres besoins de moindre nécessité, et auxquels il pouvait, d'autant plus amplement pourvoir, que la terre était plus féconde et la production agricole plus abondante. Cependant, ces besoins n'exigeaient qu'une quantité limitée de travail. Avant que les progrès de la sécurité et des moyens de transport eussent rendu possible l'apport des produits à distance, le propriétaire,sa famille et les simples soldats,— petits actionnaires de l'entreprise qui s'étaient attachés à sa fortune faute d'un capital suffisant pour exploiter eux-mêmes leur lot,—étaient obligés de se contenter de ceux dont le domaine fournissait les matériaux et que façonnait une industrie rudimentaire : la nourriture et les vêtements des maîtres, aussi bien que des esclaves, étaient grossiers, l'habitation seigneuriale, le château, était vaste et solidement construit mais l'apparence en était fruste, et le mobilier réduit au nécessaire sans aucune recherche de luxe ou de confort. Restait donc disponible une quantité souvent considérable de travail. A quel usage le seigneur pouvait-il l'affecter, après que ses besoins, ceux de sa famille et de sa cour, eussent été satisfaits autant que le comportaient les circonstances économiques du temps ? Il ne pouvait lui donner que deux destinations : pourvoir aux besoins de ses Divinités et à ceux qu'il continuerait à ressentir après sa mort, la première suggérée par le sentiment religieux, la seconde par l'instinct de la conservation.

V

Sous l'impulsion du sentiment religieux, dont l'organe existe dans toutes les variétés de l'espèce, l'homme primitif avait conçu l'existence d'êtres supérieurs en puissance, auxquels il attribuait la production des phénomènes qui frappaient ses sens. Ces êtres divins, il les concevait animés des mobiles auxquels il obéissait lui-même, éprouvant les mêmes besoins ; et pouvait-il les concevoir autrement ? S'il voulait obtenir leurs faveurs, il fallait les rétribuer, et ces faveurs se proportionnaient à l'importance de la rétribution, composée d'aliments — et, notamment de chair humaine pour les Divinités carnivores, — de vêtements, d'ornements et d'habitations, en harmonie avec leur dignité et leur puissance.

De même, sous l'influence de l'instinct de la conservation, l'homme croyait à sa survivance ; d'où l'obligation de pourvoir aux besoins des morts, en les mesurant à leur importance, de les accompagner de leurs femmes, de leurs serviteurs et de leurs animaux favoris, de leur apporter des aliments, de les loger dans des tombeaux assez vastes et assez solides pour qu'ils n'eussent point à regretter leurs précédentes demeures. Les colossales constructions mégalithiques des temps préhistoriques, les temples énormes et les pyramides funéraires de l'Egypte étaient consacrés à la satisfaction de ces deux sortes de besoins, — besoins des Divinités, besoins des morts. En l'absence d'engins mécaniques, ils absorbaient tout le surcroît du travail des esclaves. Cependant, à mesure que l'industrie, en se perfectionnant, fournit une plus grande variété d'articles de consommation et que le commerce en s'étendant apporta un plus grand nombre de denrées et d'articles de luxe, on vit se réduire les dimensions des monuments religieux et funéraires. C'est qu'en concurrence avec les besoins des divinités et des morts se développaient ceux des vivants. Le surcroît de travail disponible que les membres de la société propriétaire de l'Etat y appliquaient sous l'impulsion du sentiment religieux ou de l'instinct de la conservation, ils préféraient maintenant l'employer à la production de nouveaux articles de luxe et de confort que créait l'industrie en progrès ou à l'acquisition de ceux que le commerce leur fournissait par l'échange.

VI

Que l'esclavage ait cessé d'avoir sa raison d'être, dans l'état actuel de la civilisation, qu'il soit devenu un anachronisme moral et économique, qu'il faille louer les philanthropes d'avoir provoqué une croisade humanitaire pour l'abolition de la traite et l'émancipation des nègres, cela n'est pas douteux. On peut contester seulement l'efficacité des moyens qui ont été mis en œuvre pour atteindre ce but et se demander même s'ils n'ont pas aggravé la condition des émancipés au lieu de l'améliorer. On peut regretter aussi que la philanthropie abolitionniste n'ait porté sa sollicitude que sur les victimes d'une seule des formes de la sujétion et du travail forcé, et peut-être de la moins dure. Mais si l'esclavage sous ses différentes formes a perdu sa raison d'être, il n'a pas moins été, à l'origine et pendant une longue suite de siècles, nécessité par les conditions d'existence de la grande majorité de l'espèce humaine et par l'état de sa mentalité. Parmi les variétés de l'espèce, les moins combatives, celles qui se rapprochaient des animaux herbivores étaient, comme ceux-ci, la proie des espèces carnivores. Et ce qui prouve qu'elles étaient incapables de défendre leur vie et leurs moyens d'existence, c'est qu'elles furent réduites en esclavage dès que l'invention de l'agriculture eut rendu plus avantageuse l'exploitation de leur travail que la consommation de leur chair. Il faut remarquer, d'ailleurs, que la condition des individus dans cet état nouveau ne différait guère de celle qui leur était faite dans leur clan ou leur tribu. Assujettis à des coutumes qui réglaient toutes les manifestations de leur activité, ils ne possédaient, en réalité, aucune liberté. Ceux même que la mise en culture des denrées alimentaires préservait déjà du péril de la faim demeuraient en butte à un péril non moins urgent, celui du pillage et du massacre. Soit qu'ils eussent accepté volontairement la domination des hommes forts et courageux des tribus guerrières, soit qu'ils l'eussent subie, l'esclavage améliorait leur sort en leur donnant la sécurité. Et cet article de première nécessité ne leur coûtait que la différence infinitésimale du poids de la sujétion à la coutume de la tribu et à la loi du maître. Cette loi était arbitraire et sanctionnée par de durs châtiments. Mais l'abus que le maître en pouvait faire était limité par son intérêt. L'esclave était un instrument de travail, et presque l'unique véhicule de la production, à une époque où la force mécanique n'avait pas encore remplacé économiquement la force physique de l'homme. Cet instrument, le maître était intéressé à le conserver en bon état et le plus longtemps possible, par conséquent à fournir à ses esclaves la subsistance et l'entretien nécessaires à la conservation de leurs forces, comme aussi à ne point les diminuer par de mauvais traitements. L'esclavage était avantageux au maître, mais s'il ne l'avait pas été dans quelque mesure à l'esclave aurait-il pu subsister ? En dernière analyse, il se résolvait en un échange. L'esclave fournissait l'usage de ses forces productives, et il recevait, en échange, à la fois, une part du produit de son travail sous forme de nourriture, de vêtements et de logement, et un service de protection contre autrui et contre lui-même. C'était une assurance et une tutelle. Le maître en fixait à son gré le prix, mais si haut qu'il le portât, ce prix était inférieur à celui qu'aurait coûté à l'esclave la conservation de sa vie, qu'il était incapable d'assurer et de gouverner. La différence constituait sa part dans le profit de cet échange.

On peut se demander encore si l'existence des sociétés et de leurs Etats dans ces temps primitifs eût été possible sans l'esclavage. En raison de la masse de travail physique qu'exigeait la production des denrées alimentaires, la construction des habitations, les transports, etc., les esclaves devaient être plus nombreux que leurs maîtres, ceux-ci n'ayant pour débouchés que la gestion de leurs domaines, leur participation au gouvernement de l'Etat et la guerre. Or, cette multitude ne possédait qu'en germe les facultés intellectuelles et morales nécessaires à l'accomplissement des devoirs envers soi-même, envers autrui, la société et l'Etat. La nature même de ses travaux, impliquant presque uniquement l'exercice de la force musculaire, faisait obstacle au développement de ce germe. La prépondérance des instincts de sa nature animale, son incapacité à se gouverner, partant à gouverner l'Etat, sa répugnance au travail pénible et monotone que nécessitait la satisfaction des besoins matériels les plus nécessaires n'auraient-ils pas causé promptement la dissolution de la société ou son asservissement à une société à esclaves ?

VII

En résumé, une entreprise de conquête avait, comme toute autre, pour objet un profit. Ce profit, les membres de la société conquérante le trouvaient dans l'exploitation du domaine qui leur était échu en partage, et il était plus ou moins élevé selon le degré de fécondité du sol, le nombre et les qualités productives de la population qui formait le cheptel humain de ce domaine. Il constituait le revenu net du propriétaire, et dépassait en tous cas celui que lui fournissait auparavant la chasse ou l'élève du bétail. Mais la fondation de l'Etat n'allait pas seulement améliorer la condition matérielle des fondateurs, elle allait être la source de l'ensemble des progrès qui ont constitué le capital de la civilisation.

CHAPITRE IV

Progrès déterminés par la fondation des Etats.

I

L'Etat fondé, le domaine avec son cheptel partagé entre les membres de la société conquérante en raison de leur apport et de leurs services, il fallait pourvoir à sa conservation. Or, toutes les sociétés en possession d'un établissement alimentaire de ce genre, autrement dit d'un « Etat », étaient exposées à un risque qui les menaçait incessamment de destruction ou tout au moins de dépossession. Ce risque provenait de la concurrence sous sa forme destructive de guerre. Toute société en possession d'un Etat avait, en effet, à lutter contre deux catégories de concurrents : 1° Contre les tribus ou les hordes guerrières vivant de la chasse et du pillage, auxquels les plus avancées joignaient l'élève du bétail ; 2° contre les autres sociétés propriétaires d'Etats.

Dans la première période de l'existence des Etats, lorsque, d'une part, les sociétés qui les avaient fondés n'occupaient encore que la plus petite portion de notre globe, lorsque, d'une autre part, elles ne possédaient point un armement supérieur à celui des tribus guerrières, elles ne pouvaient manquer d'être l'objet des convoitises de ces tribus dont l'augmentation naturelle de la population diminuait les moyens de subsistance. Pendant une longue durée de siècles, les invasions de ces tribus faméliques mirent en péril les sociétés propriétaires d'Etats. Tantôt, quand les envahisseurs n'étaient point arrivés au degré de développement intellectuel et moral qu'exigeait l'exploitation d'un Etat, ils se bornaient au pillage du domaine et au massacre de sa population. C'est ainsi que les Indiens chasseurs de l'Amérique du Nord, par exemple, détruisirent la civilisation commençante de la région du Sud, et que beaucoup d'autres civilisations subirent, selon toutes probabilités, le même sort dans les différentes régions du globe. Tantôt, au contraire, les envahisseurs, arrivés à un plus haut degré de développement intellectuel et moral, s'emparaient du domaine pour l'exploiter, quelquefois en le partageant avec ses propriétaires. Il y avait alors un recul temporaire de civilisation. Cette concurrence et ces invasions des tribus guerrières subsistèrent jusqu'à ce que les sociétés propriétaires d'Etats eussent acquis une prépondérance décisive dans l'art de la destruction. Les invasions des tribus de chasseurs et de pasteurs cessèrent, en conséquence, de se produire comme toutes les entreprises qui se soldent par une perte.

Le risque de destruction ou d'expropriation qui menaçait toutes les sociétés propriétaires d'Etats n'en subsista pas moins, et même alla s'aggravant. Car, dans l'intervalle, ces sociétés s'étaient multipliées, et elles se faisaient une concurrence de plus en plus active, sous l'influence de la même cause qui avait provoqué les invasions des tribus barbares : l'augmentation de leur population déterminant l'insuffisance croissante de leurs moyens de subsistance. Les membres de la société propriétaire d'un Etat ne possédaient, en effet, qu'un débouché étroit, consistant seulement dans la gestion de leur domaine privé, dans leur participation au gouvernement de l'Etat et la pratique de la guerre. Ils ne pouvaient, sans perdre le prestige nécessaire à leur domination, se livrer aux industries autrement nombreuses qui étaient exercées par la population assujettie. Et s'ils pouvaient limiter la reproduction de leurs esclaves de manière à la proportionner au besoin qu'ils en avaient, il leur était plus difficile de limiter la leur. Elle tendait donc incessamment à dépasser le débouché qui lui était ouvert. Ce débouché elle ne pouvait l'agrandir que par un seul procédé, la conquête d'un domaine possédé par une autre société, c'est-à-dire par la guerre. La guerre était, par conséquent, une nécessité vitale pour toutes les sociétés propriétaires d'Etats, et elle devait le demeurer jusqu'à ce que les progrès de l'industrie leur eussent ouvert un autre débouché que la conquête et l'exploitation d'un domaine meublé d'esclaves et de sujets.

Sous la pression de cette forme destructive de la concurrence, toutes les sociétés propriétaires d'Etats étaient obligées, à moins d'être détruites ou dépossédées, de réaliser des progrès qui augmentassent leurs forces et leurs ressources. Lorsque ce véhicule de progrès demeurait inactif, le besoin de devenir plus fort cessant de se faire sentir, le mouvement ascensionnel qu'il déterminait se ralentissait et finissait par s'arrêter. En même temps, le chômage des ouvriers de la guerre donnait carrière aux vices destructeurs des forces vitales, engendrées par l'oisiveté. A la vérité, la guerre causait aux vainqueurs aussi bien qu'aux vaincus une perte d'hommes et de richesses. Mais cette perte était rachetée avec profit par les forces dont elle suscitait la création ou dont elle empêchait la destruction. Et parmi les progrès dont la guerre était le véhicule figuraient, comme nous le verrons, ceux qui devaient finir par la rendre inutile.

La conquête était, disons-nous, pour les sociétés propriétaires d'Etats, comme elle l'avait été pour les tribus dont elles étaient issues, l'unique mode d'acquisition et d'agrandissement de leur domaine alimentaire. Or, ce mode primitif d'acquisition des subsistances procédant par le vol et le meurtre avait pour effet naturel de les rendre naturellement ennemies. Car elles ne pouvaient subsister et prospérer qu'aux dépens les unes des autres. Leur politique devait donc avoir pour objet d'affaiblir et de diviser leurs concurrents, afin d'arriver plus aisément, avec une moindre dépense de forces, à les dépouiller et à les détruire. C'est ainsi que l'adage : *homo homini lupus* était l'expression exacte des rapports des hommes appartenant à des sociétés différentes et concurrentes.

Comment, par l'opération de quels progrès, accomplis sous la pression de cette forme initiale de la concurrence, s'est opérée l'évolution qui devait, en substituant l'échange au vol et au meurtre dans l'acquisition des matériaux de la vie, intéresser à la prospérité les uns des autres les hommes appartenant à des sociétés auparavant ennemies, c'est ce que nous aurons à examiner.

II

Toutes les sociétés en possession d'un Etat étant exposées à un risque de destruction ou de dépossession, le premier et le plus urgent de leurs besoins était de s'assurer contre ce risque. L'instrument adapté à cette espèce particulière d'assurance consistait dans une force destructive organisée, savoir une armée. Après avoir servi à la conquête d'un domaine alimentaire, cet instrument devait être employé à en assurer la conservation et à en procurer au besoin l'agrandissement. Or, il faut remarquer que si la conquête d'un domaine occupé par une population dépourvue des facultés de combat nécessaires à sa défense n'avait point exigé un déploiement considérable de puissance destructive, il en était autrement de sa conservation. La société conquérante allait être désormais en butte aux agressions des autres hordes ou sociétés guerrières. Son armée devait être assez nombreuse pour repousser ces agressions inévitables, sur quelque point de son domaine qu'elles fussent dirigées. Il fallait qu'elle se proportionnât à l'étendue de l'État. Cependant le nombre n'est qu'un des éléments de la puissance d'une armée. Il apparaît même comme une cause de faiblesse lorsque ses mouvements ne sont pas ordonnés et réglés conformément à la loi naturelle de l'économie des forces. Plus cette armée est nombreuse, plus exactement elle doit être disciplinée pour déployer toute sa puissance destructive. Et cette puissance unifiée par la discipline doit être dirigée de manière à être toujours supérieure à celle qui lui est opposée dans le lieu et le moment de la lutte. Tel est l'art de la guerre. C'est aux chefs d'armée qui excellaient dans la pratique de cet art que s'est attachée, dès l'origine des Etats, la renommée la plus retentissante ou de son autre nom la gloire. avec la reconnaissance de la société, — reconnaissance justifiée par l'importance des services qu'ils lui rendaient, soit en sauvegardant son existence, soit en agrandissant son domaine. Dans le premier cas, le chef d'armée victorieux la préservait du pire des maux : l'extermination ou la réduction en esclavage ; dans le second, la victoire lui valait un accroissement extraordinaire et parfois énorme de richesse. Quelle industrie aurait pu lui rapporter le profit qu'elle tirait de la conquête et de l'exploitation d'un territoire fertile garni d'une population laborieuse, comme le fut par exemple la conquête de l'Angleterre par les Normands ?

A un atelier de destruction aussi bien qu'à un atelier de production, il fallait, avec un chef capable de le diriger, un personnel d'exécution, composé d'hommes ayant les qualités et les aptitudes qu'exige ce genre d'industrie : la vigueur physique, l'endurance, la combativité. Comme toutes les autres qualités et aptitudes, celles-ci se transmettent par l'hérédité et se développent par l'exercice. C'est pourquoi l'observation et l'expérience avaient fait interdire les unions en dehors de la caste guerrière et sacrifier les nouveau-nés trop faibles ou atteints d'une difformité physique. A Sparte, ils étaient plongés dans l'Eurotas et, peut-être, le baptême, usité dès les temps primitifs, n'a-t-il pas eu d'autre origine. L'éducation était adaptée à la guerre : les exercices du corps, la lutte, la course en étaient les branches maîtresses. En Grèce, les jeux olympiques avaient pour objet de développer, en les glorifiant, les aptitudes de combat. La chasse, qui entretenait ces aptitudes par l'exercice, devint le passe-temps habituel des races guerrières, après avoir cessé d'être leur industrie alimentaire. Dans les sociétés conquérantes et fondatrices d'Etats, qui devaient à la guerre leurs moyens d'existence et ne pouvaient les conserver et les augmenter que par elle, les vertus militaires, le courage, le mépris de la mort, étaient prisées par-dessus toutes les autres ; on mesurait la valeur d'un homme à ses aptitudes destructives comme on la mesure aujourd'hui à ses aptitudes productives. Et c'était à bon droit car la valeur militaire était la plus utile à la société aussi bien qu'à l'individu lui-même.

Cependant, la capacité directrice et organisatrice du chef d'une armée, l'aptitude au commandement des officiers et les aptitudes combatives des soldats, autrement dit du personnel de direction et d'exécution d'un atelier de destruction ne suffisent pas seules. Comme la production, la destruction a besoin d'un outillage qui lui soit approprié. Entre deux armées, celle qui possède le matériel le plus puissant, — la capacité du personnel étant supposée égale, — possède les plus grandes chances, sinon la certitude de remporter la victoire.

Ainsi que nous l'avons constaté, l'outillage de la destruction a précédé celui de la production, l'espèce humaine ayant commencé à demander sa subsistance au vol et au meurtre. Les premières armes ont été des massues, c'est-à-dire de gros bâtons, des cailloux ou des fragments de rochers. C'étaient les armes d'Hercule et de Polyphème. Au bois et à la pierre, celle-ci d'abord simplement éclatée, ensuite taillée et polie, des inventeurs de génie firent succéder les métaux, à commencer par les plus malléables, l'étain qu'ils alliaient au cuivre, et plus tard le fer, qui n'était pas encore employé à l'époque de la guerre de Troie. Aux armes offensives, la fronde, la lance, l'épée, le javelot, s'ajoutèrent des armes défensives, le bouclier, le casque, la cuirasse. La fondation des Etats nécessita un autre complément de l'armement. Il fallut élever des remparts, creuser des fossés, construire des forteresses pour protéger le domaine conquis contre les invasions des hordes pillardes et des sociétés concurrentes. Il fallut aussi percer des routes pour permettre aux armées de se porter rapidement aux points menacés des frontières ou aux parties du territoire déjà envahies. Pendant longtemps, jusqu'à ce que les progrès des industries productives et l'extension de la sécurité eussent multiplié les échanges à distance, les routes furent construites uniquement pour faciliter les mouvements des armées. Telle était la destination de l'admirable réseau de chaussées qui rattachaient à la métropole les différentes régions soumises à la domination romaine. C'étaient, à l'origine, uniquement des voies stratégiques. Tels étaient encore les instruments de transport terrestres et maritimes, chariots et navires. Ces derniers n'étaient employés à l'origine qu'à des entreprises de pillage ou de conquête. La piraterie a précédé le commerce maritime.

III

L'appareil de la destruction était donc l'instrument indispensable de la conservation d'une société en possession d'un Etat. La vie ou tout au moins la liberté de ses membres dépendait de la puissance de son armée ; mais les éléments de cette puissance, personnel et matériel, étaient puisés dans la société elle-même. En d'autres termes, la puissance de l'armée dépendait à son tour de celle de la société. A cet égard, la situation d'une société, propriétaire et exploitante d'un domaine alimentaire et d'une population asservie, ne différait pas de celle d'une tribu de chasseurs. Seulement, la défense de ce domaine exigeait un appareil plus compliqué que celui des terrains de chasse d'une tribu. Il en était de même de la garantie de la sécurité intérieure. L'industrie de la chasse ne nourrissait qu'une population clairsemée et ne comportait pas l'appropriation individuelle du sol. En vertu de la nature même de cette industrie, les terrains giboyeux n'étaient et ne pouvaient être que la propriété collective de la tribu.

L'agriculture et les autres industries productives nécessitaient au contraire une appropriation individualisée. Mais cette individualisation de la propriété et l'accroissement énorme de la production, partant de la population qu'elle rendit possible, nécessitaient aussi un développement correspondant de l'appareil d'assurance de la sécurité. Il fallut délimiter les propriétés, empêcher les propriétaires de les agrandir aux dépens les uns des autres, réprimer les attentats contre les personnes qui naissaient de ces conflits d'intérêts, et les vols devenus plus nombreux à mesure que la matière volable, la richesse, se multipliait. Il fallut fixer le montant de la contribution en personnel et en matériel que les propriétaires devaient fournir à la défense commune en raison de l'importance de leur domaine et en assurer le recouvrement. Il fallut apprécier au point de vue de l'intérêt de conservation de la société, les transactions individuelles, engagements ou contrats, sanctionner ceux qui étaient conformes à cet intérêt supérieur, interdire les autres ; bref, il fallut adapter la législation aux nouvelles conditions d'existence de la société.

Nous aurons une idée de l'importance de la fonction du législateur, et de sa complexité dans cet état nouveau, en rappelant qu'elle consistait à reconnaître dans chacun des actes individuels ou collectifs, ce qui était de nature à assurer sa conservation ou à la mettre en péril, en augmentant ou en diminuant la somme de ses forces. Cette connaissance acquise, et elle ne pouvait l'être que par l'observation des conséquences des actes individuels, il fallait imposer aux individus, dans le cas où ils ne se l'imposeraient pas eux-mêmes, l'obligation d'accomplir ceux là et de s'abstenir de ceux-ci. La loi définissait cette obligation et commandait de s'y soumettre. Chaque loi correspondait à une obligation. Cette obligation, elle l'enseignait en même temps qu'elle en prescrivait l'accomplissement.

Les lois dans leur ensemble concernaient la conduite de l'individu envers lui-même et envers les êtres placés sous sa dépendance, envers les autres membres de la société et envers le gouvernement chargé de pourvoir à la conservation de la société et de l'Etat ; elles commandaient à chacun de diriger sa conduite et celle des siens de manière à conserver et augmenter ses forces vitales et les leurs, d'assister les faibles afin d'accroître ou d'empêcher de s'amoindrir le contingent des forces communes (ceci toutefois à la condition que l'assistance ne décourageât point les faibles de s'assister eux-mêmes et ne coûtât pas plus de forces qu'elle n'aidait à en conserver ou en augmenter); elles commandaient enfin à chacun de mettre ses forces et ses ressources à la disposition du gouvernement chargé de pourvoir aux risques extérieurs et intérieurs qui menaçaient l'existence de la société et de son Etat, et de lui obéir en tout ce qui concernait l'accomplissement de sa mission.

Le législateur qui inventait ou, pour mieux dire, découvrait la loi nécessaire à la prévention des actes nuisibles à la société et à l'Etat, avait aussi à rechercher la sanction pénale appropriée à cette loi. Trop faible, une pénalité demeure inefficace, elle n'atteint pas son but; trop forte, elle le dépasse et encourage à commettre une nuisance plus grave. Reconnaître si un acte est utile ou nuisible à la société et dans quelle mesure, établir la pénalité la mieux adaptée, c'est-à-dire la plus juste, à la répression d'un acte nuisible, telle est en résumé la fonction du législateur. Elle exige la mise en œuvre d'une faculté intellectuelle et d'une faculté morale, l'aptitude à observer les conséquences d'un acte et le sentiment du juste. Si la première fait défaut, si un acte utile est déclaré nuisible ou si un acte nuisible est déclaré utile l'intérêt de la société est également lésé, et la loi provoque une réaction dans la foule à moins que quelque passion plus forte ne fasse taire chez elle le sentiment du juste. Il en est de même si l'estimation du degré de la nuisance et de la pénalité qu'elle comporte est faussée et inexacte. La fonction du législateur est donc particulièrement importante et difficile et elle exige une haute capacité intellectuelle et morale.

L'importance et la difficulté de cette fonction s'accroissaient dans une société en possession d'un Etat, car les lois dont elle avait besoin étaient bien autrement nombreuses et complexes que celles qui suffisaient à une tribu de chasseurs ou de pasteurs. Elles étaient formulées et réunies dans un code que l'on attribue d'habitude à un législateur unique, Moïse, Manou, Solon ou Lycurgue, mais qui a été probablement l'œuvre de générations successives d'observateurs, qu'il s'est borné à codifier. Ces codes ont dû évoluer avec les conditions d'existence naturellement changeantes des sociétés : tels actes qui étaient particulièrement nuisibles à une tribu de pasteurs, le vol des bestiaux par exemple, l'est devenu moins à une société dont l'alimentation était plus variée et ne comportait plus une pénalité aussi rigoureuse, ou bien encore une pénalité telle que le bannissement a perdu de son efficacité lorsque les relations des peuples sont devenues moins hostiles.

Entre ces codes, on peut signaler certaines différences tenant à des circonstances particulières de situation. Le code de Moïse, notamment, destiné à un peuple qui, après avoir vécu de l'industrie pastorale, avait émigré en Egypte, où il avait participé à une civilisation plus avancée et appris avec la culture du sol l'exercice d'industries qui lui étaient auparavant inconnues, ce code renfermait des prescriptions et des règles empruntées à l'Egypte, et qui lui devinrent indispensables, lorsque, à l'exemple de la société pharaonique, il eut conquis un domaine alimentaire et fondé un Etat. Comme trait particulier et original, il faut noter qu'ayant eux-mêmes exercé en Egypte les professions réservées aux esclaves, les Israélites massacrèrent les peuples qui occupaient ce domaine et y avaient fondé des Etats, au lieu de les réduire en esclavage. Cependant, le code de Moïse avait avec les autres de nombreux points de ressemblance, car tous répondaient aux mêmes besoins. Tous aussi représentaient un énorme travail d'observation et de réflexion, et si l'on songe que ce travail était accompli par l'élite intellectuelle de la société, on aura quelque raison de croire qu'ils étaient au moins aussi bien que les codes modernes adaptés à leur destination.

IV

Tandis que le gouvernement d'une tribu était, en quelque sorte, à l'état amorphe, les fonctions gouvernantes durent se diviser et se spécialiser dans les sociétés auxquelles l'agriculture et les autres industries productives fournissaient une somme de moyens d'existence autrement considérable que celle que les tribus tiraient de la chasse et du pillage. Comme celui des tribus, le gouvernement des sociétés propriétaires d'Etats était double : spirituel et temporel. Le premier était celui des divinités dont il était issu et auxquelles il payait une sorte de tribut ou de rente, qui s'augmentait d'une rétribution pour les services généraux ou particuliers qu'elles consentaient à rendre. Le gouvernement temporel émanait des divinités ; elles désignaient, par l'intermédiaire de leurs ministres, le chef du gouvernement temporel et le destituaient quand il encourait leur disgrâce comme il arriva à Saül.

C'est sous l'excitation du sentiment religieux que l'intelligence de l'homme avait conçu l'existence des divinités, en attribuant à leur pouvoir surhumain les phénomènes qui lui paraissaient inexplicables, et c'est grâce à ce sentiment et à cette conception que l'espèce humaine a pu sortir de l'animalité. Sans doute, l'homme était pourvu d'un organisme physique et mental plus complet et plus parfait que celui des autres espèces, mais par là même, plus difficile à gouverner et à discipliner. Or, ce gouvernement et cette discipline à défaut desquels toute association, partant toute civilisation, eussent été impossibles, impliquaient un ensemble de règles qui se heurtaient aux instincts les plus forts de la nature animale de l'espèce humaine. Quel homme eût possédé l'autorité nécessaire pour imposer à ses semblables des sacrifices et des efforts auxquels leurs instincts répugnaient ? Ces sacrifices et ces efforts, l'homme le plus orgueilleux de la puissance de ses muscles pouvait-il les refuser à des êtres surhumains, capables de briser toutes les résistances et armés de sanctions auxquelles nul ne pouvait échapper. L'autorité divine était toute-puissante et irrésistible. Cette autorité, les divinités la communiquaient à leurs élus, ceux-ci reconnaissables à quelque particularité physique, telle que le développement cérébral, manifesté par des conceptions et des prévisions qui dépassaient la capacité mentale de la foule, qu'elle attribuait et qu'ils attribuaient eux-mêmes à une révélation divine. On s'explique ainsi que les hommes les plus forts d'une tribu aient obéi parfois aux plus faibles et se soient soumis à des règles de conduite qui les obligeaient à réfréner leurs appétits les plus violents. C'est que l'obéissance à ces règles était commandée par des puissances auxquelles on ne pouvait désobéir sans s'exposer à des châtiments certains et effroyables. Et c'est ainsi encore qu'à son début, à l'époque où son existence était le plus menacée par la concurrence des espèces auxquelles elle venait disputer la subsistance, l'espèce humaine a été gouvernée par les individus les plus capables d'assurer sa conservation et ses progrès.

Lorsqu'aux industries destructives du premier âge succédèrent les industries productives qui purent, en multipliant les matériaux de la vie, pourvoir à la subsistance et aux autres besoins de plusieurs millions d'hommes sur un territoire qui suffisait à peine à en nourrir quelques centaines, les divinités se multiplièrent de leur côté, en raison de l'augmentation et de la diversification de leurs fonctions. L'Olympe païen est un gouvernement complet dont les membres sont hiérarchisés et ont chacun leurs attributions spéciales ; le Dieu d'Israël lui-même possède une milice et des serviteurs surhumains, enfin, on retrouve dans le christianisme toute une légion de saints qui ont hérité des fonctions des sous-divinités du paganisme.

Avec des divinités devenues plus nombreuses s'augmente aussi le nombre de leurs délégués. Ils forment une caste qui se multiplie, comme celle des guerriers par la transmission héréditaire, et qui choisit tantôt parmi ses membres le chef du gouvernement temporel de l'Etat, tantôt ratifie, au nom des divinités, le choix de la caste guerrière et investit son chef de l'autorité divine. C'est le sacre. Quelle que soit son origine, ce chef est tenu de faire observer et d'observer lui-même les lois émanées des divinités et de consulter celles-ci dans toutes ses entreprises, par l'intermédiaire de leurs délégués, sous peine d'encourir leur disgrâce. C'est donc une erreur de croire que les anciennes sociétés aient été soumises au pouvoir absolu, illimité et arbitraire du chef de l'Etat. Ce chef, roi ou empereur, n'était qu'une sorte de *monarque constitutionnel*, avec la responsabilité de plus. Il ne pouvait agir qu'en se conformant aux lois et en obéissant aux conseils sinon aux injonctions des délégués des divinités. Notons que ces délégués appartenant à l'élite intellectuelle de la société n'étaient peut-être pas moins capables d'intervenir dans le gouvernement de l'Etat que ne le sont aujourd'hui les représentants du peuple souverain. Ils s'immisçaient jusque dans la vie privée du chef de l'Etat en enveloppant sa liberté dans le réseau serré d'une étiquette qu'ils jugeaient nécessaire au prestige de l'exécuteur des volontés *divines*.

Comme le gouvernement spirituel, le gouvernement temporel d'un Etat exigeait un personnel bien autrement nombreux que celui d'une tribu, juges, policiers, percepteurs des contributions nécessaires aux services de l'Etat, etc. Ce personnel se recrutait dans la même classe intellectuelle à laquelle appartenaient les délégués des divinités, et une division du travail avait dû s'opérer entre eux. Et cette séparation matérielle ne pouvait manquer de susciter une différenciation morale, les délégués des divinités, voués à leur culte, considérant comme parfaites et immuables les lois qu'elles avaient inspirées, tandis que ceux qui les appliquaient ou en observaient l'application étaient frappés de leur imperfection, et constataient leurs défauts d'adaptation aux conditions changeantes de l'existence de la société. De là un éveil de l'esprit d'examen. Des doutes devaient venir sur la capacité souveraine des auteurs de ces lois vieillies et sur leur existence même. Mais si les lois n'étaient pas révélées par une intelligence surhumaine, elles étaient donc le produit de l'intelligence de l'homme. Les individus chez lesquels l'esprit d'observation s'éveillait étaient ainsi amenés à examiner leur propre intelligence, ses facultés et leurs opérations. On conçoit que ces recherches, qui empiétaient sur un domaine jusqu'alors réservé aux divinités protectrices de l'Etat, aient paru subversives et l'on s'explique que Socrate ait été condamné à boire la ciguë, car il ébranlait la croyance sur laquelle reposait l'édifice même de l'Etat.

Si nous considérons, en effet, les périls qui menaçaient l'existence de la société, du fait de la concurrence destructive d'une part, de l'autre des passions et des intérêts aveugles qui s'agitaient dans son sein, nous comprendrons qu'il ne fallait rien moins que l'union de la puissance spirituelle et de la puissance temporelle pour donner au gouvernement la force dont il avait besoin pour assurer la conservation de la société et de l'Etat. Tout en se disputant la suprématie, ces deux puissances associées ont gouverné les sociétés pendant la longue durée de siècles où leur existence et leurs progrès dépendaient presque exclusivement de la solidité de leurs gouvernements et de la force de résistance qu'ils opposaient aux assauts de la concurrence destructive.

V

La multiplication des rapports des membres d'une société guerrière, conquérante et exploitante d'un domaine cultivé par une population assujettie, l'individualisation de la propriété, l'accroissement énorme des matériaux de la vie et les phénomènes nouveaux qui avaient été la conséquence de ces progrès, le prêt, l'échange, l'hérédité, les nécessités de la défense du domaine et du maintien de l'ordre intérieur dans une société devenue plus nombreuse suscitaient le besoin d'un outillage moral et matériel bien autrement considérable, diversifié et compliqué que celui qui suffisait à une tribu vivant sur un domaine collectif du produit de la chasse. Et d'abord, le langage dut s'accroître de mots nouveaux pour désigner des choses nouvelles. De même qu'à chaque progrès de nos connaissances et de nos industries nous forgeons les expressions qui leur sont adaptées, — en les empruntant trop souvent à des langues mortes qui les rendent incompréhensibles à la foule, — les forts chasseurs passés à l'état de propriétaires fonciers durent étendre leur vocabulaire pour désigner les choses, les actes et les rapports qui naissaient de ce changement de leurs moyens et conditions d'existence, le partage, le bornage, la transmission des propriétés impliquant des engagements, des contrats de vente ou de location. Le besoin ne tarda pas à se faire sentir aussi de constater autrement que par la tradition orale l'existence et les conditions de ces opérations, et, en même temps, de faire connaître les règles ou lois auxquelles les divinités et leurs mandataires au gouvernement de la société les soumettaient. On inventa pour répondre à ce besoin des images ou des signes représentatifs des mots, et on les fixa sur des matériaux durables, le bois, la pierre, l'argile durcie au feu et façonnée en briques. Puis à ces matériaux difficiles à transporter et sur lesquels la production des images ou des signes de l'écriture était lente et coûteuse, on substitua la peau, la cire, le papyrus et finalement le papier. Le besoin d'autres signes pour fixer les dates et l'échéance des engagements et des contrats, le montant des contributions nécessaires au gouvernement de l'État, fit inventer les chiffres et les opérations élémentaires de l'arithmétique. On peut noter à l'appui, que l'aptitude à faire ces opérations n'existe qu'à l'état rudimentaire dans les tribus arriérées des nègres et des Indiens qui n'éprouvent pas le besoin de l'exercer. A l'arithmétique a dû se joindre la géométrie pour mesurer les lots dans le partage du domaine et en rétablir les limites après une inondation, comme il arrivait en Egypte à la suite du débordement du Nil. D'un autre côté, la défense du domaine, en nécessitant la construction de forteresses et l'établissement de voies de communication, provoquaient l'invention des procédés et de l'outillage, avec la recherche des matériaux, qu'exigeait la satisfaction du besoin de s'assurer contre le péril toujours imminent des invasions.

La nécessité de pourvoir aux besoins des divinités n'était pas moins pressante, car les divinités avaient les mêmes besoins que les hommes. Elles voulaient être nourries, logées, vêtues, ornées, conformément à leur rang et en raison de l'importance de leurs services. C'est par l'offrande de la chair la plus précieuse et la plus délicate qu'elles consentent à faire souffler le vent qui portera devant Troie la flotte des Grecs. C'est en leur bâtissant des temples, et en y logeant leurs statues façonnées avec les matériaux les plus rares qu'on obtient leur concours dans les luttes engagées pour la conservation ou l'agrandissement de l'Etat. Elles sont, comme les hommes, affamées de louanges, et c'est à célébrer leur puissance, sinon leurs vertus, que s'appliquent les poètes et les orateurs ; c'est à reproduire leurs images, avec les attributs de leur dignité et de leurs fonctions, que s'exercent les sculpteurs et les peintres, tandis que les architectes leur construisent des demeures qui se distinguent par la grandeur et la beauté du commun des habitations humaines. Ce sont les besoins des divinités qui ont provoqué la naissance de la catégorie d'industries auxquelles on a donné le nom de beaux-arts, et dont la satisfaction de ces besoins a été jusqu'à une époque récente le principal débouché.

En résumé, la fondation des Etats politiques, en assurant l'existence des industries productives, a permis aux hommes, non seulement de se multiplier en raison de l'augmentation des matériaux de la vie, mais encore de pourvoir plus amplement aux besoins qui leur sont communs avec les espèces inférieures, et à ceux qui leur sont propres. Ces besoins, en déterminant la mise en œuvre de leurs facultés intellectuelles et morales, ont suscité les inventions et les découvertes qui ont constitué le capital de la civilisation. Mais si l'on remonte à l'origine de ces progrès, on la trouvera dans la pression de la loi naturelle de la concurrence, qui les a rendus nécessaires sous la plus efficace des sanctions : la mort.

CHAPITRE V

L'esclavage. — Le servage. — La sujétion.

I

La contribution que les membres de la Société conquérante devaient fournir à la défense de l'Etat était proportionnée à l'importance de leur lot, mais elle dépendait aussi de la pression de la concurrence, sous la forme destructive de guerre, à laquelle toutes les Sociétés en possession d'un Etat se trouvaient exposées. Plus cette pression était forte et continue, plus s'élevait le taux de la contribution, plus en conséquence le contribuable était intéressé et excité à augmenter les produits de son domaine et à en réduire les frais d'exploitation. Un propriétaire laborieux et économe pouvait sans doute diriger lui-même le travail de ses esclaves, comme faisait Cincinnatus. Mais cette association des travaux de la production à ceux de la guerre devenait impossible à une époque où la guerre était permanente. D'ailleurs, dans les grands Etats, le gouvernement avait besoin d'un personnel nombreux, dont les fonctions étaient incompatibles avec celles de la gestion d'un domaine. Cette gestion qu'il fallait confier à un intendant, moins intéressé que le propriétaire à en augmenter le produit, se compliquait des charges et des difficultés inhérentes au régime de l'esclavage. Il fallait non seulement pourvoir à la nourriture et à l'entretien des esclaves, les contraindre à fournir toute la quantité de travail que comportaient leurs forces, mais encore régler leur reproduction comme celle du bétail, en la proportionnant au besoin qu'on avait d'eux, les empêcher de contracter des habitudes vicieuses de débauche et d'ivrognerie qui amoindrissaient leurs facultés productives et en abrégeaient la durée ; en un mot, les soumettre à une discipline attentive et rigoureuse. Mais si cette discipline dont le bâton était le véhicule indispensable, habituait l'esclave à un travail régulier, elle ne l'encourageait pas à travailler. Au contraire : sous l'impulsion de la loi de l'économie des forces, il s'épargnait, autant qu'il le pouvait, des efforts qu'aucun intérêt ne le poussait à multiplier. L'esclavage était donc le mode d'exploitation à la fois le plus onéreux et le moins productif du travail de l'homme. Aussi lorsque la tutelle contenue dans l'esclavage eut porté ses fruits, lorsque l'esclave eut été dressé à un travail régulier et à la maîtrise de ses appétits, si imparfaite et grossière que fut cette méthode de dressage, un mode d'exploitation plus économique et plus avantageux à la fois à l'esclave et au maître devint possible, et s'y substitua par l'accord des deux parties. Ce fut le régime auquel on a donné le nom de servage. On sait en quoi consistait ce régime qui a subsisté jusqu'à nos jours en Russie. Le propriétaire divisait son domaine en deux parts. Il se réservait l'une et la faisait cultiver par ses esclaves passés à l'état de serfs, en leur imposant une redevance en travail, une « corvée ». Il distribuait l'autre aux corvéables en mesurant l'étendue de chaque lot à la quantité de travail que l'alloti pouvait lui fournir. En Russie, cet allotissement était fait non à des individus, mais à des collectivités constituant une commune ou *mir*. L'assemblée des membres ou des anciens de la commune faisait le partage des lots entre les familles en raison du nombre de leurs bras, et comme ce nombre se modifiait de génération en génération, elle effectuait, généralement au terme de chacune, un nouveau partage. Ce régime exonérait le propriétaire de la charge de nourrir et d'entretenir la population asservie, et il allégeait pour celle-ci le poids de la servitude, en lui laissant la disposition d'elle-même, en dehors du temps de corvée. On conçoit qu'il se soit établi de commun accord, car il était également avantageux aux deux parties.

Loin d'être le résultat d'une révolte ou d'un soulèvement d'esclaves, ce premier progrès a été accompli par l'initiative des propriétaires, sous l'impulsion de leur intérêt stimulé par la concurrence, et il devait bientôt en engendrer un second. L'expérience ne tarda pas, en effet, à démontrer que le travail obligatoire de la corvée était moins productif que celui auquel les serfs se livraient librement, sous l'impulsion de leur intérêt, autrement dit qu'ils travaillaient avec plus d'activité et d'ardeur, partant qu'ils produisaient davantage pour eux-mêmes que pour le seigneur. Cette expérience suscita un nouveau progrès, en faisant substituer à la redevance en travail, la redevance en nature, puis en argent. Le serf trouva avantage à pouvoir disposer de la totalité de son travail sauf à fournir au seigneur l'équivalent du produit de la corvée, et le seigneur de son côté ne dut pas être moins satisfait d'obtenir ce produit sans avoir à supporter les frais et les risques de la production. Cependant, les lots de terre que le propriétaire avait concédés à ses serfs devenaient, dans ce nouvel état de choses, insuffisants pour leur donner la possibilité de s'acquitter des redevances en nature ou en argent par l'emploi du travail dont ils recouvraient la disposition. Il leur fallait pour cela, un lot supplémentaire, assez étendu pour que le travail de corvée, devenu disponible, pût y produire les matériaux de la redevance. Car le lot primitif était mesuré de manière à suffire strictement à la subsistance du serf et de sa famille. C'est ce qui explique que les paysans russes se plaignent de l'insuffisance des lots que leur a alloués l'acte d'émancipation. Ils ont été libérés de la corvée, ils disposent de la totalité de leur travail, mais ils ont à payer un impôt qui dépasse le montant de la corvée et pour l'acquittement duquel ils n'ont que du travail sans terre

II

Les esclaves étaient, en grande majorité, employés à la production des denrées alimentaires, mais dans les régions fécondes telles que les vallées du Nil, de l'Euphrate, de l'Indus, où le travail d'un homme suffisait à la nourriture de plusieurs, il y avait un surcroît souvent considérable de travail disponible, qui pouvait être employé à la satisfaction d'autres besoins, besoins de défense, de logement, de vêtements, de parure, besoins des Divinités et des hommes, des vivants et des morts. Les travailleurs que ne réclamait point la production des subsistances purent être employés à la construction des châteaux des seigneurs, des temples des divinités, des tombeaux, des forteresses, à la fabrication des armes, des outils, des vêtements, etc. A la population agricole s'ajoutait ainsi une population industrielle, dont le nombre dépendait de la productivité du travail alimentaire, tailleurs de pierres, maçons, charpentiers, armuriers, bijoutiers etc., nourris et entretenus comme les esclaves cultivateurs par le propriétaire du domaine. Ces esclaves industriels purent à leur tour passer à l'état de serfs, lorsque l'augmentation et la productivité du travail des serfs agricoles donna à ceux-ci la possibilité de satisfaire leurs besoins de seconde nécessité ou même de luxe. Alors, l'exploitation de ce débouché permit aux esclaves industriels de pourvoir eux-mêmes à leur subsistance, en y employant le temps que leur laissait la corvée. Mais le progrès qui les transformait d'esclaves en serfs ne devait pas s'arrêter là. Dans certains moments, le propriétaire, le seigneur, ne pouvant utiliser toute la quantité de travail que lui fournissait la corvée ; dans d'autres moments, au contraire, cette quantité était insuffisante pour subvenir à ses besoins d'armement, de bâtisse, d'ameublement, etc. De leur côté, les corvéables avaient tantôt plus de travail qu'ils n'en pouvaient utiliser, tantôt ils n'en avaient pas assez pour satisfaire à la demande de leur clientèle. Il devint donc avantageux aux deux parties de remplacer la redevance en travail, la corvée, par une redevance, un impôt équivalent. Cette redevance, cet impôt se paya d'abord en nature, ensuite en argent, lorsque l'accroissement du nombre et de la diversité des échanges, en faisant naître le besoin d'un rouage intermédiaire, eût suscité l'invention de la monnaie. Ce mode de redevance, substitut de la corvée, était désigné en Russie sous le nom d'*obroc* ; il a subsisté jusqu'à l'émancipation des serfs. Le seigneur laissait aux serfs qu'il n'employait pas à la culture ou à son service domestique, la liberté d'exercer un métier, soit dans l'intérieur de son domaine, soit au dehors, parfois même il faisait les frais de leur instruction professionnelle. En échange il percevait sur eux un obroc dont il fixait le montant, en le proportionnant d'habitude au revenu que le serf tirait de son industrie. Quand l'obroc n'était pas excessif, les serfs laborieux et économes parvenaient souvent à accumuler un capital suffisant pour s'en racheter. Toutefois quelques-uns restaient de préférence sous la domination du seigneur, intéressé à les protéger contre les exactions de l'administration et de la police de l'Etat.

Comme nous venons de le voir, les serfs industriels acquéraient la liberté d'exercer leur métier en payant au seigneur un impôt équivalent au travail de corvée, lequel n'était, en dernière analyse, autre chose que le prix de la sécurité qu'il leur assurait. Mais ils ne pouvaient s'acquitter de cet impôt et pourvoir à leur subsistance qu'à la condition de posséder une clientèle. Cette clientèle se composait du seigneur lui-même et de sa cour, des serfs agricoles et des serfs industriels exerçant les autres métiers. Sous l'influence de la loi de l'économie des forces, les métiers se groupèrent, — leur rapprochement facilitant l'apport des matériaux qui leur étaient nécessaires, tout en répondant mieux aux convenances de la clientèle, et ils constituèrent ainsi des foyers d'industrie, bourgs ou villes. Chaque métier eut son emplacement particulier, où le consommateur put aisément le trouver et où chaque entreprise, atelier ou boutique, se reconnaissait par une enseigne. Après avoir commencé par se faire concurrence, les entrepreneurs, maîtres des métiers, ne tardèrent pas à s'associer tant pour résister aux exigences excessives des seigneurs que pour imposer leurs prix aux consommateurs. Telle fut l'origine des corporations qui apparurent partout à la suite de la transformation de l'esclavage en servage, et qui, partout aussi, étaient en possession exclusive du marché seigneurial, dont l'exploitation avait été concédée, sinon garantie à leurs membres en échange de l'impôt. Quand ce marché n'était pas suffisamment défendu par l'obstacle naturel des distances, les corporations demandaient au seigneur d'empêcher l'apport des produits concurrents du dehors, en se fondant sur l'impossibilité de s'acquitter de l'impôt, si leur clientèle leur était enlevée, et telle fut encore l'origine du système protecteur. Ainsi investis d'un monopole par la suppression de la concurrence du dehors, les maîtres des métiers purent exhausser à leur gré les prix de leurs produits ou de leurs services. Alors, les consommateurs réclamèrent à leur tour et ils obtinrent du seigneur qu'il limitât les prix par l'établissement d'un maximum, lequel devint le prix coutumier et demeura presque invariable, — sauf pour les articles dont la production ne pouvait être réglée, telle que celle des produits agricoles, dans des marchés d'où la concurrence était bannie. Ce régime, qui a subsisté dans ses traits essentiels jusqu'à l'avènement de la grande industrie, avait l'avantage de stabiliser la production et d'assurer, au moins dans quelque mesure, la sécurité des producteurs, entrepreneurs et ouvriers. Mais cet avantage était acheté d'une part par l'élévation d'un prix de monopole que la coutume ne tempérait pas assez, d'une autre part, et surtout, par l'arrêt de tout progrès, en l'absence du stimulant de la concurrence. L'industrie s'immobilisa, par l'interdiction de l'emploi des machines ou des procédés qui en auraient augmenté la productivité, en rompant l'équilibre des profits au détriment des plus capables d'entre les membres associés de ces trusts corporatifs. Des causes d'une autre sorte agissaient pour faire obstacle au progrès de la production agricole : la nature même de ses produits qui en limitait étroitement le marché par la difficulté et la cherté des transports, la pauvreté et l'isolement intellectuel des agriculteurs, la courte durée des tenures dans les pays où les serfs formaient des communautés qui modifiaient la répartition des lots, en raison de l'augmentation ou de la diminution du nombre de bras que chaque tenancier fournissait à la corvée. Ce régime de monopole, mi-partie naturel, mi-partie artificiel, n'en était pas moins adapté aux circonstances du temps et aux conditions d'existence de la population asservie. S'il ne pouvait augmenter son bien-être par l'accroissement de la productivité de son industrie ; s'il était impuissant à la préserver des maux causés par l'inégalité inévitable des récoltes, il lui épargnait ceux des crises industrielles. Il lui offrait de même une certaine garantie contre l'avidité du seigneur. Car la coutume ne limitait pas seulement les prix du monopole corporatif, elle limitait encore ceux du monopole seigneurial. Elle maintenait l'impôt à son taux originaire, et le seigneur ne pouvait y déroger sans s'exposer au mauvais gré ou aux jacqueries de ses serfs agricoles et aux révoltes plus dangereuses encore des communes nées de l'union des corporations de ses serfs industriels.

III

Le seigneur, et à plus forte raison les serfs, ne consommaient, au début, que les produits du domaine. Cependant, il y avait des articles dont les matériaux n'existaient point dans le domaine seigneurial et même dans le territoire de l'Etat. Ces articles, les sociétés guerrières se les procuraient d'abord par des entreprises de pillage. Celles qui étaient établies dans le voisinage de la mer s'adonnaient à la piraterie, et, lorsque la navigation à voiles surgit de l'invention du tissage des étoffes, elles purent étendre leurs incursions jusque dans des contrées lointaines, où les différences du sol et du climat faisaient abonder des produits inconnus chez elles. Mais le pillage rencontrait des résistances qui le rendaient aléatoire et parfois même se soldaient en perte. Quelle que fût la répugnance que dût causer aux pillards l'ouverture de relations pacifiques avec des étrangers qu'ils étaient accoutumés à considérer et à traiter comme des ennemis naturels, ils finirent par obéir à la loi de l'économie des forces en recourant à un mode d'acquisition que l'interdiction du procédé primitif du vol avait suscité dans l'intérieur de leur Etat, le mode de l'échange. Sans doute, ce mode d'acquisition n'était point gratuit, car il impliquait la nécessité de fournir un produit en échange d'un autre. Mais tantôt les pirates avaient affaire à une population guerrière qu'il fallait vaincre avant de la dépouiller, et la victoire, d'ailleurs incertaine, leur coûtait une somme d'efforts et de peine qui dépassait fréquemment celle que leur aurait coûtée l'échange. Tantôt ils avaient affaire à une population inoffensive qui s'enfuyait à leur aspect, en emportant ou en cachant les produits qu'ils convoitaient : c'est que le vol repoussait les produits autant que l'échange les attirait. Car l'échange était avantageux aux deux parties, tandis que le vol n'était avantageux à l'une qu'au détriment de l'autre. On vit donc s'établir partout des marchés d'échange où chacun apportait les articles que la *nature* du sol, du climat ou de ses aptitudes particulières lui permettait de produire avec une dépense de forces et de peine inférieure à celle que lui auraient coûtée les articles contre lesquels il les échangeait, ou même qu'il lui eut été impossible de produire. L'échange se substitua au vol, le commerce aux razzias et à la piraterie, en établissant une communauté d'intérêts entre des hommes que le mode primitif d'acquisition des subsistances avait rendus naturellement ennemis. Ce qui n'empêcha pas la pratique du vol de continuer à être préférée quand elle était ou semblait plus avantageuse. Elle s'associait d'ailleurs fréquemment sinon habituellement à l'échange, chaque échangiste s'efforçant, sous une influence atavique, de tromper la partie adverse sur la quantité ou la qualité de sa marchandise. On s'explique ainsi que le paganisme ait placé sous le même patronage divin les commerçants et les voleurs. Il fallut que des progrès économiques et moraux se joignissent pour purifier l'échange de l'alliage du vol, encore cette purification est-elle loin d'être achevée.

Comme les serfs industriels, les serfs commerçants s'organisèrent en corporations ; ce qui excluait la concurrence sinon pour l'acquisition des produits à l'étranger, du moins pour la vente à l'intérieur de la seigneurie. En sus de l'impôt compensateur de la corvée, le seigneur s'était primitivement attribué un droit de préemption ou de préférence sur les produits importés. Ce droit, les mêmes considérations d'utilité mutuelle qui avaient déterminé la substitution de l'impôt en nature ou en argent à l'impôt en travail ou corvée le firent remplacer par une taxe soit à l'importation soit à l'exportation. On peut reconnaître dans la taxe compensatrice de la préemption l'origine de la douane fiscale comme dans l'interdiction d'importer des produits concurrents de ceux des corporations industrielles, l'origine de la douane protectionniste. Peut-être s'étonnera-t-on que le seigneur ait accordé à ses serfs industriels ou commerçants la liberté de constituer des corporations qui pouvaient devenir et qui devinrent, en effet, fréquemment, des foyers de résistance à ses exigences. Mais il y trouvait un avantage en ce que la corporation industrielle ou commerciale, comme la communauté agricole, était responsable du paiement de l'impôt de ses membres, et il estimait que cet avantage immédiat et tangible dépassait les risques éventuels auxquels l'association des forces individuelles de ses serfs pouvait l'exposer.

IV

Comme nous l'avons remarqué plus haut, le travail esclave dépourvu du stimulant de l'intérêt étant naturellement peu productif, le produit brut de l'exploitation d'un domaine seigneurial était et restait à son minimum. Sous le régime du servage, et surtout lorsqu'à l'impôt en travail, à la corvée, succédèrent l'impôt en nature, puis en argent, le produit brut s'augmenta en raison de l'accroissement de la productivité du travail du serf. Quoique le seigneur eût été le maître de fixer le montant de l'impôt et qu'il l'eût évidemment calculé de manière à conserver le même revenu qu'il tirait auparavant de l'exploitation de ses esclaves, l'augmentation du produit brut valut au serf une part de produit net que la coutume empêcha le seigneur de lui ravir par l'exhaussement de l'impôt. Ce qui l'a prouvé, notamment en France, c'est l'enrichissement visible de la population asservie dès le commencement du moyen âge, lorsque sa sécurité eût été assurée contre les invasions des barbares. Au revenu que le seigneur tirait de l'impôt compensateur de la corvée s'ajoutait encore celui de diverses exploitations dont il s'était réservé le monopole, la production du sel, la fabrication de la monnaie, etc., qu'il affermait économiquement au lieu de les exploiter lui-même.

En échange des impôts et redevances qu'il prélevait sur ses serfs, le seigneur pourvoyait à leur sécurité extérieure qu'ils étaient incapables d'assurer eux-mêmes, comme l'attestaient suffisamment la conquête de leur habitat et leur asservissement ; il pourvoyait encore à leur sécurité intérieure et au gouvernement de leur vie. Mais, tandis que cet échange était libre pour le maître, il ne l'était pas pour l'esclave. Le maître n'avait d'obligation à remplir qu'envers la société dont il était membre et à laquelle il devait une contribution proportionnée à la valeur des biens dont elle lui garantissait la possession; il n'en avait aucune à l'égard de la population conquise et asservie, il la possédait au même titre que le sol, les végétaux et les animaux qui le meublaient, en vertu du droit de la force. Si ce droit justifiait la conquête et l'esclavage en ce qu'il était conforme à l'intérêt général de l'espèce, dans cette première étape de l'évolution, il n'imposait à ceux qui l'exerçaient qu'un devoir moral, il ne créait aucune obligation envers ceux qui ne possédaient point la force, source de ce droit. Toutefois l'exercice individuel ou collectif du droit de la force n'était utile, partant moral, qu'autant qu'il était conforme à l'intérêt de l'espèce. Si donc le maître n'avait à l'égard de ses esclaves aucune obligation qu'ils pussent faire valoir, en l'absence de la force nécessaire pour la sanctionner, l'intérêt de l'espèce s'accordant au surplus avec le sien, lui imposait celle de les bien traiter, de leur fournir la nourriture et l'entretien nécessaires, de les gouverner de manière à développer leur mentalité; en un mot de leur accorder dans l'échange qu'il leur imposait la même part de profit qu'ils eussent pu obtenir si l'échange avait été libre. Mais on conçoit que cette obligation morale attachée au droit n'ait été qu'imparfaitement remplie, et que le propriétaire n'ait accordé le plus souvent à ses esclaves que la part qu'il était intéressé lui-même à leur laisser, — savoir le minimum nécessaire à leur conservation.

A ses esclaves, le propriétaire fournissait, en échange de leur travail, la nourriture, l'entretien et la sécurité ; à ses serfs, il ne fournissait que la sécurité, avec la jouissance du lopin de terre, d'où ils tiraient eux-mêmes leur subsistance.

La sécurité était de deux sortes : intérieure et extérieure, et elle était pour les maîtres aussi bien que pour les esclaves ou les serfs, un article de première nécessité. Seulement, à dater de l'époque où les invasions de Barbares cessèrent de menacer d'extermination les uns et les autres, la sécurité extérieure intéressa moins les esclaves ou les serfs que les maîtres. Alors, tandis qu'une invasion continua d'entraîner pour la société propriétaire de l'Etat, sinon l'extermination, du moins la dépossession, elle n'aboutit plus qu'à un simple changement de domination pour la population asservie et ce changement n'impliquait pas nécessairement une aggravation de sa condition.

Notre ennemi c'est notre maître,

disait le fabuliste, et le nouveau maître n'était pas toujours pire que l'ancien.

Beaucoup plus que la sécurité extérieure, la sécurité intérieure intéressait la population asservie. Seulement à mesure que cette population vouée aux travaux de la production se dégagea des liens de la servitude, ses propriétaires furent moins intéressés à la préserver des risques qui menaçaient sa sécurité. Un propriétaire était plus intéressé à la conservation d'un esclave qu'à celle d'un serf et plus encore à celle d'un serf qu'à celle d'un simple sujet, en raison de la différence de la perte que lui causait l'échéance du risque. Après la conquête et le partage du territoire conquis, chaque co-partageant établit dans son domaine un code de lois avec un appareil de justice et de police, destinés à y faire régner la sécurité, mais ce code et cet appareil avaient beaucoup plus pour objectif sa propre sécurité que celle de la population asservie. Le code punissait avec une extrême rigueur tous les actes qui lui étaient nuisibles et l'appareil était particulièrement employé à les prévenir ou à les réprimer. Les mêmes nuisances n'exposaient leurs auteurs qu'à des peines légères ou même n'étaient pas punies lorsqu'elles n'atteignaient que les esclaves, les serfs ou les sujets, et en ce cas elles n'étaient infligées et mesurées qu'en raison du dommage qu'elles causaient au propriétaire du domaine. Et lorsque l'esclavage eut été remplacé par le servage ou la sujétion, le propriétaire, le seigneur, finit par abandonner aux corporations ou aux communes la répression de la plupart des atteintes à la sécurité de leurs membres pour ne s'occuper que de celles qui concernaient la sienne.

Les mêmes avantages réciproques qui avaient déterminé d'abord la transformation de l'esclavage en servage, ensuite de la corvée en une redevance en nature, ou en argent, dès que la monnaie eût été inventée, devaient déterminer celle du servage en une simple sujétion.

Aux esclaves passés à l'état de serfs agricoles, le seigneur avait concédé la jouissance d'un lot de terre à charge de pourvoir eux-mêmes à leur subsistance et de lui fournir une certaine quantité de travail, ordinairement trois journées par semaine, puis à cette quantité de travail les deux parties avaient trouvé plus avantageux de substituer une quantité équivalente de produits du sol et finalement de monnaie. Mais alors un autre progrès devint possible. Si le serf avait été mis en possession d'un lot de terre en échange de sa redevance, cette possession demeurait précaire. Le seigneur pouvait toujours lui enlever ce lot, soit pour l'ajouter à ses terrains de chasse ou lui donner quelque autre destination, sauf à le remplacer, à son gré sans avoir égard à la convenance de l'occupant. Celui-ci était intéressé à s'assurer contre ce risque en acquérant la possession complète et perpétuelle de son lot, en y comprenant le droit de le vendre, de le louer, etc., c'est-à-dire en transformant la possession en propriété. Cette transformation était évidemment avantageuse au serf en l'excitant à améliorer sa terre et à augmenter ainsi la productivité de son travail, et elle devait, par là même, contribuer à augmenter la richesse ambiante par la multiplication des matériaux de l'échange. Elle pouvait s'opérer à différentes conditions, par la constitution d'une rente ou par le rachat de la redevance. Le seigneur, de son côté, était intéressé à cette transformation qui devait accroître le débouché des industries dont il s'était réservé le monopole. Elle fut hâtée, notamment à l'époque des croisades, par la nécessité de pourvoir aux avances qu'exigeaient ces expéditions lointaines, ensuite de réparer les pertes par lesquelles elles s'étaient soldées. La libération des serfs industriels s'opéra de même par le rachat de leurs redevances. Serfs agricoles et serfs industriels demeurèrent toutefois soumis à l'autorité du seigneur, puis du roi, lorsqu'il se fut substitué au seigneur. S'ils ne lui devaient plus rien pour la terre qu'ils avaient acquise, pour l'industrie dont ils lui avaient racheté

« l'obroc », ils continuaient à lui devoir la sécurité qu'il leur garantissait et qu'ils n'étaient pas libres de demander à d'autres aussi longtemps qu'ils demeuraient sur son domaine. En cessant d'être ses esclaves ou ses serfs, ils restaient ses sujets. On a attribué au Christianisme le mérite de les avoir affranchis. Mais si le Christianisme a pu adoucir dans quelque mesure les rigueurs de la servitude par l'amélioration morale des maîtres et des serviteurs, il n'a pas eu la vertu de la supprimer. Les révoltes n'ont pas eu davantage ce pouvoir, et, lorsque l'émancipation des esclaves et des serfs s'accomplit par l'État sous la pression de la philanthropie ou de quelque autre sentiment, elle n'a guère répondu à l'attente de ses promoteurs. Elle n'a été vraiment utile qu'autant qu'elle s'est opérée librement par l'accord des intérêts des deux parties.

CHAPITRE VI

La concurrence politique et ses effets
Féodalité et Unité.
Progrès du matériel de guerre

C'est par la conquête et l'assujettissement des variétés de l'espèce, incapables de pourvoir elles-mêmes à leur sécurité, que les races guerrières ont fondé les entreprises auxquelles on a donné le nom d'Etats politiques. A l'origine, les associations, encore peu nombreuses, d'hommes forts et courageux qui fondaient ces entreprises, avaient à lutter avec la multitude des tribus qui demandaient leur subsistance au mode primitif d'acquisition, le vol et la destruction, commun à toutes les espèces végétales et animales, plutôt qu'avec celles qui se proposaient comme elles d'agrandir leurs domaines, et d'augmenter leur cheptel d'esclaves, de serfs ou de sujets pour accroître leur puissance et leur richesse. Il en fut autrement ensuite, lorsque celles-ci se multiplièrent. Dans cette lutte, les sociétés les plus fortes détruisaient et expropriaient les plus faibles. Toutes étaient donc obligées, sous peine d'être exterminées, ou tout au moins dépouillées de leurs moyens d'existence, de conserver et de développer leur puissance destructive. C'est sous l'empire de cette nécessité vitale, et d'autant plus que la pression de la concurrence, sous sa forme destructive de guerre, était plus intense, qu'elles ont réalisé l'ensemble de progrès qui ont constitué le capital de la civilisation, tout en suscitant une autre forme plus efficace, et moins onéreuse de la concurrence : la concurrence productive.

Nous nous bornerons à donner un court aperçu de cette lutte, et de ses résultats aux époques et dans les Etats qui ont le plus contribué à la marche ascendante de l'Evolution.

I

Des traditions plus ou moins approchantes de la vérité nous apprennent que la Grèce a été conquise par les tribus guerrières des Hellènes qui s'en sont partagé le territoire et la population, probablement autochtone, et ont fondé une série d'Etats particuliers. — Que ces tribus devenues propriétaires d'Etats se soient ensuite associées, qu'elles aient constitué une armée commune, avec un chef et une hiérarchie, que cette armée se soit rassemblée pour une entreprise d'intérêt collectif, nous en trouvons dans la guerre de Troie un témoignage incontestable, malgré son caractère légendaire. Faisant trêve à leurs dissensions habituelles, les chefs héréditaires des Etats grecs, les rois, répondent à l'appel du chef de l'Etat le plus puissant qu'ils reconnaissent comme le roi des rois, Agamemnon, et mettent leurs contingents sous son commandement suprême. Après un long siège, pendant lequel l'harmonie ne règne pas toujours parmi les assiégeants, Troie est prise et détruite, la population valide est exterminée, les femmes et les autres dépouilles sont partagées entre les vainqueurs, l'armée se dissout.

Suit une période de paix extérieure pendant laquelle les sociétés propriétaires des Etats grecs, aristocratiques ou démocratiques, donnent carrière à leurs dissensions et à leurs convoitises, qu'aucun pouvoir supérieur ne réfrène. Elles finissent cependant par installer un tribunal dit des Amphictyons pour juger leurs différends, mais ce tribunal, précurseur de notre institution judiciaire de La Haye et dépourvu comme elle de la force nécessaire pour sanctionner ses arrêts, demeure impuissant à empêcher les sociétés les plus fortes d'empiéter sur les domaines des plus faibles. Alors les plus faibles, incapables de se protéger elles-mêmes, se mettent sous la protection des plus fortes, ceci à des conditions plus ou moins onéreuses, selon le degré d'intensité du besoin, partant de la demande de protection. C'est le régime féodal qui prend successivement la place du régime originaire d'indépendance des Etats particuliers. Survient l'invasion des Perses. Quoique dans le long intervalle des siècles le lien qui rattachait les sociétés conquérantes fût tombé en désuétude, quoiqu'il n'y eût plus de roi des rois, le sentiment du danger commun rétablit ce lien et opposa aux hordes innombrables des Perses l'armée collective de la Grèce. L'invasion repoussée, les luttes intestines recommencèrent. Les deux Etats les plus forts, Athènes et Sparte, assistés de leurs vassaux se disputèrent la prépondérance. Cependant un Etat nouveau, la Macédoine, avait grandi dans l'intervalle, et, sous la pression de la concurrence des tribus belliqueuses de la Thrace et de la Scythie, il s'était constitué un puissant appareil de guerre, en le perfectionnant par l'invention de la phalange. Il soumet à sa domination Athènes et Sparte, et fait succéder à la féodalité grecque un Etat unifié. Disposant de forces et de ressources ainsi accrues et centralisées, un chef jeune et ambitieux, Alexandre, répond aux invasions persanes par la conquête, et fonde un vaste empire. Mais cet empire, composé d'éléments disparates, se dissout à sa mort, et n'aurait pu d'ailleurs subsister longtemps, car son étendue avait fini par n'être plus proportionnée à la capacité morale et aux forces matérielles nécessaires pour le gouverner et le défendre.

Les Etats fondés en Italie par les associations guerrières qui avaient assujetti les populations autochtones devaient traverser les mêmes phases et aboutir, après leur unification, à la même fin que l'empire d'Alexandre. Il ne semble pas toutefois qu'un lien analogue à celui qui apparaît dans la guerre de Troie ait existé entre eux. Probablement de souches différentes, ces sociétés sont de bonne heure en lutte pour augmenter leur puissance et leur richesse, par l'agrandissement de leur domaine et l'accroissement du nombre de leurs esclaves ou de leurs sujets. La plus forte, après avoir employé plusieurs siècles à s'emparer des Etats rivaux ou à se les assujettir, entreprend d'étendre ses conquêtes dans le bassin de la Méditerranée. Elle se heurte alors à une Société dont la puissance le dispute à la sienne. Un duel analogue à celui qui avait mis aux prises les deux Etats les plus forts de la Grèce, Athènes et Sparte, s'engage entre Rome et Carthage. Ce duel se termine par la victoire de Rome, victoire qui met entre les mains du vainqueur les domaines du vaincu, le Nord de l'Afrique, la Sicile, l'Espagne. Les bénéfices qu'elle lui vaut, tant par le pillage que par l'exploitation des populations qu'elle soumet à sa domination, l'encouragent à poursuivre ses conquêtes. La Grèce, la Syrie, l'Egypte, les Gaules, la Bretagne, agrandissent successivement le petit Etat fondé par une tribu guerrière du Latium. Ces pays conquis et asservis, la société conquérante les exploite, tantôt directement par la régie, tantôt indirectement, par les tributs imposés aux Etats qu'elle laisse subsister. A l'exemple des Carthaginois, qui considéraient une conquête comme une affaire, et ne l'entreprenaient qu'autant qu'elle pouvait leur donner un profit rémunérateur, les Romains poursuivaient les leurs jusqu'aux régions, où, suivant l'expression américaine, elles ne payaient pas. L'expansion de l'Empire romain ne s'arrête qu'aux limites de la productivité de ses conquêtes. Telle est sa puissance, qu'il ne rencontre plus aucune résistance dans ces limites, et que les Barbares cessent d'envahir ses frontières. Pour la première fois depuis sa fondation, Rome peut fermer le temple de Janus. Une ère de paix s'ouvre pour le monde soumis à sa domination.

Mais qu'était alors la paix ? C'était la suppression de la concurrence sous sa forme destructive, à une époque où elle n'existait encore qu'à l'état embryonnaire sous sa forme productive. Quel pouvait être l'effet de la disparition de ce véhicule nécessaire de l'activité humaine sur les éléments constitutifs de la puissance d'un Etat, l'armée, le gouvernement, les forces morales et les ressources matérielles de la société ? L'armée ? En temps de paix, l'armée était vouée à une oisiveté énervante. Ses facultés de combat s'affaiblissaient, faute d'être mises en œuvre, ou ne s'exerçaient qu'en fomentant des séditions. Le gouvernement ? L'activité du personnel gouvernant de l'Etat se relâchait en l'absence de l'aiguillon de la concurrence, comme il arrive dans toute autre entreprise ; la négligence et la corruption viciaient les services nécessaires à la répression des atteintes aux forces morales et matérielles de la société. La paix contribuait-elle, en revanche, à accroître la productivité de l'agriculture, de l'industrie et du commerce? C'est à peine si elle l'empêchait de décroître. En possession d'immenses domaines qu'ils avaient incessamment agrandis en monopolisant les dépouilles des vaincus, les patriciens romains en abandonnaient la gestion à des intendants plus pressés de s'enrichir que d'en améliorer l'exploitation. Cultivés, en outre, par des esclaves que ne stimulait aucune espérance de profit, les champs ne donnaient qu'un minimum de rendement. Les industries et les métiers étaient constitués en corporations et immobilisés par le monopole. Le commerce restreint à un petit nombre d'articles de luxe n'avait qu'une faible importance. Les denrées de première nécessité, telles que le blé, étaient fournies à la plèbe de Rome par des tributs prélevés sur les peuples conquis et distribuées gratuitement. C'est une observation de Bergier, dans son *Histoire des routes de l'Empire romain*, que ces superbes voies de communication étaient presque exclusivement utilisées par les transports militaires et les services administratifs. Quel fut donc le résultat de la paix romaine ? Ce fut d'affaiblir les éléments de la puissance nécessaire à la conservation de l'immense empire que la société guerrière fondatrice du petit Etat du Latium avait conquis dans le cours de sept à huit siècles, sous l'impulsion du même mobile, — l'appât du profit, — qui détermine l'expansion de toutes les entreprises industrielles, commerciales ou guerrières. Sans doute, cette société possédait en germe les éléments de sa puissance, et, en première ligne, les aptitudes physiques et morales qu'exigeait la nature de son industrie, mais c'était sous la pression continue et violente de la concurrence que s'était développé ce germe. Cette pression venant à cesser, ses effets cessaient de même de se faire sentir, et une disproportion apparaissait entre l'étendue de l'établissement impérial et la puissance que nécessitait son gouvernement et sa défense. Les hordes barbares qui menaient une dure existence dans les froides régions du Nord de l'Europe et de l'Asie, attirées par les richesses accumulées dans cet empire affaibli, en envahirent successivement les parties qui leur promettaient le plus ample butin, l'Italie, les Gaules, l'Espagne, l'Afrique. Alors, la direction de la société propriétaire d'un établissement politique devenu trop vaste, se partagea en deux branches ; puis la branche orientale subsista seule dans la région abritée par le rempart naturel des Balkans, et réussit à s'y maintenir pendant un millier d'années.

II

Parmi les hordes barbares qui envahirent les régions méridionales et occidentales de l'empire romain, les plus arriérées, telles que les Goths et les Vandales, se bornaient à piller les richesses mobilières, et lorsqu'elles ne trouvaient plus rien à consommer ou à emporter sur un point, elles se jetaient sur un autre, comme un troupeau de sauterelles. C'est ainsi que les Vandales, après avoir dévasté l'Espagne, passèrent en Afrique, où bientôt, affaiblis par leurs excès et amollis par le climat, ils furent détruits par un retour offensif des Romains. Les tribus plus avancées de la Germanie, les Franks, les Burgondes, ne se bornèrent pas à faire main basse sur les articles consommables ou transportables, ils s'emparèrent de la source et des instruments mêmes de la production de la richesse, la terre et les esclaves. Ils durent, en conséquence, s'établir à demeure dans les contrées qu'ils avaient envahies, et ils y fondèrent des Etats. Dépourvus des connaissances nécessaires à un gouvernement plus compliqué que celui de leurs tribus, ils eurent recours aux émigrés chrétiens qui fuyaient les persécutions du culte établi ou qu'animait l'esprit de prosélytisme, et à qui l'organisation des services administratifs et autres des Etats nouveaux valut une influence prépondérante. Cependant les sociétés conquérantes et propriétaires de ces Etats, formés des débris de l'empire romain, eurent à lutter longtemps contre d'autres hordes barbares qui continuaient à être attirées par les profits extraordinaires réalisés par leurs devancières. Après les avoir repoussées, elles luttèrent entre elles, et la plus forte, celle des Franks, finit par s'assujettir les autres. Un empire, presque aussi étendu que l'avait été l'empire romain, se constitua sur son modèle. Mais, comme les établissements industriels et commerciaux, les établissements politiques ont d'autant plus besoin d'un chef intelligent et énergique, d'un surhomme, qu'ils sont plus importants et étendus. Après la mort de Charlemagne, l'organisme de gouvernement qu'il tenait dans sa forte main ne tarda pas à se détraquer. Les invasions des barbares recommencèrent, et les seigneurs les plus forts, dont les convoitises n'étaient plus réfrénées par un pouvoir supérieur, purent s'y livrer impunément aux dépens des plus faibles. La sécurité disparut.

Mais il en est du besoin de sécurité comme de tout autre ; ceux qui l'éprouvent ne manquent pas d'aviser au moyen de le satisfaire. Lorsque l'expérience eut suffisamment démontré aux petits propriétaires de domaines qu'ils étaient trop faibles pour défendre leur vie et leurs biens, en d'autres termes, qu'ils ne possédaient ni les forces, ni les ressources nécessaires pour produire eux-mêmes leur sécurité, ils la demandèrent aux plus forts. C'est ainsi que s'établit le régime féodal, véritable système d'assurance, à l'abri duquel s'ouvrit la brillante période du Moyen-Age. De même que la substitution du servage à l'esclavage et de la sujétion au servage, cette assurance s'opéra de gré à gré, car elle était avantageuse aux deux parties. Si élevé que fût le prix auquel les assureurs mettaient leurs services, et il y avait à cet égard concurrence entre eux, la prime que leur payaient les assurés était modique en comparaison du risque de massacre, d'expropriation ou de pillage dont l'assurance les couvrait. De leur côté, les seigneurs les plus forts, les assureurs, ne trouvaient pas moins d'avantage à remplacer les profits accidentels et toujours aléatoires de la rapine par la rétribution régulière et permanente qu'ils tiraient de l'assurance de la vie et de la propriété de leur clientèle de vassaux. Le moyen le plus efficace de supprimer le brigandage ne consiste-t-il pas à transformer les brigands en gendarmes par l'appât d'une solde régulière et assez élevée pour dépasser les profits aléatoires de leur malfaisante industrie ?

Cette opération d'assurance avait le caractère d'un échange libre, bien qu'elle fût fréquemment conclue sous l'empire de la crainte qu'inspirait l'assureur à l'assuré. Celui-ci payait l'assurance d'autant plus cher que le besoin qu'il en avait était plus pressant et que la concurrence était moindre entre les assureurs. Quelles en étaient les conditions ? Le seigneur-assureur garantissait la sécurité intérieure et extérieure de l'assuré en se chargeant, au besoin, de réprimer les révoltes de ses esclaves, de ses serfs ou de ses sujets. En conséquence, aux appareils de justice, de police et d'armement de l'assuré, il substituait les siens, ce qui augmentait dans une proportion plus ou moins considérable ses frais de gouvernement et de défense. Pour se couvrir de cette augmentation de frais et réaliser un profit, il prélevait une prime consistant, d'une part, en des services militaires, en la cession de quelque monopole, tel que celui de la fabrication et de l'émission de la monnaie, ou de tout autre impôt, d'une autre part, en une prestation morale de foi et hommage. Comme tout autre échange, celui-ci donnait ou promettait un profit aux deux parties : l'assureur, le suzerain, y gagnait une augmentation de puissance, et, si la prime dépassait les frais de production du service d'assurance, un accroissement de revenu ; l'assuré, le vassal, y trouvait une sécurité supérieure, sinon toujours moins coûteuse que celle qu'il produisait auparavant lui-même. A son tour, le suzerain se faisait assurer par un seigneur plus puissant dont il devenait le vassal ; il y avait ainsi des vassaux et des vavassaux. Parfois encore un seigneur était vassal d'un autre pour un domaine dont il ne pouvait assurer lui-même la sécurité qu'avec difficulté ou à plus grands frais, tandis qu'il était pour quelque autre domaine le suzerain de son vassal.

A la longue, le nombre des seigneuries indépendantes se réduisit de plus en plus par l'extension de la vassalité. Finalement, le seigneur le plus puissant et le plus habile réussit à établir sur toutes les autres sa suzeraineté. En France, ce travail d'unification, commencé dès le XIIIe siècle par le chef héréditaire de la société conquérante, le roi, fut achevé au commencement du XVIIe par un homme d'Etat de génie, le cardinal de Richelieu.

En Italie et en Allemagne, l'unification, retardée par l'absence d'un Etat tout à fait prépondérant, ne devait s'accomplir que de nos jours ; encore, en Italie, ne s'est-elle opérée qu'avec le secours d'un

Etat unifié du dehors. Dans ces deux pays, elle a été longtemps désirée par les populations que le morcellement et la dispersion de leurs Etats livraient aux invasions des Etats unifiés, succédant aux invasions des tribus barbares et presque aussi désastreuses. Sous ce rapport, elle a eu une utilité évidente, mais à d'autres égards, elle contenait des causes d'affaiblissement des éléments constitutifs de la puissance des Etats et de la prospérité des nations. Après avoir été un instrument de salut, elle est devenue une cause de décadence.

A la fin de notre moyen âge, l'unification a été efficacement aidée par l'avantage que l'invention des armes à feu a apporté aux grandes seigneuries au détriment des petites.

III

C'est sous la pression de la forme destructive de la concurrence, la guerre, et dans la mesure de cette pression, que les sociétés fondatrices et propriétaires d'Etats ont réalisé les progrès qui ont développé les éléments constitutifs de leur puissance et de leur richesse. Le plus urgent de ces progrès était celui de l'instrument même de la concurrence, l'armée. Cependant, malgré l'accroissement de leur puissance, et, en particulier, de celle de cet instrument de destruction, elles n'étaient point à l'abri des invasions des hordes barbares, vivant de chasse et de pillage, dont la nature même de leurs moyens d'exislence développait d'une manière continue les aptitudes à la lutte. Comme la puissance des armées des sociétés en voie de civilisation, celle des armées des barbares dépendait de la valeur du personnel et du pouvoir de destruction du matériel. Or, les facultés de combat du personnel militaire des sociétés civilisées s'affaiblissaient pendant les périodes de paix, soit que l'armée continuât d'être rassemblée et demeurât inactive, soit qu'elle se séparât et que son personnel s'adonnât à des industries productives, exigeant l'emploi de facultés différentes de celles de combat. La combativité de ce personnel tombait alors au-dessous de celle des barbares qui vivaient de la chasse aux animaux et aux hommes. Quant au matériel, il ne différait pas sensiblement chez les uns et chez les autres. Il se composa longtemps d'un outillage rudimentaire n'exigeant ni de grandes connaissances techniques, ni de fortes avances de capital. Il en fut ainsi jusqu'à ce que l'invention des armes à feu et notamment de l'artillerie, eût augmenté la puissance destructive du matériel des armées civilisées au point de rendre la lutte impossible pour les Barbares.

On peut aisément évaluer la différence qui existe entre la puissance productive du vieil outillage de l'industrie, rouets, métiers à tisser à la main, etc., et celle du nouveau, issu de l'invention de la machine à vapeur. Il est plus difficile d'évaluer la différence de la puissance destructive du matériel de guerre existant avant l'invention de la poudre et des armes à feu, et celle du nouveau matériel que cette invention a fait naître. Mais cette différence n'a certainement pas été inférieure à celle que l'invention de la machine à vapeur a suscitée dans la plupart des branches de la production (1). Ce n'est rien exagérer que de la porter de 1 à 1.000. On peut en trouver une illustration saisissante dans le massacre opéré pour ainsi dire sans coup férir d'innombrables troupeaux Indiens par le petit nombre de compagnons de Fernand Cortez et de Pizarro. Cette différence s'est encore considérablement accrue de nos jours, témoin la boucherie des Derviches que l'armée anglo-égyptienne a faite à Ondurman, sans avoir perdu un seul homme.

Que l'invention du nouveau matériel, pourvu d'une puissance destructive incomparablement supérieure à celle de l'ancien, ait mis les peuples civilisés à l'abri des invasions qui avaient fréquemment détruit des civilisations dont nous retrouvons les traces, cela tient à ce que la création et la mise en œuvre de ce matériel perfectionné exigent une industrie et un état moral plus avancés que ceux des barbares. La fabrication des armes à feu, fusils, canons, etc., nécessite l'art de travailler les métaux, et la possession d'avances de capital impliquant la pratique de l'épargne. Un canon et même un fusil représentent une somme de capital plus considérable qu'une lance, un arc et des flèches. L'intelligence et la force morale

(1) Voir *L'Evolution économique du XIXe siècle*, p. 5.

jouent aussi, dans l'emploi des armes à feu, un rôle plus important que la force et le courage physiques. La lutte à distance demande une autre sorte de courage que le combat corps à corps. Avant de se joindre, deux armées ont à traverser une zone dangereuse marquée par la portée des armes de jet. Or la portée du fusil ou du canon est plus grande que celle du boomerang ou de la flèche. La limite de la zone dangereuse s'étend dans la même proportion. Pour franchir cette zone, et, plus encore, pour y demeurer immobile, il faut une force morale qui ne s'acquiert qu'à la longue, par l'exercice des devoirs qu'impose la vie civilisée. C'est ainsi que le nouveau matériel de guerre a assuré la civilisation contre les invasions des Barbares qui l'avaient si souvent mise en péril.

Cependant, comme il est arrivé plus tard pour le nouveau matériel de la production, celui de la destruction n'a pas été adopté sans résistance. Les hommes de guerre qu'un laborieux apprentissage avaient rendus habiles à manier la lance et l'épée ne se résignèrent qu'avec peine à y renoncer et à mettre au vieux fer leurs armures finement ouvragées et coûteuses. Ils affectèrent d'abord de mépriser les armes nouvelles, et en laissèrent l'emploi aux vilains, jusqu'à ce que de cruelles défaites leur eussent démontré la nécessité de les adopter. Ce n'était point toutefois sans des raisons plus sérieuses qu'ils regrettaient le vieux matériel de guerre. Comme les autres industries, celle de la guerre était le monopole d'une classe particulière dont les qualités et l'instruction professionnelle y avaient été jusqu'alors adaptées. Non seulement elle perdait l'avantage que lui conférait leur possession, transmise de génération en génération, mais elle devait en acquérir d'autres, pour lesquelles elle trouvait des concurrents en dehors d'elle. Des hommes trop faibles pour supporter le poids d'une armure et manier la lance pouvaient, aussi bien que les guerriers les plus vigoureux, et parfois mieux, se servir d'un fusil. La guerre devenait ainsi accessible à une multitude qui y était auparavant impropre, et qui sait si cette multitude ne s'aviserait pas quelque jour de pourvoir elle-même à sa sécurité, sans recourir davantage à une caste qui avait cessé d'être seule capable de la lui fournir ?

Enfin, si la puissance destructive du nouveau matériel était supérieure à celui des Barbares au point de rendre leurs invasions désormais impossibles, l'importance jusqu'alors incontestée et souveraine des guerriers n'allait-elle pas diminuer avec l'utilité de la guerre ? On pourrait prétendre qu'elle cesserait d'être nécessaire ; qu'en se poursuivant entre les peuples civilisés, elle causerait à la multitude vouée aux travaux de la production des frais et des dommages que ne compenserait plus une augmentation devenue inutile de la puissance destructive de son matériel.

Mais il ne dépendait pas de cette masse amorphe d'esclaves, de serfs ou de sujets, de mettre fin à la guerre. Si elle lui était devenue nuisible sans la compensation d'un accroissement de sécurité, si elle se soldait pour elle par une perte, elle demeurait utile et continuait à se solder par un profit pour les sociétés guerrières, propriétaires des Etats. C'était seulement par la guerre qu'elles pouvaient les agrandir et ainsi accroître leur puissance et leur richesse par l'augmentation du nombre de leurs esclaves, de leurs serfs ou de leurs sujets, partant, du montant des corvées ou des impôts qui leur fournissaient leurs moyens d'existence. A la vérité, le supplément de puissance et de richesse que la guerre procurait au vainqueur était acquis par une diminution au moins égale de celle du vaincu. Le profit de l'un faisait le dommage de l'autre. Mais une société n'entreprenait une guerre qu'avec l'espérance plus ou moins fondée d'en sortir victorieuse. La guerre devait donc subsister aussi longtemps que la population assujettie qui en supportait les frais et les dommages aussi bien en cas de victoire que de défaite, ne serait pas assez forte pour la supprimer, ou bien encore jusqu'à ce que les castes guerrières trouvassent un moyen d'acquisition de la puissance et de la richesse plus avantageux que la guerre.

Examinons, en attendant, quels ont été les effets de la guerre sur ces deux catégories sociales avant et après qu'elle eût cessé d'être nécessaire à la sécurité extérieure de la civilisation.

Les risques de destruction qu'entraînaient les invasions de hordes de Barbares pesaient d'abord à la fois sur les sociétés propriétaires d'Etats et sur les populations assujetties. Maîtres et esclaves, serfs ou sujets, étaient également exposés au massacre et à l'anéantissement de leurs moyens d'existence. Il en fut autrement lorsque la guerre se poursuivit presque exclusivement entre les sociétés propriétaires d'Etats. L'objectif qu'avait en vue la société qui l'entreprenait était, comme dans tout autre entreprise, un profit. Ce profit pouvait être considérable et dépasser celui des branches les plus fructueuses des autres industries, témoin ceux de la conquête de l'Angleterre par les Normands. En revanche, la défaite pouvait être suivie de l'extermination, ou de la dépossession et de la réduction en esclavage, des membres de la société vaincue. La population assujettie du pays conquis ne participait ni à ce profit, ni à ces risques. Elle changeait simplement de maître, sa situation ne se trouvait point aggravée, parfois même, elle était améliorée. En sorte que la victoire ou la défaite lui était indifférente. Toutefois, dans les deux cas, la population assujettie avait à supporter un supplément de charges, car toute guerre, quelle qu'en fût l'issue, impliquait des frais : avances d'entretien du personnel, confection et usure du matériel, etc. Ces frais pouvaient se partager inégalement entre les sujets du vainqueur et ceux du vaincu, mais ils retombaient inévitablement sur eux. Heureuse ou malheureuse, la guerre leur apportait un accroissement de charges sans aucune compensation appréciable. Tandis donc que les sociétés guerrières, propriétaires des Etats civilisés, ont continué à considérer la guerre comme l'emploi le plus noble et le plus avantageux de l'activité humaine, — ce qu'elle était à l'origine, — les populations assujetties ont fini par la redouter comme le pire des fléaux.

Cependant cette première forme de la concurrence vitale, la concurrence destructive, devait demeurer nécessaire à la conservation et au progrès des sociétés aussi longtemps qu'elle n'aurait pas été remplacée par une autre à la fois plus économique et plus efficace, la concurrence productive.

IV

Avant que le nouveau matériel de guerre eût augmenté la puissance destructive des sociétés civilisées dans des proportions telles qu'elles n'eurent plus à redouter les invasions des Barbares, elles se bornaient à repousser ces invasions sans entreprendre d'agrandir leurs Etats par la conquête des régions qu'ils habitaient. Les sociétés les plus fortes se bornaient à étendre leurs domaines aux dépens des plus faibles, sans chercher à les agrandir au dehors. C'est pourquoi les limites de notre civilisation ne dépassèrent pas celles où les avaient portées l'empire romain aussi longtemps que les peuples civilisés et les Barbares employèrent le même matériel de guerre. C'est que les entreprises de conquête comme les autres avaient pour mobile le profit. On connaissait l'étendue du domaine d'un Etat civilisé, on pouvait évaluer approximativement le produit des impôts de la population assujettie, et les frais probables de la conquête ; on n'avait que des notions vagues et incertaines sur les régions occupées par les Barbares, ce qu'elles pouvaient coûter et rapporter. On ne pouvait donc apprécier ni les frais et risques, ni les profits de cette entreprise. Cet aléa n'empêcha pas cependant les sociétés civilisées de l'Occident de se précipiter pendant deux siècles aux Croisades. Elles y furent poussées sous l'impulsion des deux mobiles les plus puissants de la nature humaine : le sentiment religieux et l'appât du profit. les récompenses que la conquête des lieux saints promettait dans une autre vie, et les bénéfices que devait procurer dans celle-ci l'exploitation des régions où les Vénitiens et les Gênois allaient chercher les articles de luxe qui étaient l'objet de toutes les convoitises, les riches étoffes, les parfums, les bijoux, les pierres précieuses. Le succès des premières encouragea les suivantes, mais, à la longue, l'expérience démontra que les fruits de la conquête n'avaient point la valeur que l'imagination leur avait attribuée, et que les pays conquis coûtaient plus à conserver qu'ils n'avaient coûté à acquérir. Les croisades finirent par se solder matériellement en perte ; elles ne laissèrent de bénéfices qu'aux entrepreneurs de transport des croisés et elles réduisirent les propriétaires de domaines seigneuriaux qui y avaient été entraînés à combler leurs déficits par la vente des chartes d'émancipation de leurs serfs. Le mouvement d'affranchissement des communes fut, en grande partie, la conséquence de la faillite des croisades. Seul, le sentiment religieux ne suffit plus à y pousser.

Ce fut seulement lorsque le nouveau matériel de guerre eut accru dans des proportions extraordinaires la puissance destructive des Etats civilisés, que les plus aventureux de leurs propriétaires recommencèrent à les étendre au dehors. Mais ils ne dirigèrent plus leurs entreprises vers les régions défendues par un peuple guerrier, pourvu comme eux du nouveau matériel. Ils se tournèrent d'abord vers la partie occidentale de l'Afrique, ensuite vers les régions du Sud du monde oriental, d'où les croisés leur avaient appris que provenaient les articles précieux qui faisaient la richesse des Vénitiens et des Génois. Les Portugais fondèrent leurs premiers établissements sur la côte occidentale de l'Afrique et ils cherchèrent, pour arriver dans le sud de l'Asie, une route qui ne fût point barrée par le peuple guerrier contre lequel s'étaient heurtés les croisés. Ce fut le même objectif, l'accès et la conquête des contrées d'où provenaient les articles précieux importés par les Vénitiens et les Génois que visaient en même temps Vasco de Gama et Christophe Colomb. On sait que les espérances de profit des commanditaires de ces deux aventuriers de génie furent dépassées. Dans l'Inde et les Archipels de l'Océan Indien, dans le nouveau continent découvert par Colomb, les Portugais et les Espagnols eurent affaire à des peuples que l'infériorité de leur armement rendait incapables de ré sister à des conquérants pourvus d'un matériel de guerre incomparablement plus puissant. La destruction des empires du Mexique et du Pérou, la conquête des autres régions de l'Amérique, habitées par les tribus autochtones, d'une partie de l'Inde et des îles avoisinantes, s'opéra presque sans coup férir. Et, d'abord par le pillage, ensuite par l'exploitation d'un sol vierge et d'un sous-sol à peine entamé, elle procura aux conquérants des richesses extraordinaires. Les profits que ces conquêtes faciles avaient valus aux Espagnols et aux Portugais stimulèrent les Français, les Hollandais, les Anglais, à suivre leurs traces et à leur enlever le monopole de ces foyers de richesse. En moins d'un siècle, une grande partie du globe qui leur avait été jusqu'alors inconnue tomba sous leur domination. Grâce à l'énorme supériorité de leur puissance destructive, les frais de production de ces conquêtes si aisément faites avaient été insignifiants, mais ils ne tardèrent pas à s'accroître par les guerres qui mirent aux prises pendant deux siècles, Espagnols, Portugais, Hollandais, Français et Anglais. Ils finirent par dévorer les profits et par déterminer dans l'opinion de la multitude qui en supportait le poids une réaction contre les entreprises coloniales, réaction qui acquit toute sa force dans le cours du XVIIIe siècle. C'est que les frais et les profits se distribuaient inégalement entre les différentes classes de la population des métropoles. La classe gouvernante, au sein de laquelle se recrutaient presque exclusivement les fonctionnaires militaires et civils, officiers de tous grades, administrateurs, juges, clergé, trouvait dans l'adjonction d'un vaste débouché colonial à son débouché métropolitain, une source nouvelle et abondante de profits. Et ce supplément de profits était incomparablement supérieur à la part des frais d'acquisition des colonies et des guerres coloniales qu'elle avait à supporter. A leurs exactions s'ajoutaient pour les fonctionnaires les revenus des concessions de terres qui leur furent allouées, principalement en Amérique où un grand nombre d'entre eux s'établirent à demeure et constituèrent l'aristocratie coloniale. Les chefs et les commanditaires des entreprises commerciales et industrielles trouvèrent de même dans l'exploitation de ce débouché nouveau un surcroît de profits, par l'exportation des produits du sol et du sous-sol des territoires conquis, la production et l'exportation des produits métropolitains, les uns destinés à la consommation des fonctionnaires, les autres servant à payer les produits coloniaux. De là l'enrichissement de la classe des commerçants et des industriels investis du monopole de l'approvisionnement et du commerce des colonies, bien qu'ils fussent obligés de partager leurs profits avec le personnel gouvernant de qui ils tenaient leurs privilèges. Mais la multitude vouée aux travaux inférieurs de la production ne recevait qu'une faible part de ces profits, tandis qu'elle avait à fournir, par des impôts aggravés et multipliés, la grosse part des frais et conquêtes et des guerres coloniales. Car le marché du travail de cette multitude ne s'étendit point à beaucoup près dans la même proportion que celui des fonctions gouvernantes, et des services du commerce. Le sol et le sous-sol des colonies furent exploités d'abord au moyen du travail des indigènes, et lorsque ceux-ci, succombant sous le poids écrasant dont les accablait l'impitoyable avidité des conquérants, eurent disparu, ils furent remplacés par des nègres importés d'Afrique. Si la classe ouvrière profita néanmoins dans quelque mesure du développement de l'industrie métropolitaine, une cause particulière, l'afflux des métaux monétaires et la baisse du pouvoir d'achat de la monnaie qui en fut la conséquence, compensa et au delà l'effet de l'accroissement de la demande de travail. On s'explique ainsi que l'aggravation des impôts provoquée par les frais des guerres coloniales et la hausse générale des nécessités de la vie, hausse que suivait trop lentement celle des salaires, n'ait laissé à la classe ouvrière qu'une part infinitésimale dans l'augmentation de la richesse des nations colonisatrices.

Cependant l'extension du domaine ouvert au commerce et à l'industrie de l'Europe par la découverte et la conquête des immenses régions qui leur étaient auparavant ignorées ou inaccessibles, allait provoquer un progrès inattendu, et certainement le plus important qui ait marqué le cours de l'évolution de l'espèce humaine : le développement soudain et décisif, sinon l'apparition, de la concurrence sous la forme productive.

CHAPITRE VII

Le monopole.
La concurrence productive ou économique.

I

Le fait prépondérant de l'organisation primitive de la production, c'est le monopole de l'échange. L'assujettissement sous ses différentes formes de l'homme par l'homme se résout économiquement en un échange. Le maître pourvoit à l'entretien et à la sécurité de l'esclave en échange de son travail. Mais c'est un échange forcé car il s'opère sans le consentement de l'esclave, et le maître en fixe à son gré les conditions. L'échange libre apparaît ensuite, soit que le propriétaire d'esclaves échange contre d'autres produits ceux de son domaine, soit, lorsque les esclaves passés à l'état de serfs ou de sujets échangent entre eux leurs produits agricoles ou industriels. Seulement cet échange s'est opéré dès l'origine dans un espace plus ou moins étroitement limité par des obstacles naturels ou artificiels, et qui ne s'étendait pas au dehors du domaine seigneurial. C'était le marché. Les sujets du seigneur, agriculteurs ou artisans, en avaient la jouissance exclusive, autrement dit, le monopole, et ce monopole était la conséquence nécessaire de celui que le seigneur exerçait sur eux par l'échange forcé de ses services contre des redevances ou des impôts dont il fixait le taux. Ces redevances ou impôts, comment auraient-ils pu être assurés de pouvoir les payer si des étrangers avaient apporté sur leur marché des quantités supplémentaires et variables de produits ? Il leur eût été impossible, en ce cas, de régler leur production sur les besoins de la consommation, et l'avilissement de leurs produits, causé par les apports de l'étranger, ne leur eût pas permis de couvrir leurs frais dans lesquels étaient compris les redevances ou les impôts qu'exigeait d'eux le seigneur. Dans cet état de choses, il était donc nécessaire que le seigneur leur garantît le monopole du marché, et son intérêt s'accordait sur ce point avec le leur.

Sur ce marché où les producteurs offraient à l'échange les produits qu'ils ne consommaient pas eux-mêmes, ces produits se partageaient en deux grandes catégories, ceux dont la production pouvait être réglée, et ceux qui subissaient l'influence capricieuse et inégale des saisons. La première présentait encore cette particularité que la production pouvait en être économiquement concentrée. De là la constitution naturelle des corporations industrielles. Rapprochés dans la même localité, les serfs ou sujets qui avaient obtenu du seigneur, moyennant redevance, le droit de pratiquer une industrie ou un métier, obéissant à l'impulsion de leur intérêt commun, s'associaient tant pour résister à l'abus des exigences de leur seigneur que pour imposer les leurs aux consommateurs. Ils constituaient ainsi des monopoles, et ils ne pouvaient manquer d'en abuser en surélevant les prix de leurs produits et de leurs services. Alors, les consommateurs se coalisèrent à leur tour, et soit qu'ils fixassent eux-mêmes ce qu'ils considéraient comme le juste prix, soit qu'ils recourussent au seigneur pour l'imposer, on vit s'établir généralement un prix coutumier, en vue duquel se réglaient les quantités produites et qui demeurait à peu près invariable. Les corporations réglaient encore la part de chacun de leurs associés dans une clientèle qui ne subissait que de faibles variations. Protégés contre la concurrence extérieure et contre celle qu'ils pouvaient se faire entre eux, les industriels incorporés jouissaient du précieux avantage de la stabilité. Seulement ils l'achetaient aux dépens du progrès. Car aucun stimulant ne les poussait à améliorer leurs procédés ou leur outillage, et les corporations finirent même par leur interdire de les modifier. La situation des producteurs des denrées alimentaires était différente. Leur dissémination les empêchait de former des corporations, mais ils se rassemblaient dans des marchés où, par une entente tacite, ils s'abstenaient de se faire concurrence, et cette entente engendrait la pratique du marchandage. Le prix se fixait, après un débat, en raison de l'intensité comparative des besoins de vendre et d'acheter, laquelle dépendait à son tour des quantités apportées au marché. Si une denrée était rare, l'acheteur précipitait sa demande et consentait à une élévation du prix de peur d'en manquer ; si la denrée était abondante, le vendeur en abaissait au contraire le prix de crainte d'être obligé de la remporter. Sur ces marchés restreints l'échange se faisait d'habitude directement entre le producteur et le consommateur. Cependant, des intermédiaires y apparaissaient parfois. Des spéculateurs, auxquels leur petit nombre et la limitation naturelle ou artificielle des marchés conférait un monopole, achetaient les blés au moment où les producteurs étaient pressés de les vendre pour payer les impôts, les accaparaient pour les revendre ensuite à haut prix aux consommateurs. Des lois contre les accaparements, des défenses de vendre les grains ailleurs que sur les marchés, étaient dirigées contre ce monopole et subsistèrent longtemps après que l'apparition de la concurrence non seulement leur eût enlevé leur raison d'être, mais les eût rendues nuisibles. Le voisinage des producteurs et des consommateurs rendait insuffisamment profitable toute autre branche du commerce intérieur.

Le commerce extérieur se réduisait à quelques articles consistant presque uniquement en objets de luxe qui n'étaient pas produits dans le domaine seigneurial. Ce commerce ne suffisant pas pour alimenter des entreprises permanentes, était pratiqué par des marchands ambulants qui se réunissaient à époques fixes, dans des marchés temporaires ou *foires*. Ils constituaient eux aussi des corporations, et évitaient de se faire concurrence en se partageant les foires. De même, des corporations de travailleurs ambulants, maçons, charpentiers, etc., qu'occupait la construction des édifices religieux et autres, se partageaient certaines régions, dont elles s'interdisaient mutuellement l'accès. Les manquements à ces conventions faisaient éclore des haines terribles et occasionnaient des conflits sanglants.

Enfin l'hostilité naturelle des sociétés propriétaires des Etats, hostilité déterminée par leur mode d'acquisition de la richesse, savoir la conquête de territoires meublés d'esclaves, de serfs ou de sujets, qu'elles s'efforçaient incessamment de s'enlever les unes aux autres, avait pour conséquence nécessaire la limitation de l'étendue des marchés et celle du nombre des articles du commerce extérieur. Il fallait que chaque Etat, et même chaque seigneurie dans les Etats non encore unifiés, produisît lui-même les denrées nécessaires à la subsistance de sa population, sous peine de l'exposer aux dangers de la famine chaque fois que ses communications avec le dehors venaient à être interrompues par une guerre, toujours imminente. Sur ce marché limité, la concurrence ne possédait pas l'espace nécessaire pour se donner carrière, le monopole était le seul régime possible de l'échange, et il comportait une réglementation destinée à en empêcher l'abus.

Lorsque les obstacles qui empêchaient l'opération propulsive et régulatrice de la concurrence sous sa forme productive ont commencé à disparaître, cette réglementation a perdu sa raison d'être, mais elle n'a pas été, comme on l'affirme trop légèrement, le fruit de l'ignorance de nos pères. L'ignorance a consisté à la perpétuer depuis qu'elle a cessé d'être utile pour devenir nuisible.

II

C'est sous l'impulsion des progrès de la puissance destructive des Etats civilisés, progrès suscités par la concurrence sous sa forme initiale de guerre, que l'aire de la sécurité s'est étendue, que les échanges se sont multipliés malgré les obstacles naturels et artificiels qui continuaient à limiter leurs marchés et que la concurrence sous sa forme productive a commencé à se dégager du monopole. Que cette nouvelle venue qui allait imprimer un si puissant essor à l'industrie humaine ait été d'abord traitée en ennemie et n'ait pas encore cessé de l'être, cela n'a rien dont on doive s'étonner. Elle mettait fin à la quiétude séculaire dans laquelle vivaient les industriels, entrepreneurs et ouvriers, derrière les barrières qui protégeaient leurs marchés et les règlements qui garantissaient les moins laborieux et les moins actifs contre les plus laborieux et les plus actifs ; elle contraignait les entrepreneurs à renoncer à l'emploi du vieux matériel et des procédés surannés qu'ils se léguaient de génération en génération. C'était leur infliger une perte doublée d'une dépense : perte du vieux matériel, frais d'acquisition du nouveau. De leur côté, les ouvriers, dressés au maniement d'un outillage auquel ils étaient accoutumés et qui leur avait coûté des frais d'apprentissage perdaient ce capital d'aptitudes et de connaissances professionnelles et ils étaient obligés d'acquérir celles qu'exigeait la mise en œuvre du nouvel outillage. En outre, celui-ci, remplaçant en partie le travail musculaire par le travail mécanique, plus économique, laissait sans emploi un nombre considérable d'ouvriers. Sans doute, l'abaissement des frais de la production, partant du prix des produits, avait pour résultat d'en augmenter la consommation et de provoquer par là même, avec le développement de l'industrie en progrès, l'accroissement du nombre des emplois du travail. Mais cet effet bienfaisant du progrès était lent et d'ailleurs l'économie qu'il procurait aux consommateurs était employée, souvent pour la plus forte part, à satisfaire d'autres besoins et à alimenter des industries différentes, parfois situées dans des localités très éloignées de l'industrie qui congédiait des ouvriers devenus inutiles. En attendant que ceux-ci pussent retrouver du travail, chose difficile faute des ressources et des renseignements nécessaires pour le chercher au dehors de la localité où ils vivaient de père en fils, ils enduraient les souffrances du chômage, aggravées par leur imprévoyance. Car la sécurité dont ils avaient joui jusqu'alors ne leur avait pas fait sentir la nécessité de l'épargne. Ils tombaient fatalement à la charge de la charité publique, et c'est ainsi que l'apparition de la concurrence et des progrès qu'elle a suscités a été suivie de cet afflux de misère auquel on a donné le nom de paupérisme. A la vérité, bien d'autres causes étrangères à la concurrence et au progrès industriel ont contribué à répandre cette calamité en augmentant les risques et l'instabilité de la production.

Mais plus encore peut-être que les pertes et les dommages immédiats que l'action propulsive de la concurrence a causés dans le monde des coopérateurs de la production, entrepreneurs d'industrie et ouvriers, son opération régulatrice des profits et des salaires a fomenté l'hostilité qu'elle a rencontrée parmi eux, et déterminé les efforts qui ont été tentés, de tout temps, pour la supprimer. Aux yeux de tous les producteurs, la concurrence, c'est l'ennemi.

Cependant les coopérateurs de la production ne sont pas seulement producteurs, ils sont consommateurs, et, en compensation des efforts et des sacrifices que la concurrence leur impose pour accroître leur capacité productive, elle augmente dans de bien autres proportions leur capacité de consommation. Elle leur permet d'obtenir en échange de la même somme de monnaie, représentant la même somme d'efforts et de peine, une quantité croissante et de plus en plus variée de produits et de services. Elle réagit par là même sur la condition des producteurs, en étendant pour les entrepreneurs d'industrie le débouché de leurs produits, pour les ouvriers le débouché de leur travail. Elle a encore un autre effet non moins bienfaisant : c'est d'élever la qualité du travail, aussi bien du personnel de direction de l'industrie que du personnel d'exécution, en mettant en œuvre chez l'un, à mesure que l'extension des débouchés détermine l'agrandissement des entreprises, les facultés les plus hautes de l'intelligence et du caractère, chez l'autre, en remplaçant à mesure que l'outillage se transforme, le travail musculaire par le travail intellectuel qu'exigent la direction et la surveillance de l'opération d'une machine, enfin en nécessitant chez l'un et l'autre l'intervention des facultés morales par l'augmentation de la responsabilité.

Mais ces effets bienfaisants de la concurrence sur la consommation et par contre-coup sur la production ne se produisent que graduellement et à la longue, tandis que les efforts et les sacrifices qu'elle impose aux producteurs sont immédiats. De plus, si l'ensemble des progrès qu'elle fait réaliser dans les branches d'industrie dont elle accroît ainsi la productivité augmente dans des proportions énormes la richesse de la société tout entière, en revanche, pour le chef d'industrie que la concurrence oblige à perfectionner son outillage, pour l'ouvrier qu'elle contraint à s'adapter à un nouveau travail ou à se déplacer, la part qui leur revient dans ce profit général n'équivaut pas aux dépenses et aux peines particulières qu'elle leur cause. Les plus intelligents ne peuvent toutefois méconnaître complètement ces effets bienfaisants de la concurrence, et ils l'admettent volontiers, quand elle s'exerce sur autrui. Ils sont de l'avis du pêcheur entendu dans une enquête anglaise, qui la trouvait bonne pour tous les produits, excepté pour le hareng.

III

L'agrandissement des marchés, l'apparition de nouveaux produits, la création d'entreprises concurrentes en dehors des localités appropriées aux corporations ne devaient pas seulement provoquer le développement de la production et la multiplication des échanges dans l'espace, elles devaient encore susciter un progrès non moins important en imprimant un vif essor à la production des capitaux et à leur échange dans le temps. La prévoyance de ses besoins futurs et des risques qui peuvent le menacer, tel est le mobile principal qui excite l'homme à restreindre la satisfaction de ses besoins actuels. C'est sous l'impression de ce mobile qu'il s'impose la privation qu'implique l'épargne ; c'est pour éviter dans l'avenir une privation partant une peine plus grande. Un mobile analogue, le désir d'augmenter ses profits et par conséquent son bien-être, en développant son industrie ou en employant le fruit de son épargne de toute autre manière profitable, se joint à celui-là. Il s'agit dans ce cas, non d'une épargne de peine future mais, ce qui est équivalent, d'une jouissance supérieure à la peine actuelle de la privation. Or, ces deux mobiles n'existaient qu'à un faible degré avant que l'apparition de la concurrence productive eût bouleversé les conditions d'existence de la société et de l'industrie. Ces conditions avaient l'avantage de la stabilité inhérente à l'immobilité de l'organisation sociale et industrielle. La classe qui s'était partagé le territoire de l'Etat vivait de l'exploitation de ses domaines, du travail de ses esclaves, des corvées ou des impôts en nature ou en argent de ses serfs ou de ses sujets. Ces sources de revenus pouvaient être plus ou moins abondantes, mais elles ne pouvaient lui manquer, sauf dans le cas d'une expropriation à la suite de quelque invasion. L'existence des esclaves, des serfs ou des sujets était plus assurée encore. L'esclave était nourri et entretenu, sa vie durant, par son maître. Le serf agricole ou le sujet, celui-ci toutefois à un moindre degré, était assuré de conserver le lot de terre d'où il tirait sa subsistance. Il n'avait à redouter d'autres risques que ceux qui provenaient des accidents de la température, et, en cas de disette, il pouvait compter sur l'assistance intéressée de son seigneur, à la subsistance duquel il pourvoyait par l'impôt. Les serfs ou sujets adonnés à l'exercice des métiers, des professions ou des commerces, formaient des corporations en possession d'un marché dont l'importance ne variait guère et dont l'exploitation exclusive leur était assurée. Maîtres et ouvriers n'avaient que bien peu de chances de voir s'augmenter ceux-là leurs profits, ceux-ci leurs salaires, mais ils ne couraient pas davantage le risque de les perdre. Dans cet état de stabilité et de stagnation, le besoin d'épargner ne pouvait se faire vivement sentir dans aucune des classes de la société. En même temps, l'immobilité des marchés de consommation réduisait au minimum les emplois productifs de l'épargne. Les propriétaires de maîtrises ne pouvaient augmenter leur production pour alimenter des besoins de consommation toujours les mêmes. Il ne se serait point créé de nouvelles entreprises quand même le monopole des corporations n'y eût point fait obstacle. L'épargne n'était donc point nécessaire pour subvenir à des besoins futurs suffisamment assurés et elle ne trouvait pas dans l'industrie un débouché qui lui fournît un emploi profitable. Les capitaux qu'elle créait ne pouvaient servir qu'à alimenter les appétits de dissipation et le désordre des mœurs. On s'explique que dans cet état de choses l'Eglise ait interdit le prêt à intérêt. Cependant les théologiens intelligents tels que saint Thomas d'Aquin, qui avaient reconnu les véritables fondements de l'intérêt, le *lucrum cessans* et le *damnum emergens*, la privation et le risque, le considéraient comme légitime lorsqu'il ne dépassait point la rétribution nécessaire de la privation et la compensation du risque. C'était légitimer le prêt à l'industrie. L'interdiction n'en subsista pas moins, et elle se prolongea après que les circonstances qui lui avaient donné sa raison d'être eurent changé. Elle devint alors nuisible et passa à l'état de préjugé.

Il y avait toutefois une classe peu nombreuse mais énergique que repoussaient les autres et chez laquelle les deux mobiles qui poussent à l'épargne avaient toute leur puissance. C'étaient les Juifs. Exclus des emplois agricoles et des corporations de métiers, ils étaient réduits à demander leurs moyens d'existence à un petit nombre de branches de commerce que les chrétiens dédaignaient ou étaient inhabiles à pratiquer. Persécutés par la populace, constamment menacés d'expulsion, ils couraient des risques auxquels n'étaient point exposées les autres classes sociales, ces risques leur rendaient l'épargne particulièrement nécessaire. Vivant pauvrement pour ne pas éveiller l'envie, ils produisaient et accumulaient des capitaux sous forme de matériaux faciles à cacher et à transporter, pierreries et métaux précieux. L'interdiction du prêt à intérêt ne manqua pas d'augmenter les profits qu'ils en tiraient, en leur en conférant presque complètement le monopole. Ces profits s'accrurent encore lorsque, d'une part, les gouvernements furent obligés de remplacer leur ancien matériel de guerre par un nouveau, plus coûteux, lorsque, d'une autre part, l'extension des marchés provoqua la création d'un surcroît d'entreprises de production. Les gouvernements et les industriels se firent alors concurrence pour demander des capitaux et les Juifs trouvèrent dans leur quasi monopole une source abondante de richesses. Le taux élevé et qualifié d'usuraire qu'ils exigeaient se justifiait d'ailleurs par les risques du prêt, surtout quand ils avaient affaire à des gouvernements besogneux et contre lesquels ils ne pouvaient invoquer l'intervention protectrice de la justice. C'est ainsi que la persécution en leur faisant sentir au plus haut point le besoin de l'épargne, les excita à produire des capitaux et concentra entre leurs mains cette branche de la production, la plus nécessaire au progrès de toutes les autres. En s'enrichissant eux-mêmes, ils contribuèrent à enrichir et à faire sortir de sa condition subalterne la classe dirigeante de l'industrie.

V

Le premier usage que fit cette classe de la puissance que lui valait sa richesse fut de se faire protéger contre la concurrence à laquelle elle était redevable de l'une et de l'autre. A l'exemple des industries organisées en corporations qui s'étaient approprié les marchés locaux, les industries constituées en dehors de ce domaine réservé voulurent s'attribuer l'exploitation exclusive des marchés des colonies et de ceux qui leur étaient ouverts dans la métropole. Les gouvernements avaient toutefois inauguré avant eux cette nouvelle branche du système protecteur. En possession du monopole de la fabrication de la monnaie, dont ils tiraient une portion importante de leur revenu, le profit du seigneuriage, ils avaient prohibé l'importation et interdit l'usage des monnaies étrangères, tout en laissant entrer librement les métaux monétaires, et en en prohibant la sortie, — ceci dans le but d'obtenir à bon marché les matières premières de la monnaie et d'augmenter ainsi le profit du seigneuriage. Telle fut l'origine du système qualifié de mercantile quoiqu'il eût pour résultat d'empêcher le commerce. Les industriels se bornèrent à imiter les pratiques des gouvernements en réclamant avec la prohibition de l'importation des produits étrangers qui leur faisaient concurrence celle de la sortie des matières premières. Dans leur aveugle avidité, ils ne voyaient pas qu'ils fermaient les débouchés qu'ils pouvaient trouver à l'étranger en prohibant les produits qui servaient à payer les leurs. Le commerce extérieur ne s'accrut en conséquence qu'avec lenteur, et, dans les siècles qui suivirent l'ouverture de la nouvelle route de l'Inde et la découverte de l'Amérique, la concurrence, enfermée dans l'enceinte des douanes prohibitives, ne put exercer que faiblement son action propulsive du progrès. Les nouvelles inventions continuèrent longtemps à se heurter à la routine des industriels et à l'opposition violente des ouvriers. Elles n'étaient point demandées, et leur rétribution n'était point assurée. C'est seulement en 1623 que le Parlement anglais garantit aux inventeurs un droit temporaire de propriété sur leurs œuvres. Dès ce moment les inventions commencèrent à se multiplier, mais ce ne fut qu'en 1769 que Watt, commandité par Boulton, ouvrit l'ère de la grande industrie en inventant la machine à vapeur. En France, les intérêts engagés dans l'organisation séculaire de la production résistèrent plus longtemps qu'en Angleterre à cette invasion du progrès. Aboli par Turgot, le monopole des corporations fut rétabli après sa chute. La révolution le supprima d'une manière définitive en proclamant la liberté de l'industrie, mais sans distinguer, dans sa verve de démolition, le monopole de l'association. Elle fit table rase des sociétés de toute sorte, y compris des Académies et défendit même aux ouvriers de se réunir pour délibérer, suivant l'expression du conventionnel Chapelier, « sur leurs prétendus intérêts communs. »

V.

Tandis que les maîtres des corporations et leur personnel ne sentaient point la nécessité de s'ingénier pour perfectionner leurs procédés et leur outillage, conserver et augmenter leur clientèle, la concurrence obligeait désormais, sous peine de ruine, les industries qui se disputaient un marché agrandi à faire œuvre de leur intelligence. Si l'un de leurs concurrents avait réalisé un progrès qui diminuât ses frais de production et lui permît d'abaisser ses prix, ce progrès menaçait de les déposséder de leurs moyens d'existence jusqu'à ce qu'ils eussent réussi à l'imiter. Aiguillonnés désormais par la crainte de perdre leur clientèle et l'espoir de l'augmenter, ils ne pouvaient plus laisser leur intelligence en jachère. Ils devaient mettre en œuvre leurs facultés intellectuelles et leur imposer des efforts que leur épargnait auparavant la routine du monopole. En se développant et se fortifiant par l'exercice, ces facultés faisaient naître chez eux un esprit nouveau d'examen et de recherche. Après l'avoir appliqué à leurs affaires et employé à reconnaître les défectuosités de leur pratique industrielle ils étaient naturellement portés à l'étendre à d'autres objets. Tels étaient les règlements auxquels les soumettaient et les charges que leur imposaient le gouvernement spirituel de l'Eglise et le gouvernement temporel de l'Etat. Pas plus qu'ils n'avaient été frappés jusqu'alors de l'imperfection de leurs procédés et de leur outillage, et ne s'étaient avisés de la possibilité de les perfectionner, ils n'avaient conçu la possibilité d'un progrès dans les gouvernements de l'Eglise et de l'Etat.

Ce n'est pas que l'esprit d'examen n'eût existé de tout temps, mais il était presque exclusivement confiné dans les professions appartenant à la classe gouvernante elle-même. Cette classe avait ses mécontents qui n'avaient point trouvé dans la hiérarchie du gouvernement spirituel ou temporel une situation à la hauteur de leur ambition. Elle avait aussi ses rêveurs que ne satisfaisaient point les doctrines officielles et qui leur substituaient d'autres conceptions de la Divinité, des lois émanées d'elle et des phénomènes de la nature. Ces hérésies ne pouvaient être tolérées par l'Eglise établie ; elle les considérait comme offensantes pour la Divinité, dont elle était le représentant sur la terre, et recourait à son associé, le pouvoir temporel, pour les extirper. Et comme l'Eglise étendait son domaine sur la généralité des connaissances humaines, le monopole de la corporation religieuse immobilisait, avec la religion la morale et la science, comme le monopole des corporations industrielles immobilisait l'industrie.

Or ces hérésies dont l'Eglise catholique avait eu facilement raison aussi longtemps qu'elles n'avaient éveillé qu'un faible écho dans les intelligences endormies par le monopole du régime corporatif, reparurent et se propagèrent dans les pays où l'industrie et le commerce, en se développant grâce à l'extension de leurs marchés et sous le stimulant de la concurrence, firent surgir une classe active et intelligente, dirigeante ou commanditaire des entreprises, en Allemagne, en Hollande, en Angleterre et dans les régions les plus industrieuses de la France ; elles y trouvèrent ce qui leur avait manqué jusqu'alors parmi les laïcs : un public consommateur. L'hérésie qui éclata à la suite du scandale de la vente des indulgences rencontra dans le public des auxiliaires énergiques et influents. Elle en rencontra aussi dans le clergé inférieur qui supportait impatiemment le despotisme des chefs de la hiérarchie et finalement dans les gouvernements eux-mêmes qui partageaient avec l'hérésie victorieuse les biens de l'Eglise vaincue. Et cet appât matériel contribua beaucoup plus que les arguments les plus forts de la controverse religieuse aux victoires de la Réforme.

Cette nouvelle doctrine religieuse était le produit du libre examen que les réformateurs avaient fait des documents originaires du christianisme. Il semblait donc qu'ils dussent reconnaître et respecter chez leurs adversaires la même liberté dont ils usaient eux-mêmes. A la vérité, cette liberté, l'Eglise catholique l'interdisait à sa clientèle, mais s'ils pouvaient invoquer contre elle le droit dont elle usait à leur égard, pouvaient-ils se prévaloir de ce droit pour persécuter et prohiber, comme le firent plus tard leurs églises devenues officielles, les sectes dissidentes du protestantisme ?

C'est que, comme tous leurs contemporains, les auteurs de la Réforme détestaient la concurrence. S'ils s'en étaient servi pour s'emparer de la clientèle de l'Eglise catholique, c'est au monopole qu'ils recoururent pour la conserver.

CHAPITRE VIII

Conséquences de l'unification de l'Etat.

I

Pendant que l'Eglise, affaiblie et corrompue par le monopole, se morcelait sous les atteintes du libre examen éveillé et propagé par la concurrence productive ou économique, l'Etat s'unifiait au contraire sous l'impulsion de la concurrence destructive, et en s'unifiant acquérait un accroissement de puissance qui lui permettait de résister longtemps encore aux tentatives réformatrices du libre examen. Ce travail d'unification commencé dès les premiers temps de la féodalité avait été accéléré par la transformation du matériel de guerre qui avait donné un avantage décisif aux seigneurs les mieux pourvus des avances nécessaires à la confection et à la mise en œuvre d'un matériel devenu plus coûteux. Au XVIe siècle, l'unification était sinon complète, au moins fortement avancée en France, en Espagne, en Angleterre, en Autriche. L'Etat formait un vaste trust appartenant à une maison unique et souveraine. Les guerres entre les seigneurs avaient fait place aux guerres entre les maisons propriétaires de ces trusts politiques. Et elles avaient le même objectif, commun d'ailleurs à toutes les entreprises destructives aussi bien que productives : le profit. C'était toujours d'augmenter la puissance et la richesse de la maison propriétaire et souveraine de l'Etat par l'agrandissement de son domaine et l'accroissement du nombre de ses esclaves, de ses serfs ou de ses sujets.

Il nous suffira d'examiner les conséquences de l'unification de l'Etat en France, où elle a exercé une influence plus considérable qu'aucune autre sur la marche et la direction générale de l'évolution.

Sous un monarque jeune et ambitieux qui pouvait dire : l'Etat, c'est moi, la France, dont toutes les forces se trouvaient désormais concentrées entre les mains d'un maître unique, reconquit d'abord les parties de son domaine qui lui avaient été enlevées par les Etats concurrents ; elle étendit ensuite ses frontières à leurs dépens jusqu'à ce que l'intérêt de leur conservation les eût déterminés à se coaliser contre elle.

Du fait de la dangereuse inégalité de forces entre les Etats que suscitait l'unification des plus importants, naquit le système de l'équilibre européen. Dès qu'un Etat agrandissait son domaine aux dépens d'un autre, de manière à rompre cet équilibre, tous pouvaient être menacés de devenir sa proie : l'intérêt de la conservation leur commandait donc d'opposer une barrière à son ambition, et, au besoin, d'intervenir pour l'obliger à renoncer à une partie des fruits de sa victoire, dans l'intérêt supérieur de la communauté des propriétaires d'Etats, soit que l'Etat appartînt à une « maison » comme en France, en Autriche ou en Espagne, à une oligarchie nobiliaire comme en Pologne, ou à une bourgeoisie enrichie par le commerce comme en Hollande. De là la surveillance jalouse dont était l'objet l'expansion d'un grand Etat de la part de ses concurrents et les obstacles par lesquels ils s'évertuent encore de nos jours à l'entraver, quoique l'expérience démontre qu'elle n'est pas nécessairement suivie d'un accroissement de puissance.

Telle a été la conséquence extérieure de la politique ambitieuse de l'Etat unifié de Louis XIV. Recherchons maintenant quels ont été en France les effets de l'unification sur la situation des deux corporations gouvernantes, le clergé et la noblesse, et finalement sur la foule des sujets.

II

I. *Le clergé*. Lorsque les Etats fondés sur les débris de l'empire romain se trouvèrent morcelés en de nombreuses seigneuries, dont l'intérêt commun rassemblait seulement en de rares occasions les propriétaires, la puissance du clergé balançait si elle ne la dépassait point celle des seigneurs. Elle avait sa source originaire dans la supériorité intellectuelle des apôtres qui, en convertissant les Barbares au christianisme, les avaient initiés aux connaissances nécessaires à l'organisation d'un Etat et à l'exploitation de son domaine. L'influence que leur avaient value des services qu'ils étaient seuls capables de rendre peut être comparée à celle qu'obtiennent les missionnaires sur les tribus sauvages de l'Afrique et de l'Océanie. En même temps qu'ils assistaient des barbares ignorants dans l'administration des domaines qui leur étaient échus en partage, les sentiments d'humanité et d'amour des pauvres qu'avait développés en eux une religion de pauvres les portaient à protéger la population asservie contre les excès de l'oppression de maîtres avides et brutaux. Fortement organisée sous un pouvoir unique et souverain, disposant d'une milice recrutée librement dans tous les rangs de la population, sans acception de frontières, en possession des grands biens que lui avait valus sa participation à l'organisation et au gouvernement des Etats et des seigneuries, l'Eglise avait acquis une énorme puissance. Elle constituait un immense Etat unifié à une époque où le partage des domaines conquis ne laissait le plus souvent qu'une faible autorité au chef de l'armée conquérante, empereur ou roi, en Allemagne, en France et dans les autres

Etats. L'affaire de Canossa atteste suffisamment la supériorité de la puissance de l'Eglise unifiée sur celle de l'empire morcelé.

Cette puissance que l'Eglise devait à l'influence qu'elle avait acquise sur les conquérants barbares en mettant à leur service les lumières et les ressources de la civilisation antique, elle s'en servit, d'une part, pour entraîner les maîtres des Etats, rois et seigneurs, aux croisades contre les infidèles, possesseurs des lieux saints, d'une autre part, pour protéger les faibles et les pauvres, selon l'esprit de l'Evangile que n'avait pas encore effacé l'esprit de domination et de monopole; elle organisa l'assistance dans ses monastères, établit des lieux d'asile, où se réfugièrent les victimes des abus de l'autorité seigneuriale, limita les ravages de la guerre par la trêve de Dieu, et obligea les maîtres et les sujets à obéir également aux lois morales comme aux prescriptions religieuses de son Code. Cette intervention bienfaisante contre les abus de la force, le déchaînement des appétits et les maux dont ils étaient la source lui valut pendant des siècles une juste popularité. Mais, à la longue, le monopole dont elle jouissait fit son œuvre accoutumée : en augmentant sa richesse et sa puissance matérielle, il diminua sa force morale. Elle eut besoin davantage du concours du pouvoir temporel de l'Etat pour la protéger contre les hérésies. Or, pendant ce temps, la puissance de l'Etat avait grandi par les progrès de l'unification. La proportion des forces changea. Après avoir commandé, l'Eglise fut obligée de traiter sur le pied d'égalité pour obtenir de l'Etat l'appui matériel dont elle avait besoin contre la concurrence des hérésies, en lui accordant l'appui moral dont il avait besoin de son côté pour s'assurer l'obéissance de ses sujets. Telle fut l'origine des contrats d'échange auxquels on a donné le nom de concordats. Lorsque se produisit le mouvement de la Réforme, suscité par les abus du monopole religieux, l'accession des classes les plus éclairées et les plus morales à l'hérésie rendit néanmoins la victoire incertaine malgré le concours que l'Etat apportait à l'Eglise orthodoxe, et bien que la masse de la population lui fût demeurée fidèle. Henri IV ne put mettre fin à la guerre religieuse qu'en garantissant aux hérétiques la tolérance, sinon le droit de pratiquer librement leur culte. Mais l'Edit de Nantes ne satisfit complètement ni les protestants ni les catholiques; il fallut que Richelieu assurât la victoire définitive de l'orthodoxie en démantelant la dernière forteresse du protestantisme. Alors, cette victoire remportée, l'Eglise entreprit de recouvrer l'intégrité de son monopole, et elle finit par l'obtenir par la révocation de l'Edit de Nantes. Mais elle ne l'obtint pas gratuitement. Non seulement le maître, devenu tout-puissant, de l'Etat unifié intervint davantage dans les affaires de l'Eglise, mais il ne souffrit plus qu'elle intervînt dans les siennes. Il ne fut plus question des remontrances que l'Eglise adressait aux rois et aux empereurs à l'époque du morcellement féodal, pour réprimer les abus de leur fiscalité ou le dérèglement de leurs mœurs. Après avoir refusé de sanctionner le second mariage de Philippe-Auguste, elle sanctionna les adultères de Louis XIV. Son autorité morale s'affaiblit, sa popularité baissa et fit bientôt place à l'indifférence, sinon à l'hostilité. Elle n'y perdit pas seule. Quand la monarchie en lutte avec la Révolution eut besoin du pouvoir que le clergé exerçait sur les âmes, elle s'aperçut trop tard que ce pouvoir s'était évanoui. Tel avait été le résultat de la protection dont l'Etat avait couvert le monopole de l'Eglise.

III

II. *La noblesse*. Aux membres de la société conquérante entre lesquels s'était partagé le pays conquis, l'unification de l'Etat enleva les pouvoirs souverains avec les impôts et les monopoles dont ils jouissaient pour les concentrer entre les mains d'un chef suprême, le roi. Sauf le petit nombre de droits dits féodaux qui leur furent laissés, ils demeurèrent sans autorité sur leurs serfs ou leurs sujets : s'ils étaient exemptés de certains impôts, ils ne pouvaient plus en lever. Ils vivaient désormais des produits de leurs terres, qu'ils étaient pour la plupart incapables d'exploiter eux-mêmes, et des emplois, bénéfices ou sinécures qu'il plaisait au maître de l'Etat de leur accorder, sans pouvoir se livrer, à moins de déchoir, aux occupations réputées inférieures de l'industrie et du commerce. Encore ne possédaient-ils pas le monopole complet des emplois de l'Etat. Comme tout autre propriétaire ou chef d'entreprise, le roi choisissait à son gré les fonctionnaires qu'il jugeait les plus capables de bien servir son Etat ; il lui arrivait de prendre ses généraux et ses ministres à l'étranger, et même dans les classes inférieures de ses sujets, parmi les roturiers ou les vilains. Si l'on voulait obtenir ses faveurs, il fallait chercher avant tout à lui plaire, *per fas*, et plus sûrement encore *per nefas*, en flattant ses faiblesses ou ses vices. Les héritiers de l'aristocratie féodale, si justement fières de son indépendance, descendirent à la condition de courtisans. Mais ils n'eurent pas seuls à souffrir de leur déchéance morale. Tandis qu'en Angleterre, les membres de l'aristocratie conquérante, en s'unissant pour défendre leurs droits contre le pouvoir arbitraire d'un monarque et en constituant un corps permanent, un Parlement, pour les sauvegarder, s'étaient préservés et avaient préservé l'Etat et la monarchie elle-même contre ses abus, la noblesse française déconsidérée et affaiblie n'a pu opposer une barrière solide à la Révolution qui l'a ruinée, a menacé l'existence de l'Etat, et emporté la monarchie.

IV. *Les classes assujetties*. En revanche, la substitution du gouvernement royal au gouvernement seigneurial n'a-t-elle pas été favorable à la multitude des consommateurs des services de l'Etat, gens de métiers, commerçants et agriculteurs ? Les deux premières catégories, concentrées dans les villes et organisées en corporations, supportaient impatiemment la domination de leurs seigneurs, et le poids des redevances en échange desquelles ils leur avaient concédé le droit de travailler pour eux-mêmes et d'échanger les produits de leur travail. Les communes formées par leur groupement aspiraient à se gouverner elles-mêmes, et ces aspirations étaient d'autant plus vives que les redevances étaient plus lourdes. Ce qu'on a appelé en France le mouvement d'émancipation des communes était encouragé d'ailleurs par la royauté dans son travail d'absorption de la féodalité. Cependant les communes, après avoir réussi, le plus souvent par un accord amiable, à s'affranchir de l'autorité des seigneurs, se montraient rarement capables de se gouverner. Elles ne tardaient pas à tomber sous la domination de la corporation la plus forte, — domination plus dure et plus lourde que n'avait été celle du seigneur. En Italie, elles s'en libéraient d'habitude, après des luttes sanglantes et ruineuses, en se soumettant volontairement au gouvernement de la maison la plus puissante de la cité. En France, elles se soumettaient de nouveau à l'autorité de leur seigneur pour être englobées finalement dans l'Etat unifié, sans trouver, dans ce dernier changement de domination, un accroissement de liberté et une diminution de charges. Quant à la population agraire, les espérances qu'avait pu lui faire concevoir son exonération du servage ou de la sujétion seigneuriale furent encore davantage déçues, et l'on en peut aisément apercevoir les causes.

Sous le régime seigneurial, la coutume, léguée par la tradition, et à laquelle il eût été dangereux de déroger, garantissait les serfs ou les sujets contre l'abus du pouvoir du maître et l'excès de sa fiscalité. Le seigneur était, au surplus, immédiatement intéressé à ne pas épuiser leurs forces et leurs ressources, et à les rendre ainsi incapables de s'acquitter des impôts et redevances qui constituaient la grosse part de son revenu. Il était, par là même, encore intéressé à venir à leur aide dans les calamités, famines, épidémies, inondations qui compromettaient leurs moyens d'existence et se répercutaient sur les siens. Enfin des sentiments naturels d'affection naissaient de cette mutualité d'intérêts et de services qui unissait de génération en génération les maîtres et les sujets.

Cet état de choses subit un changement radical lorsque le gouvernement royal remplaça le gouvernement seigneurial. En compensation des profits aléatoires de leur fiscalité locale, les seigneurs virent s'ouvrir devant eux le débouché des emplois salariés de l'Etat, mais ces emplois qui leur procuraient un revenu plus assuré, — ce qui les fit paraître préférables à un grand nombre d'entre eux — ils ne pouvaient les remplir qu'à la condition de se déplacer. L'*absentéisme* qui était l'exception sous le régime féodal devint la règle. Les seigneurs cessèrent de résider dans leurs domaines. Ils n'y firent plus que de rares et courts séjours. Les revenus qu'ils y dépensaient auparavant, ils les portèrent à la cour, à l'armée devenue permanente ou dans les villes où se concentraient les grands services militaires et civils de l'Etat. Ces revenus qui étaient toujours insuffisants pour satisfaire aux exigences de leur rang et de leurs nouvelles habitudes, ils pressaient leurs intendants de les augmenter. Et ceux-ci, en l'absence de l'œil du maître, ne manquaient pas d'ajouter au poids des redevances seigneuriales celui de leurs exactions. On s'explique ainsi que les sentiments d'affection nés de la mutualité des intérêts et des services se soient évanouis avec elle pour faire place à la haine et que la Révolution ait débuté par la guerre aux châteaux. Dans la Vendée et la Bretagne, où les seigneurs, moins avides d'emplois et d'honneurs, avaient continué de résider sur leurs terres, ces sentiments d'affection séculaire subsistèrent et ils soulevèrent, de concert, maîtres et sujets, contre la tyrannie de la Convention.

Cependant le roi, devenu l'unique propriétaire de l'Etat, était, lui aussi, intéressé à la prospérité de ses sujets, car ses revenus en dépendaient, et ses rapports avec eux pouvaient lui inspirer les mêmes sentiments d'affection tutélaire qu'éprouvait le seigneur. Mais ces rapports étaient désormais plus éloignés,et la capacité d'affection,comme toute autre, est naturellement limitée ; elle s'amoindrit à mesure qu'elle s'applique à des êtres ou à des objets plus distants et plus nombreux. Le « grand amour » que le roi affirmait volontiers pour ses peuples, ne le retenait point de les accabler d'impôts et de servitudes. Et le pouvoir qu'il possédait à cet égard était supérieur à celui du seigneur de toute la différence existant entre la puissance de l'Etat royal et celle de l'Etat seigneurial.

On pouvait espérer, en revanche, que la centralisation de l'Etat, en remplaçant les nombreuses administrations des seigneurs par une administration unique, aurait pour effet de diminuer les frais de gouvernement, partant les dépenses auxquelles les sujets avaient à pourvoir. Mais s'ils eurent cet espoir, il ne tarda pas à se dissiper. Les dépenses s'accrurent au contraire par le fait même de l'augmentation de la puissance du maître de l'Etat unifié et des perspectives d'agrandissement qu'elle ouvrit à son ambition. Les charges de la multitude et, en particulier, des agriculteurs, allèrent s'aggravant, et l'on connaît le sombre tableau que faisait La Bruyère de la condition misérable des paysans dans les années les plus brillantes du règne de Louis XIV.

V

L'extension des marchés, l'apparition de la concurrence sous sa forme productive et les progrès matériels et moraux qu'elle avait suscités dans la classe dirigeante de l'industrie et du commerce avaient donné un public aux réformateurs. L'invention de l'imprimerie provoquée par l'accroissement des besoins intellectuels de ce public avide d'informations, mit entre leurs mains un instrument merveilleux de propagande. L'Eglise affaiblie par son monopole reçut la première l'assaut de l'esprit d'examen, et elle perdit dans la lutte une partie de son vaste domaine. L'Etat devint à son tour la cible de l'esprit de libre examen et de réforme. Mais l'Etat possédait une force de résistance qu'avivait constamment la concurrence sous sa forme destructive de guerre. En France, notamment, son unification en voie de s'accomplir lui donnait un surcroît de puissance. Il put mieux que l'Eglise défier l'examen et la critique de ses institutions et de ses actes ; pendant le cours du XVIe et du XVIIe siècles et jusqu'au commencement du XVIIIe il en eut facilement raison. Mais lorsque vint la liquidation du règne fastueux de Louis XIV, l'énorme passif de cette liquidation, accru par les prodigalités de la Régence et la folie du système de Law, apparut au grand jour. Aux rares folliculaires que la police du grand roi poursuivait jusqu'en Hollande succéda une légion d'écrivains qui bravaient ou éludaient les rigueurs de la loi pour dénoncer les abus du pouvoir absolu, en étaler les maux et en proposer les remèdes. Et comme les mêmes abus produisaient partout les mêmes maux, les écrits des philosophes et des économistes franchissaient les frontières : la France devint un foyer de lumière qui rayonnait sur l'Europe entière. Ces lumières ne pénétraient pas toutefois au-dessous d'une couche encore bien peu profonde, et dans ce dessous gisaient l'ignorance et les passions aveugles et brutales qui allaient couvrir la France de ruines quand la Révolution les eut déchaînées. De plus, elles étaient singulièrement incertaines et confuses. On pouvait y distinguer deux courants principaux, un courant libéral partagé encore en deux branches, l'une politique, l'autre économique, et un courant autoritaire et communiste, dans lequel on aperçoit le germe du socialisme moderne.

C'est dans la constitution de l'Angleterre que l'ancêtre du libéralisme politique, Montesquieu, trouvait le frein nécessaire au pouvoir du chef de l'armée conquérante devenu le maître héréditaire de l'Etat. Ce frein consistait dans la limitation de son droit de légiférer et de taxer. Lois et taxes ne pouvaient être établies et mises en vigueur sans le consentement des deux Chambres du Parlement, composées l'une, la Chambre des Lords, des héritiers des chefs et copartageants du pays conquis, l'autre, la Chambre des communes, des délégués des corporations des villes et des hommes libres (*freemen*) des campagnes. Lorsque Charles Ier voulut se passer de ce consentement librement stipulé, il lui en coûta le trône et la vie. Mais alors l'expérience démontra que si le Parlement pouvait utilement limiter le pouvoir du chef du gouvernement, il était incapable de gouverner. La révolution d'Angleterre aboutit à une dictature, et, après la mort du dictateur, à une restauration, comme il devait arriver plus tard à la Révolution française.

Le libéralisme économique, représenté par Turgot et les physiocrates, n'attachait qu'une faible importance aux institutions politiques que préconisait Montesquieu, et il se méfiait non sans raison de l'ignorance de la nation et de la prépondérance des intérêts particuliers sur l'intérêt général.

En employant à l'étude des faits politiques et économiques la méthode d'observation qui avait commencé à transformer les sciences physiques et naturelles, renouvelé l'astronomie, fait découvrir la circulation du sang, les physiocrates avaient mis au jour deux vérités et une erreur. La première consistait dans la reconnaissance de l'utilité de la concurrence sous sa forme productive et de son pouvoir propulsif du progrès, par conséquent de la nécessité de la débarrasser des entraves que la multiplicité des impôts, des monopoles et des règlements opposaient à son essor ; la seconde, dans une juste appréciation du rôle du gouvernement, dont les fonctions devaient se borner, selon eux, à sauvegarder la vie, la propriété et la liberté des individus, en un mot, à garantir leur sécurité. L'erreur consistait à croire que l'agriculture était seule productive de richesse, et par conséquent, qu'il y avait lieu de remplacer les impôts qui frappaient les industries dites stériles par un impôt unique sur la propriété du sol. Cette idée d'un impôt unique semble aujourd'hui chimérique, mais elle n'était fausse que par son application à une seule des sources de la richesse. Si, comme le croyaient les physiocrates, le rôle de l'Etat se réduit à garantir la sécurité de la nation et de l'individu, ce rôle ne comportait que peu de frais, et il pouvait suffire d'un impôt unique, d'une *dîme royale*, selon l'expression de Vauban pour y pourvoir.

La plus grosse part des dépenses de l'Etat était absorbée par la guerre et l'énorme appareil de destruction terrestre et maritime qu'elle nécessitait. Or l'issue désastreuse des guerres de Louis XIV, le fardeau croissant des charges dont elles avaient accablé la nation avaient plus efficacement que les prédications du bon abbé de Saint-Pierre propagé l'idée de la paix. Le projet d'une paix permanente entre les princes chrétiens, attribué à Henri IV, commençait à n'être plus considéré comme une utopie, et cette idée nouvelle des économistes se répandait que les intérêts des nations s'accordent et leur commandent de vivre en paix. Conformant ses actes avec ses doctrines, Turgot eut le courage de résister à l'enthousiasme belliqueux qu'excitaient les insurgés des colonies de l'Amérique du Nord, en s'opposant à la guerre avec l'Angleterre, et ce n'est pas son moindre titre à la reconnaissance de la postérité. En suivant sa politique, on pouvait diminuer les dépenses de l'Etat, qui ne dépassaient pas alors 500 millions, et rendre ainsi possible l'impôt unique.

Mais lorsque Turgot entreprit d'appliquer les

idées des physiocrates en réduisant les dépenses de l'Etat et en libérant l'industrie des entraves du régime réglementaire, il souleva l'opposition de deux puissantes catégories d'intérêts, celle de la noblesse de cour et des autres parasites qui vivaient des abus et s'en trouvaient bien, comme disait le prince de Ligne, et celle des corporations investies d'un monopole. Ces dernières trouvèrent un appui dans le Parlement qui était en cela l'écho de l'opinion attardée de la grande majorité de la nation. Turgot succomba sous l'effort de ces deux oppositions coalisées, et les réformes dont il avait pris l'initiative furent ajournées.

C'est que les doctrines libérales en politique et en économie politique ne recrutaient guère leurs partisans que dans l'élite des classes supérieures. Les doctrines autoritaires et étatistes des Rousseau et des Mably répondaient mieux aux idées et aux sentiments du grand nombre. La croyance en la toute-puissance de l'Etat était générale. Cette toute-puissance s'exerçait au profit d'une minorité privilégiée, mais en la supposant restituée à la nation, ne fonctionnerait-elle pas dans l'intérêt de la généralité, en faisant disparaître les inégalités artificielles que la loi avait établies entre les hommes sortis égaux des mains de la nature ?

Ce mouvement d'idées, malgré ce qu'il avait de confus et de contradictoire, pouvait être fécond. Il répondait au besoin de rénovation d'un organisme de gouvernement qui n'était plus adapté à l'état moral de la société et à ses conditions matérielles d'existence. Mais cette rénovation devait être accomplie avec prudence, dût-elle être retardée. Il était dangereux de l'imposer à une population qui répugnait aux nouveautés. On en eut la preuve dans les émeutes que souleva la liberté du commerce des grains établie par Turgot et dans la popularité que valut à Necker la publication d'un livre consacré à la défense d'un régime suranné.

Cependant le mouvement des réformes ne pouvait plus être arrêté et elles s'accomplirent successivement : la liberté rendue au culte protestant inaugurait la liberté religieuse, le traité de 1786 conclu avec l'Angleterre entamait le régime prohibitif, la torture était abolie, la réforme de l'impôt était à l'étude, et selon toute apparence la rénovation politique et économique se serait paisiblement opérée, si le déficit creusé par le concours apporté à la Révolution américaine n'avait déchaîné la Révolution française.

CHAPITRE IX

La Révolution française.

A bout de ressources, le faible Louis XVI se résigna à convoquer les Etats généraux auxquels l'opinion surexcitée attribuait le pouvoir non seulement de combler le déficit creusé par la guerre d'Amérique mais encore de remédier à tous les maux dont souffrait la nation. L'assemblée nationale procéda à cette tâche en supprimant les impôts les plus impopulaires et en affaiblissant le pouvoir royal pour le remplacer par le sien. La prise de la Bastille ouvrit à Paris l'ère révolutionnaire, pendant que, dans le désarroi de l'appareil nécessaire au maintien de l'ordre, les paysans pillaient et incendiaient les châteaux. Les impôts cessèrent d'être perçus et les appels les plus pressants au patriotisme ne procurèrent au Trésor aux abois que les ressources dérisoires de l'emprunt volontaire. La confiscation des biens du clergé suivie de ceux de la noblesse et l'émission du papier-monnaie devinrent alors les ressources presque uniques sur lesquelles vécurent, pendant dix ans, les gouvernements révolutionnaires. Les émeutiers du 10 août achevèrent l'œuvre de démolition des Constituants en confisquant l'Etat pour le transférer à la nation. Mais la nation devenue propriétaire de l'Etat ne pouvait gérer elle-même cette propriété et en diriger les services. La nature des choses s'y opposait. Cette gestion conférant à ceux qui la détiennent des avantages moraux et matériels supérieurs à tout autre emploi de l'activité humaine, des associations politiques, des partis, se la disputèrent avec acharnement pendant dix ans; les Girondins, les Jacobins, les Thermidoriens, sans oublier les anciens propriétaires dépossédés, employèrent pour s'en emparer ou la conserver, les procédés les plus sauvages; ils détruisirent la sécurité qu'ils avaient pour mission d'assurer et couvrirent la France de ruines. Un jour vint enfin où un concurrent nouveau, disposant de la seule force organisée qui fût restée debout, rendit à la nation la sécurité que la Révolution lui avait enlevée.

II

C'est grâce à l'unification achevée par Richelieu et à la centralisation, résultat de l'unification, qui avait mis entre les mains de l'Etat, roi, comité de salut public ou directoire, toutes les forces et les ressources de la nation, que les gouvernements révolutionnaires purent lever les énormes armées sur lesquelles ils appuyèrent leur domination. Tandis que tous les autres services de l'Etat tombaient en ruines, cette force organisée réalisa, par la démolition du monopole de sa hiérarchie, des progrès qui augmentèrent immédiatement sa puissance destructive. Sous l'ancien régime, les emplois supérieurs du commandement étaient non seulement réservés, sauf de rares exceptions, à la noblesse, mais ils constituaient une propriété lucrative et se transmettaient par voie d'achat. La propriété n'en était pas limitée au grade, elle s'étendait à l'objet du commandement. Un colonel était propriétaire de son régiment et cette propriété représentait un capital. Le propriétaire de ce capital était intéressé à ne pas l'exposer à des risques de destruction plus élevés que ceux que comportait l'exercice ordinaire de son industrie, et ceci d'autant plus que le recrutement des ouvriers de cette industrie — recrutement devenu libre comme celui de la généralité des travailleurs depuis la transformation du servage en une simple sujétion, — était difficile et coûteux. D'une autre part, les profits supplémentaires provenant du pillage avaient diminué pour les officiers et les soldats, sous l'influence de la réprobation de l'opinion devenue moins sensible aux beautés de la guerre depuis que les invasions des barbares ne lui en faisaient plus reconnaître l'utilité. Plusieurs gouvernements avaient conclu des conventions pour en améliorer les usages et rendre obligatoire le respect de la propriété privée. L'espoir du butin cessait dès lors d'être un excitant à des conquêtes qui ne rapportaient plus rien à leurs artisans. Aussi les opérations des armées étaient-elles lentes; elles se bornaient généralement au siège de quelques forteresses et à un petit nombre de batailles dans lesquelles les chefs ménageaient autant que possible la vie des soldats coûteux à remplacer. La Révolution mit fin à ces pratiques humanitaires et économiques. Quoiqu'elle eût débuté par des effusions pacifiques et fraternitaires, la nécessité de vivre ne tarda pas à la pousser à la guerre. Les modérés eux-mêmes, conscients de cette nécessité, engagèrent avec l'Europe monarchique une lutte qui allait se prolonger pendant un quart de siècle, et ralentir, sinon faire reculer pendant plus longtemps l'essor de l'évolution vers la liberté et la paix. C'est que la Révolution avait provoqué une crise qui avait privé de leurs moyens d'existence des millions d'hommes que les refrains patriotiques ne suffisaient pas à nourrir. L'armée devint un atelier national qui recueillit les épaves des ateliers que la Révolution avait fermés. Elle les nourrit d'abord à coups de réquisitions, mais le pays aurait bientôt cessé d'y suffire ; il fallait chercher des ressources au dehors tout en donnant à l'armée la mission glorieuse de délivrer les peuples du joug de leurs tyrans. La réforme que la Révolution avait opérée dans l'organisation vieillie de l'armée de l'ancien régime faisait de cette armée rajeunie et pleine d'enthousiasme révolutionnaire un instrument beaucoup mieux adapté aux guerres de conquête. La hiérarchie du commandement n'était plus monopolisée par le capital, elle s'était ouverte au travail. Les grades les plus élevés étaient devenus accessibles aux simples ouvriers de la guerre. D'un autre côté, la levée en masse à laquelle succéda la conscription, fournissant des hommes en abondance et gratis, permettait de prodiguer au besoin la vie humaine pour acheter la victoire sans lésiner sur le prix. Rompant avec une autre routine qui commandait de respecter la propriété privée, les armées de la Révolution trouvèrent non seulement à se nourrir aux dépens des populations de la Belgique, de la Hollande, de l'Allemagne et de l'Italie que la crise n'avait pas encore appauvries, mais encore elles récoltèrent un butin qui stimulait leur ardeur. Aussi la guerre n'avait-elle pas tardé à devenir la plus productive des industries (notons que la plupart des autres étaient ruinées) et elle avait naturellement donné à ceux qui la pratiquaient la conscience orgueilleuse de leur supériorité. Cet état d'esprit ne les préparait-il pas à servir l'ambition du chef génial qui les avait si souvent conduits à la victoire ?

III

Le gouvernement de l'Etat unifié et centralisé que la monarchie avait légué à la Révolution possédait une force incomparable. Il avait pu violer impunément toute la série des droits de l'homme, la sûreté, la propriété, la liberté qu'elle se vantait d'avoir restituées à l'humanité, mais il avait beaucoup moins réussi à lui procurer les ressources nécessaires pour la faire vivre. Les impôts avaient pour la plupart cessé d'être perçus, le papier-monnaie était arrivé à l'extrême limite de la dépréciation, les confiscations et les réquisitions ne fournissaient plus que des ressources insuffisantes et précaires lorsque le coup d'Etat du 18 brumaire renversa le gouvernement besogneux et véreux du Directoire. Avec le bon sens pratique, à défaut du sens moral, l'esprit d'ordre et la volonté énergique qui étaient ses qualités maîtresses, l'auteur du coup d'Etat alla d'abord au plus pressé : le rétablissement des finances. Se défiant des nouveautés et méprisant l'idéologie qui avait conduit la France aux pires catastrophes, il rétablit purement et simplement les impôts de l'ancien régime. Il se borna à en changer les noms détestés et à introduire dans leur assiette et leur perception les améliorations dont l'expérience avait fait reconnaître la nécessité et que les résistances des intérêts avaient fait ajourner. Les professionnels de l'ancien régime auxquels il eut la sagesse de recourir empruntèrent de même à l'administration des fermes et des régies les méthodes qu'elle mettait en œuvre pour assurer le recouvrement des impôts. Il en fut de même pour la législation civile et pénale. Le Conseil d'Etat recruté en majorité dans le personnel expérimenté qui avait fait son apprentissage dans l'administration et les cours de justice d'avant la Révolution se borna à codifier en les unifiant les lois de l'ancien régime, et les modifications qu'il y introduisit n'étaient pas toujours des améliorations. C'est que la conception du progrès que le XVIIIe siècle avait léguée au XIXe n'était nullement une conception libérale. A part le petit groupe des physiocrates, les réformateurs qui prononçaient avec dévotion le mot liberté n'avaient aucune idée de la chose. Le progrès consistait à leurs yeux dans l'attribution à l'Etat des industries exercées par des corporations privilégiées. C'est ainsi que l'avait compris l'Assemblée nationale : au lieu de se borner à supprimer les privilèges, elle supprima les corporations elles-mêmes. A plus forte raison crut-elle réaliser un progrès en dissolvant la ferme générale qui était, en dépit des « croupes » dont l'avait grevée un gouvernement corrompu, le mode le plus efficace et le plus économique de perception des impôts ; il en fut de même de la Caisse d'escompte et des sociétés de commerce, sans oublier les associations ouvrières. La Convention étendit cette proscription aux Académies et se chargea d'organiser l'enseignement de l'Etat, sans toutefois y réussir autrement que sur le papier. Cette conception étatiste du progrès était partagée par le nouveau maître de la France et convenait d'ailleurs merveilleusement à son humeur despotique. Il s'en inspira en concentrant les sciences et la littérature dans l'Institut et en faisant de l'enseignement un monopole d'Etat. S'il rétablit la grande association religieuse dont l'Assemblée nationale ne s'était pas bornée à supprimer le privilège, qu'elle avait organisée en la dépouillant de ses biens, et que la Convention avait enveloppée dans ses proscriptions, ce fut en l'attachant à l'Etat et en imposant à ses membres l'obligation d'apporter la sanction des pénalités religieuses aux actes de son pouvoir souverain, d'espionner et de dénoncer ses ennemis.

Appuyé sur une armée victorieuse dont il était l'idole, le nouveau maître d'Etat put satisfaire le premier besoin de la multitude paisible, la sécurité de la vie et des moyens d'existence qu'elle avait perdue dès le début de la crise révolutionnaire. Les partis qui l'avaient détruite, en se disputant le pouvoir de la garantir, avaient été écrasés par ce concurrent décidément le plus fort. S'il avait rétabli le lourd appareil des impôts de l'ancien régime, c'était en flattant les imposés d'une égalité au moins apparente de leurs charges et en les débarrassant des expédients ruineux de la fiscalité révolutionnaire. L'industrie put renaître et elle trouva même, avec la sécurité rétablie, des débouchés agrandis par le recul des frontières. Les industriels obtinrent encore une autre satisfaction qui ne leur fut pas moins sensible, ce fut d'être protégés contre la concurrence de l'Angleterre. Le traité de 1786, en les obligeant à réaliser des progrès qui dérangeaient leurs habitudes routinières, les avait fortement mécontentés, et contribué à les détacher de la monarchie, le blocus continental les attacha au contraire davantage au régime nouveau. Mais il restait à désarmer sinon à se concilier les partis vaincus. Le vainqueur employa le moyen le plus propre à les apaiser : il leur donna des places. Il recruta son administration indistinctement dans tous les partis et se rallia les Jacobins les plus farouches en les transformant en préfets. L'administration consulaire, puis impériale ouvrait en effet à l'ambition des nouveaux candidats au service de l'Etat un débouché plus large que l'administration de la monarchie, non seulement à cause des conquêtes qui avaient agrandi le territoire et augmenté la population à administrer, mais par suite de l'accroissement numérique des circonscriptions administratives. Les 36 provinces de l'ancien régime avaient été remplacées par 86 départements, et le nombre des fonctionnaires de toute sorte s'était accru en proportion. Si l'administration était devenue plus coûteuse, en revanche le nouveau régime se ralliait et intéressait à sa conservation les épaves remuantes et faméliques des anciens partis. A ceux de ses adversaires qui demeuraient irréductibles, il enlevait l'arme favorite dont ils se servaient pour le combattre : il supprimait la liberté de la presse, dont ils avaient abusé et cette suppression d'un instrument d'agitation ne causa aucun regret à une nation avide de repos. Une police dont aucun obstacle légal n'entravait le zèle réprimait impitoyablement toute tentative d'opposition. La sécurité du pouvoir était donc complète. Et si la liberté des sujets était plus restreinte qu'elle ne l'avait jamais été, celle du souverain était illimitée. Il n'avait pas, comme les monarques de l'ancien régime, à se préoccuper des remontrances des Parlements ; les magistrats et les autres fonctionnaires ne possédaient plus l'indépendance que leur conférait l'hérédité des offices et des fonctions ; l'opinion si bruyante dans les derniers temps de la monarchie était muette. Il n'avait plus à compter qu'avec son armée.

IV

« La liberté est ancienne en France, avait coutume de dire Mme de Staël, c'est le despotisme qui est nouveau. » Ce n'est pas que la monarchie de l'ancien régime fût particulièrement respectueuse de la liberté individuelle, c'est parce qu'elle n'avait pas le pouvoir de la restreindre selon son bon plaisir. Ce pouvoir elle ne l'a acquis qu'après avoir absorbé les souverainetés seigneuriales et unifié l'Etat. Entre la puissance d'un seigneur et celle des différentes catégories de ses sujets, commerçants, maîtres et ouvriers des métiers, petits propriétaires et rentiers, la disproportion n'était pas telle qu'il put disposer à son gré de leur sang et de leur argent. Il en fut autrement lorsque l'unification de l'Etat eût poussé cette disproportion au point de rendre en quelque sorte irrésistible le pouvoir de taxation et d'oppression du souverain. Louis XIV en usa notamment pour établir un impôt auquel aucun de ses prédécesseurs n'avait osé recourir malgré la pénurie endémique de leurs finances, l'impôt du sang. Cependant, il ne crut point pouvoir braver la répugnance de la population pour ce retour au régime de la corvée sous sa forme la plus dure, il n'en tira qu'une ressource partielle, et jusqu'à la Révolution l'armée active se composa pour la plus grande part d'enrôlés volontaires.. Ce fut grâce à la crise qui vida les ateliers en privant de ses moyens d'existence la multitude des ouvriers que la Révolution put remplir par la levée en masse les cadres de ses armées. Mais lorsque la conscription établit d'une manière définitive l'impôt du sang, ce ne fut pas sans soulever de violentes résistances, et il fallut recourir à des pénalités terribles pour avoir raison des réfractaires.

Non moins efficaces que les pénalités furent toutefois les victoires et conquêtes qui rendirent pendant un quart de siècle la profession militaire la plus avantageuse et la plus honorée de toutes. Aux satisfactions morales de la victoire s'ajoutaient des profits matériels qu'aucune autre industrie ne procurait en ce temps de crise. L'avancement était rapide, il suffisait de quelques connaissances élémentaires pour porter le simple soldat aux plus hauts grades de la hiérarchie. Et lorsque l'empire succéda à la république, des dotations plantureuses sans parler des titres de noblesse que ne dédaignaient pas les plus farouches apôtres de l'égalité, ajoutaient à la gloire, des récompenses substantielles. Mais ces beaux jours du service obligatoire ne devaient pas durer longtemps et tandis que la conscription continuait à ravir ses plus belles années à la multitude trop pauvre pour s'en racheter, les classes supérieure et moyenne purent acheter des remplaçants. L'inégalité que la Révolution avait prétendu supprimer reparut, singulièrement aggravée, et le servage militaire dont les classes aisées s'affranchirent, à peu de frais, pesa lourdement sur les masses populaires. Ce retour à la pire forme de la servitude fut le plus clair des bienfaits de la Révolution.

Cependant la guerre qui épuisait la France de son sang le plus vigoureux ouvrait, en revanche, un nouveau débouché à la population valide ; elle faisait hausser les salaires. En même temps, la classe enrichie par la confiscation des biens de la noblesse et du clergé, par les fournitures militaires, les exactions et les dotations dont l'étranger faisait les frais, ouvrait un autre débouché à la production et au commerce des articles de luxe. L'industrie redevenait florissante, et elle supportait aisément les charges de la guerre, atténuées par les réquisitions et les contributions levées sur les vaincus. L'empire faisait la guerre à bon marché, et il en tirait des profits de toute sorte. Comment n'aurait-il pas été tenté de la continuer ? Quand même l'empereur n'y eût pas été encouragé par des succès sans précédents, pouvait-il condamner son armée à un chômage énervant et dangereux. Il comprenait que la guerre était pour lui une nécessité et ne s'en cachait point.

Seulement la guerre est la plus aléatoire des industries. A une longue série de conquêtes qui s'étaient soldées par des profits succédaient les campagnes désastreuses d'Espagne et de Russie. Et comme, à la différence des industries productives qui procèdent par l'échange, l'industrie destructive de la guerre qui procède par le meurtre et le vol, ne profitant aux uns que par la perte qu'elle inflige aux autres, ses revers impliquent toujours une restitution. Les souverains dont les armées de la Révolution et de l'Empire avaient envahi les Etats prirent leur revanche ; ils répondirent aux invasions dont ils avaient supporté les frais et les dommages par l'invasion de la France, qu'ils réduisirent à ses anciennes limites, à laquelle ils enlevèrent les objets dont elle avait dépouillé leurs musées, et imposèrent une ample indemnité, à titre de compensation, en l'obligeant à pourvoir à l'entretien d'une armée de garnissaires pour en assurer le recouvrement.

Après vingt ans de guerres la France se retrouva matériellement affaiblie et appauvrie. Elle perdit en outre la situation prépondérante qu'elle avait occupée en Europe au XVIIIe siècle et qu'elle n'a point recouvrée. La Révolution ne se borna pas à retarder la marche de l'évolution vers la liberté et la paix. Elle la fit reculer, en renouvelant et en fortifiant les institutions fondées sur l'état de guerre. Elle aboutit, pour tout dire, à une faillite.

CHAPITRE X

Le nouveau régime. — Les constitutions.

I

Dès la fin du XVIIIe siècle et dans le cours du XIXe, les établissements politiques, les Etats ont cessé pour la plupart d'être, comme les établissements industriels et autres, la propriété de maisons ou de sociétés particulières ; ils ont été acquis, communément de gré à gré, quoique les conditions de cette acquisition n'aient pas toujours été remplies, par les nations qui constituent leur clientèle, et qui en ont entrepris l'exploitation pour leur propre compte, sous forme de régie. Avant d'être acquis par leur clientèle, ces établissements, comme les autres encore, se transmettaient généralement de mâle en mâle à l'aîné de la maison, et ce propriétaire héréditaire tenait à honneur et considérait comme un devoir envers sa maison de le léguer à son successeur non seulement intact mais encore agrandi, accru en puissance et en richesse. L'héritage d'un Etat était soumis à des règles et donnait lieu à des procès et à des luttes entre héritiers, analogues à ceux des autres héritages, et d'autant plus ardents que la propriété en litige était plus considérable. Comme dans toutes les entreprises enfin, le profit qui constituait le revenu du propriétaire de l'Etat consistait dans l'excédent du produit de l'exploitation sur les faits de production. Le produit brut provenait des redevances, impôts et monopoles, etc., qu'il percevait sur la population de son domaine, les frais consistaient dans l'entretien de l'armée, des fonctionnaires et du matériel nécessaire aux différents services de l'Etat. Le profit était naturellement aléatoire ; il s'accroissait soit par l'augmentation de la clientèle, l'accroissement du produit des impôts ou la diminution des frais généraux de l'exploitation.

Fondés par la conquête, les Etats avaient été partagés entre les conquérants et morcelés en seigneuries, puis, comme il est arrivé dans beaucoup d'autres industries, les petites seigneuries avaient été absorbées par les grandes. En France, cette absorption s'était faite au profit du roi, chef de la hiérarchie de l'armée conquérante, et, comme nous l'avons constaté, elle s'est généralement opérée de commun accord, le roi trouvant dans l'extension de son domaine un accroissement de son produit brut supérieur à celui de ses frais, le seigneur, de son côté, échangeant son domaine politique contre une fonction héréditaire, militaire ou civile, dont le revenu était équivalent à celui auquel il renonçait et plus assuré. Cette fonction constituait une propriété comme celle du domaine en échange duquel elle avait été acquise ; elle représentait un capital, lequel pouvait toujours être aisément réalisé, les fonctions de l'Etat, étant en tous temps, plus demandées qu'offertes, et le roi n'ayant aucun intérêt à s'opposer à une cession, qui lui donnait un serviteur jeune et vigoureux en remplacement d'un serviteur fatigué et vieilli. Mais tout en absorbant les seigneuries et en fournissant aux seigneurs devenus fonctionnaires des revenus assurés, le roi continuait lui-même à vivre du revenu aléatoire de son Etat unifié. Or déjà bien avant le règne fastueux de Louis XIV, les dépenses de l'Etat avaient commencé à dépasser les recettes, le profit avait disparu, et il avait fallu, maintes fois, recourir à l'emprunt pour combler le déficit. La situation alla ensuite s'aggravant d'une manière continue, en sorte qu'en 1789, le roi se trouva réduit à convoquer les Etats généraux pour sortir d'une situation devenue intolérable. La solution que lui offrirent les représentants de la nation fut précisément celle que le roi avait auparavant offerte aux seigneurs : ce fut la cession à l'amiable de la propriété de l'Etat à la nation. La Constitution de 1791 se résolvait en un contrat d'échange, conclu entre le chef héréditaire de la maison de Bourbon propriétaire de l'Etat et l'Assemblée des représentants de la nation, consommatrice des services de sécurité et autres dont la susdite maison possédait le monopole. En vertu de ce contrat, la nation acquérait la pleine propriété de l'Etat et tous les droits afférents à cette propriété, aux conditions suivantes :

1° La nation s'engageait à confier à perpétuité au chef héréditaire de la maison de Bourbon la direction du gouvernement de l'Etat, sous l'autorité des délégués de la nation propriétaire et, à ce titre, investie de la souveraineté. C'était la substitution de la souveraineté du peuple, ou, en d'autres termes, de la souveraineté nationale, à la souveraineté dite de droit divin, dont les délégués de la Divinité avaient investi la maison propriétaire de l'Etat.

2° Au revenu aléatoire que le chef de la maison de Bourbon tirait de son État, la nation substituait un revenu fixe de 25 millions de francs, auquel elle ajoutait quelques allocations accessoires. Ce revenu, généreusement calculé, car l'exploitation de l'Etat avait cessé depuis longtemps de donner un profit, était, pour une part, le prix d'acquisition de l'Etat, et pour une autre part, le salaire du chef héréditaire de la maison, devenu le premier fonctionnaire de la nation. Ce salaire dont le montant était spécifié dans le contrat et comme tel intangible, était désigné sous le nom de liste civile.

3° La nation, en acquérant l'Etat, se chargeait des dettes dont il était grevé. Jusqu'alors la responsabilité de ces dettes incombait exclusivement à la maison propriétaire de l'Etat, elle n'engageait pas la nation, à moins qu'elle ne les eût consenties. Aussi le crédit des entreprises de cette sorte était-il fort limité. La maison propriétaire de l'Etat ne parvenait communément à contracter un emprunt que sur un gage spécial : un impôt ou un monopole. Le crédit de l'Etat ne s'accrut que lorsque la nation, en sa qualité de propriétaire, devint responsable de ses dettes. Toutefois l'expérience démontra que cette responsabilité pouvait demeurer illusoire si les délégués de la nation au gouvernement de l'Etat manquaient aux engagements qu'ils avaient pris en son nom.

Tels furent les trois articles essentiels du contrat par lequel la maison de France céda à la nation la propriété de l'Etat. Seulement aucun de ces trois articles ne fut exécuté par l'acquéreur. Après le 10 août la cession fit place à la confiscation.

Lorsque la Restauration survint, il s'agit de savoir si l'Etat serait restitué à la maison de Bourbon ou s'il demeurerait la propriété de la nation. Tout en évitant de se prononcer sur ce point délicat, en laissant cette question dans l'ombre, le chef de la maison, accepta les articles de la cession tels qu'ils ressortaient de la constitution de 1791 et que reproduisit la Charte de 1814 : allocation d'un salaire fixe et intangible, direction perpétuelle de l'Etat sous l'autorité, — quoique avec quelque restriction mentale, — des représentants de la nation. C'était, avouée ou non, la cession de l'Etat à la nation et le remplacement de la monarchie autocratique de l'ancien régime par la monarchie constitutionnelle.

Cette transformation s'est opérée successivement dans tous les États appartenant à notre civilisation, sauf en Russie; elle s'est faite généralement de gré à gré quand elle a paru avantageuse aux deux parties. Toutefois les chefs des anciennes maisons souveraines, en Allemagne, en Autriche, en Espagne, en Angleterre même se considèrent encore volontiers comme propriétaires de leur État. Ils disent : mon empire, mon royaume, mes sujets. Mais ce n'est que par politesse qu'on peut leur accorder ce titre. Du moment où ils ont accepté une constitution qui leur alloue des appointements fixes, et les oblige de compter avec les représentants d'un pouvoir, sans le consentement duquel ils ne peuvent ni légiférer ni dépenser, ils ont abdiqué la souveraineté qui découle de la propriété. Entre les États de l'ancien régime et ceux du nouveau, il y a donc cette différence que les uns appartenaient à une « maison » ou à une associations de familles, comme à Venise ou en Suisse, tandis que les autres, monarchies ou républiques, appartiennent à la nation.

II

En démontant l'organisme de la monarchie constitutionnelle, nous apercevons d'abord, comme le rouage le plus apparent, le chef de l'État, le roi. Mais l'État a cessé de lui appartenir. Il appartient à la nation. Le roi n'est plus qu'un fonctionnaire auquel la nation a confié la direction héréditaire de son établissement politique. Au lieu de tirer ses moyens d'existence d'un profit aléatoire, il les tire d'une liste civile, c'est-à-dire d'un salaire fixe et assuré. A cet égard, sa situation matérielle se trouve améliorée. Car la nation ne lésine pas. Même dans les pays où ce salaire ne comprend pas le prix d'acquisition de l'Etat, en Belgique par exemple, elle paie largement son premier fonctionnaire. Cependant un roi constitutionnel n'est qu'un personnage décoratif. Il n'a aucune responsabilité et ne doit intervenir dans le gouvernement de l'Etat que par le choix du président du conseil des ministres. Encore n'est-il pas libre de faire ce choix à son gré. Il est obligé, sous peine d'avoir à le recommencer à bref délai, de le porter sur l'homme que lui désigne la majorité du Parlement. Ce choix fait, le ministère constitué, sa seule besogne consiste à revêtir de sa signature les actes de ses ministres, ce qui est une opération purement mécanique, car cette signature il n'a pas le droit de la refuser. Aussi la fonction d'un roi constitutionnel est-elle une simple sinécure, du moins lorsqu'il se conforme scrupuleusement à la maxime fondamentale du système : le roi règne et ne gouverne pas. Le véritable chef de l'Etat, c'est le président du conseil des ministres. Mais c'est un chef temporaire et dont l'existence est singulièrement aléatoire. Il est sous la dépendance immédiate de la majorité du Parlement et cette majorité il est continuellement exposé à la perdre. Il ne peut la conserver qu'en conformant ses actes à la volonté des députés qui la composent. Mais de même que les ministres dépendent de la majorité des députés, celle-ci dépend de la majorité des électeurs. Si les électeurs étaient suffisamment éclairés et moraux, s'ils n'avaient en vue que le bien de l'Etat, leurs dissentiments ne porteraient que sur les moyens de le satisfaire. Et suivant la loi des probabilités, les plus nombreux auraient le plus de chances d'approcher en cette matière de la vérité.

Cependant les théoriciens du système,tout en transférant à la nation la propriété de l'Etat, n'ont pas cru d'abord que la nation tout entière fût capable d'exercer d'une manière conforme à son intérêt les droits afférents à cette propriété, et qui se résument en un mot : la souveraineté. Ils en ont limité l'exercice par un cens électoral, qui le remettait exclusivement entre les mains des classes supérieure et moyenne de la société, et cette dérogation à la maxime révolutionnaire de la souveraineté du peuple, se fondait sur l'observation de l'état intellectuel et moral de la nation. Dans toutes les nations, en effet, et sauf de rares exceptions, les classes supérieure et moyenne se composent d'hommes que leur intelligence et leur énergie ont élevés au-dessus du niveau commun ; qu'ayant montré qu'ils étaient les plus capables de conserver et d'accroître leurs moyens d'existence, en un mot de gouverner leur vie, ils l'étaient aussi de gouverner l'Etat. Seulement, le gouvernement d'un Etat comme de toute autre entreprise exige des connaissances et des aptitudes spéciales, et il confère un pouvoir dont l'homme est naturellement tenté d'abuser. Comme tout autre monopole, le monopole électoral a eu pour résultat de permettre aux classes qui le possédaient d'accaparer les fonctions les plus lucratives de l'Etat, de les multiplier au delà du nécessaire, et de faire peser sur la multitude gouvernée au delà de sa part équitable dans les frais de gestion de l'Etat. De là un mouvement de plus en plus général d'opposition contre le monopole électoral, autrement dit contre le suffrage restreint, mouvement qui a abouti partout ou est en voie d'aboutir au suffrage universel. Les promoteurs de cette réforme étaient convaincus que du moment où le monopole électoral aurait disparu, où la nation tout entière aurait la possession effective de son gouvernement, où les profits et les charges s'en distribueraient de la manière la plus conforme à l'intérêt général, le problème du meilleur gouvernement possible serait résolu.

L'expérience n'a pas tardé malheureusement à déjouer ces prévisions optimistes. A mesure que le droit électoral s'est étendu et approché du suffrage universel, on a vu s'abaisser le niveau intellectuel et moral de la représentation nationale, s'alourdir le fardeau des charges publiques, le gouvernement devenir plus onéreux sans que la qualité de ses services se soit améliorée dans la proportion de l'augmentation de leur prix de revient.

C'est que la capacité électorale ne s'accroît pas

avec le nombre des électeurs et que la proportion de ceux qui la possèdent, en comparaison de ceux qui en sont dépourvus, va diminuant au contraire à mesure qu'on descend dans des régions plus basses de la société. Sous le régime du suffrage restreint, lorsque les classes supérieure et moyenne étaient seules en possession du droit d'élire les membres du Parlement, cette proportion était déjà très faible, les électeurs assez éclairés et moraux pour n'avoir en vue que l'intérêt de l'Etat dans le choix de leurs représentants ne formaient qu'une minorité. Et ce qui le prouve, c'est le reproche justement fondé qu'on adressait à la classe investie du monopole électoral de satisfaire avant tout ses intérêts particuliers sans rechercher s'ils s'accordaient ou non avec l'intérêt général. Mais cette proportion des moins capables ne devait-elle pas encore s'augmenter par l'adjonction d'une multitude dont toutes les facultés étaient concentrées sur la nécessité de pourvoir aux premiers besoins de la vie ? Dans l'exercice de son droit électoral, son choix ne devait-il pas se porter de préférence sur les hommes qui lui promettaient de mettre à son service la toute-puissance et les ressources réputées inépuisables de l'Etat ? Pouvait-elle savoir si ces promesses ne seraient pas réalisées aux dépens d'autrui? Il lui aurait fallu, pour se rassurer sur ce point, des lumières qui lui faisaient défaut, et les eût-elle possédées, une moralité bien rare, pour subordonner à l'intérêt théorique et lointain de l'Etat, son intérêt pratique et prochain. Enfin si la majorité

s'est ajouté un mécanisme officieux, dont il n'est fait aucune mention dans les constitutions et qui n'en joue pas moins un rôle prépondérant dans le fonctionnement du régime constitutionnel, monarchique ou républicain. Nous voulons parler de l'existence des partis politiques et de leur lutte pour la possession du gouvernement de l'Etat.

Au début de ce régime, du moins en France, lorsque la Révolution eut exproprié la maison propriétaire de l'Etat, il s'agissait, avant tout, de constituer le gouvernement le plus conforme à l'intérêt du nouveau propriétaire, la nation, et de le remettre aux hommes qui avaient la notion la plus exacte de la manière de gérer cette propriété.

Mais il n'y avait pas sur ce point essentiel unité de vues. Si les révolutionnaires étaient d'accord pour empêcher l'Etat de retomber entre les mains de son ancien propriétaire, ils ne l'étaient point sur la manière de le constituer, et sur les fonctions à lui attribuer. Ceux qui avaient à cet égard la même conception s'associèrent pour la faire prévaloir. Et comme ils croyaient posséder seuls la vérité politique, ils se firent un devoir de sévir contre l'erreur. Ils proscrivirent leurs adversaires sous l'empire du même sentiment qui faisait jadis proscrire les hérétiques. Ils invoquaient le salut de la nation comme leurs devanciers et probablement leurs ancêtres avaient invoqué le salut des âmes. Ils obéissaient à un mobile désintéressé, et c'est là, sinon l'excuse, du moins la circonstance atténuante de leurs crimes.

Que des associations analogues, des « partis » se soient partout formés et soient entrés en lutte pour s'emparer du gouvernement de l'Etat, c'est un phénomène qui était la conséquence nécessaire de l'appropriation de l'Etat à la nation. Lorsque l'Etat était la propriété particulière d'une maison, il était gouverné comme tous les autres établissements par le chef héréditaire de la maison. Mais la nation, ou, pour mieux dire, le corps électoral qui la représentait, ne pouvait gouverner elle-même l'Etat pas plus que les consommateurs d'un produit quelconque ne peuvent gouverner l'établissement qui le fabrique. Tout ce qu'ils peuvent faire, c'est de choisir les professionnels capables de le diriger. Et ce choix même est difficile. En raison des connaissances spéciales sinon techniques qu'il exige, les membres du corps électoral ont besoin de recourir aux lumières d'hommes compétents dans les sciences camérales comme les nomment les Allemands. Les associations politiques pourraient répondre à ce besoin, et en supposant qu'elles fussent animées du désir de servir uniquement l'intérêt de la nation, elles rempliraient un rôle utile. Tel apparaissait ce rôle aux yeux des théoriciens du nouveau régime. C'était un rôle d'éducateur. Mais il supposait chez la généralité des membres du nouveau souverain un état moral assez élevé pour leur faire subordonner leurs intérêts particuliers et temporaires à l'intérêt général et permanent de la nation. Malheureusement, c'était là une pure illusion : la conception de l'intérêt général et plus encore celle de l'obligation impérative de lui obéir n'appartenait partout qu'à une minorité d'individualités d'élite. L'immense majorité ne connaissait que son intérêt particulier et actuel, et elle était d'autant plus disposée à s'y tenir que ses éducateurs eux-mêmes ne s'accordaient point sur la notion de l'intérêt général. Des représentants de cet intérêt général hypothétique, surtout quand il lui paraissait en opposition avec ses intérêts ou ses préjugés, n'avaient donc aucune chance d'obtenir son vote. C'est pourquoi les associations politiques, les partis ne tardèrent pas à descendre de la région des idées dans celle des intérêts, et qu'aux politiques idéalistes du début succédèrent des politiciens pratiques.

Cette insuffisance des lumières et de la moralité de la nation devenue propriétaire de l'Etat, les théoriciens du régime constitutionnel ne l'avaient pas prévue ; quelques-uns affirmaient même « que le peuple ne peut pas se tromper ». Cependant le gouvernement d'un Etat exige une capacité intellectuelle et morale plus grande que celle de toute autre entreprise, en raison de son importance et du pouvoir particulier dont il est nécessaire qu'il soit investi pour remplir sa fonction d'assureur de la sécurité intérieure et extérieure de la nation. Son importance et son pouvoir sont tels que sa possession a été de tous temps considérée comme l'objet le plus élevé des ambitions humaines. Lorsqu'il appartenait à une maison, dont le droit était consacré par les siècles, on ne songeait point à s'en emparer autrement que par quelque conspiration, et le cas était exceptionnel. Lorsque l'Etat est devenu, soit par suite d'une révolution ou d'une cession à l'amiable, la propriété de la nation, la gestion de cette propriété qu'elle ne pouvait gérer elle-même a éveillé les ambitions les plus hautes et les convoitises les plus basses. Celles-ci n'ont pas tardé à prendre le dessus. A la lutte des idées a succédé la guerre civile des intérêts.

Un simple coup d'œil sur l'accroissement économique de l'Etat et l'accroissement de sa puissance suffira pour expliquer que cette guerre pour l'acquisition de l'Etat soit devenue de plus en plus vive et acharnée. L'Etat considéré au point de vue économique est une entreprise, et communément la plus importante de toutes. C'est par centaines de mille que se comptent aujourd'hui les employés et ouvriers de tout ordre, civils et militaires, qui constituent son personnel, par millions et par milliards les sommes qu'il emploie chaque année à la rétribution de son personnel, à l'entretien et au renouvellement de son matériel. Il fournit donc, sous forme de salaires, d'intérêts ou de profits, des moyens d'existence à un nombre considérable d'individus, et ces moyens d'existence sont généralement acquis avec moins de travail et plus assurés que ceux qu'ils pourraient trouver dans d'autres industries. De plus, en vertu de ses fonctions préventives ou répressives des nuisances sociales, l'Etat confère à ceux de ses fonctionnaires qui y sont préposés une autorité *sui generis* qu'ils ne trouvent point ailleurs et dont les hommes sont particulièrement avides. On conçoit en conséquence que les emplois de l'Etat soient plus demandés que la plupart des autres.

Sous l'ancien régime, les plus enviés de ces emplois et notamment les fonctions supérieures de la hiérarchie militaire et gouvernante étaient réservés aux descendants de l'aristocratie issue de la conquête et à ses auxiliaires religieux ou civils. Ce monopole, en restreignant le choix du chef de l'Etat, avait pour effet d'abaisser la qualité des fonctionnaires, en revanche, il limitait les compétitions. Mais lorsque les fonctions de l'Etat furent devenues accessibles à tous les membres de la nation, il s'ensuivit un débordement de la demande.Le nombre des emplois existants cessa d'y suffire. L'Etat fut ardemment sollicité de les multiplier ; d'où la nécessité d'étendre son domaine et d'augmenter le nombre de ses attributions. Enfin, l'Etat n'offrait pas, aux quémandeurs d'emplois, seulement un débouché désormais accessible à toutes les classes de la population, il possédait encore des pouvoirs qui lui permettaient sinon d'augmenter la richesse de la nation, car il ne possédait lui-même que celle qu'il tirait d'elle, mais a enrichir certaines catégories d'individus aux dépens des autres. Ces pouvoirs, le chef héréditaire de la maison propriétaire de l'Etat les avait exercés au profit d'une classe que la Révolution avait, en France, dépossédée de son monopole.

Mais si les révolutions peuvent changer les institutions politiques d'un pays, elles ne changent ni la nature de l'État ni l'existence des classes dont se compose une nation. Lorsque la Restauration survint, l'aristocratie que la Révolution avait proscrite se retrouva dans le corps électoral, avec cette seule différence qu'elle s'y trouvait associée avec la classe même qui avait contribué à la proscrire et s'était enrichie de ses dépouilles. Aussi, quel fut le premier résultat de l'avènement du régime constitutionnel ? Ce fut de déchaîner la guerre entre les éléments constitutifs du corps électoral, l'aristocratie et le clergé d'une part, la bourgeoisie, industrielle, commerciale et financière de l'autre. Une nouvelle révolution provoquée par une tentative imprudente du chef de la maison dépossédée pour recouvrer sa souveraineté en s'appuyant sur l'aristocratie et le clergé donna à la bourgeoisie la possession presque exclusive de l'État. Enfin une troisième révolution ouvrit le corps électoral à la multitude qui en était exclue, et qui se composait en majorité de la classe dite ouvrière.

Or ces différentes classes qui se trouvent chez toutes les nations civilisées, quoique dans des proportions et avec une influence inégales, ont chacune des intérêts qui leur sont propres et qu'elles s'efforcent de faire prévaloir, qu'ils s'accordent ou non avec l'intérêt général.

La classe supérieure n'a pas cessé de se composer dans le plus grand nombre des pays civilisés de l'aristocratie demeurée propriétaire d'une portion considérable du sol, de la hiérarchie du commandement des armées et des fonctions de la diplomatie, fonctions qui ont leur raison d'être dans la persistance de l'antagonisme des intérêts des Etats sinon des nations. Elle est en conséquence belliqueuse. C'est la profession des armes qui est son industrie préférée, et c'est la guerre qui est à la fois la raison d'être et la source des profits matériels et moraux qu'elle y trouve. La paix est pour elle une période de chômage qu'elle supporte impatiemment et qu'elle s'efforce d'abréger. Elle est donc intéressée à l'accroissement des armements et à leur mise en œuvre aussi fréquente que possible. Mais la guerre est devenue de plus en plus coûteuse, surtout quand elle éclate et se prolonge entre des Etats presque également puissants, et elle rencontre des résistances chaque jour plus vives dans les classes vouées aux industries productives qui en supportent les frais. A défaut de grandes guerres, elle doit se contenter de petites, et, en attendant mieux, alimenter ses appétits belliqueux par des conquêtes coloniales. Elle est aussi protectionniste-agrarienne. Elle demande à l'Etat de protéger l'agriculture pour élever la rente de ses terres ou l'empêcher de baisser, — ceci aux dépens de la masse des consommateurs des matériaux de la vie.

La classe moyenne, dirigeante ou commanditaire du plus grand nombre des entreprises industrielles, commerciales et financières, est généralement hostile à la guerre, mais elle l'est beaucoup moins aux conquêtes coloniales et aux armements. Elle trouve dans la hiérarchie militaire un débouché pour ceux de ses enfants qui ont le goût du panache ou que leur défaut d'aptitude rend impropres aux travaux de l'industrie, et un autre débouché dans l'exploitation de fonctions ou du commerce protégé des colonies. Car elle entend se réserver le marché des colonies aussi bien que celui de la métropole. Sur ces différents points ses intérêts particuliers s'accordent avec ceux de l'aristocratie militaire et terrienne et cet accord est cimenté encore par la nécessité de se défendre contre la classe nombreuse que l'extension du suffrage a mis en concurrence avec elle pour la possession de l'Etat.

Cette classe composée de la multitude qui vit presque exclusivement du travail salarié est animée du même esprit que les deux autres. C'est en vue de ses intérêts particuliers qu'elle veut, comme elles, s'emparer de l'Etat. Ses meneurs l'ont d'abord excitée à le conquérir par le même procédé révolutionnaire qui avait réussi à la bourgeoisie, mais depuis qu'elle a obtenu le droit de suffrage, elle semble préférer le procédé électoral. Si ce procédé est plus lent il est en revanche moins aléatoire et promet un succès final à la classe la plus nombreuse. De même que la bourgeoisie s'est servie du puissant organisme de l'Etat pour déposséder l'aristocratie et le clergé, confisquer leurs biens et leurs fonctions, sauf ensuite à s'allier avec eux pour se défondre contre un troisième concurrent : la classe ouvrière, celle-ci, devenue maîtresse de ce tout-puissant organisme, l'emploiera à s'emparer des dépouilles des classes auxquelles elle l'aura enlevé ; elle s'emparera de la terre, des entreprises de production agricole, industrielle, commerciale et des capitaux qui les alimentent. Sur les questions d'organisation de la société future, les théoriciens des différentes écoles socialistes sont à la vérité loin de s'accorder, mais ils laissent à la Révolution le soin de les résoudre. La seule idée qui leur soit commune, c'est celle du mode d'acquisition par le vol, transmis de génération en génération depuis les temps primitifs et impliquant que la richesse ne s'acquiert qu'aux dépens d'autrui.

Dans ces différentes classes, aussi bien dans les plus hautes que dans les plus basses, les intérêts particuliers et immédiats sont les mobiles de l'immense majorité des individus. C'est sous l'impulsion de ces intérêts qu'ils élisent leurs représentants et que ceux-ci luttent pour la possession de l'État. Cette lutte se poursuit sans relâche depuis l'avènement du régime constitutionnel et elle a acquis un degré de violence qu'explique l'accroissement extraordinaire de la richesse, suscité par la concurrence économique.

CHAPITRE XI

La grande industrie.

La sécurité du monde civilisé assurée par les progrès du matériel de guerre, la découverte du Nouveau-Monde et de la nouvelle route de l'Inde, en étendant le marché des échanges avaient entamé les obstacles naturels qui entravaient l'opération propulsive et régulatrice de la concurrence sous sa forme productive ou économique. De même que sa devancière, la concurrence destructive, à la fois politique et guerrière, avait suscité les progrès qui avaient augmenté la puissance de l'outillage de la guerre, la concurrence économique allait susciter ceux qui devaient transformer successivement toutes les branches de la production, en remplaçant la force physique de l'homme par des forces empruntées à la nature. Mais ces progrès et la concurrence qui les imposait en les provoquant rencontraient dans l'homme lui-même, dont ils devaient rendre le travail plus productif, des obstacles non moins difficiles à surmonter que ceux de la nature. Malgré la réglementation étroite et méticuleuse des marchés dont ils avaient la jouissance exclusive, ce monopole procurait aux maîtres des corporations et aux ouvriers, avec le repos de la routine, la sécurité de la vie. L'extension des marchés et l'accroissement de la facilité des communications en provoquant le développement de la concurrence économique bouleversaient cet ordre séculaire des choses. Au repos et à la stabilité de l'existence allaient succéder des efforts incessants et des luttes incertaines et périlleuses. Il fallait désormais mettre son intelligence en œuvre pour conserver une clientèle qui pouvait s'adresser à des concurrents, en usant d'une liberté, auparavant impraticable ; il fallait réaliser des progrès qui permissent de produire mieux et à moins de frais. Et ces progrès coûtaient cher. Il fallait renoncer aux vieux outils et aux procédés auxquels on était accoutumé, en adopter de nouveaux sans posséder toujours les capitaux nécessaires pour en faire les frais ; se résigner à ces sacrifices et à ces dépenses sans être assuré d'en recueillir le fruit, le tout sous peine de ruine. La concurrence apparaissait donc comme le plus dangereux des ennemis, et on conçoit que les chefs d'industrie et les ouvriers, dont elle menaçait les moyens d'existence se soient efforcés de la supprimer. Les uns usèrent de leur influence pour faire remplacer les obstacles naturels qui les protégeaient par des prohibitions douanières ; les autres se protégèrent eux-mêmes en brisant les machines. Les uns et les autres n'envisageaient, bien entendu, que leur intérêt personnel et immédiat et n'avaient aucun souci d'un bien général et futur. Dès le début, la concurrence ne se fraya qu'à grand peine un chemin; elle ne se développa et n'exerça que lentement son action propulsive. La machine à vapeur et les métiers mécaniques n'apparurent que dans la seconde moitié du XVIIIe siècle; peu après, les guerres suscitées par la Révolution française enlevèrent à la production la plus grande part des forces physiques et mentales du monde civilisé pour les employer à l'œuvre de la destruction. Lorsque la paix revint en ramenant la concurrence, l'industrie continentale que le blocus avait protégée contre ses concurrents britanniques et l'agriculture de l'Angleterre qui avait été préservée de même de l'invasion des produits agricoles du Continent demandèrent leur salut à un redoublement du protectionnisme. Quelques années plus tard, le renchérissement des nécessités de la vie, la misère des multitudes accablées sous le poids de la liquidation de la guerre, en provoquant en Angleterre la réforme dont Cobden fut l'apôtre, ouvrit dans les murailles douanières une brèche par où passa la concurrence. Mais cette brèche, on sait que les influences protectionnistes ont réussi partout, sauf jusqu'à présent en Angleterre, à la reformer.

Cependant, malgré les obstacles artificiels qui s'étaient ajoutés aux obstacles naturels pour la limiter, la concurrence avait poursuivi son œuvre. Sous son impulsion irrésistible, un nombre croissant d'industries, en perfectionnant leur outillage et en remplaçant le travail physique par le travail mécanique, avaient diminué leurs frais de production et abaissé le prix de leurs produits. De cet abaissement des prix était résulté un accroissement des débouchés, à la fois en profondeur et en étendue.

En profondeur, l'abaissement des prix avait pour effet de mettre les produits à la portée d'un plus grand nombre de consommateurs, en procurant une économie à ceux qui les achetaient. Cette économie pouvait être immédiatement appliquée à l'achat d'autres produits ou mise en réserve et capitalisée. C'est ainsi que les progrès d'une industrie augmentaient le débouché des autres et contribuaient à la multiplication des capitaux, partant au développement de la richesse.

En étendue, l'abaissement des prix reculait les limites des débouchés dans l'espace, alors que leur élévation aggravée des frais de transport avait rendu le plus grand nombre des produits inaccessible en dehors du marché local. De là un besoin et une demande de progrès des instruments de communication, besoin et demande auxquels répondirent les inventions, devenues rémunératrices, de la navigation à vapeur, des chemins de fer, de la télégraphie électrique, qui allaient ouvrir à toutes les industries le vaste marché du monde.

C'est dans la seconde moitié du XIXe siècle que les résultats inattendus et prodigieux de cet ensemble de progrès ont commencé à apparaître. La production s'est augmentée pendant ce dernier siècle dans des proportions qu'elle n'avait pas atteintes en des milliers d'années. A ses anciennes branches se sont ajoutées chaque jour des branches nouvelles. Les entreprises de toute sorte se sont multipliées et agrandies. En échange de la même somme d'efforts et de peine, l'homme civilisé a obtenu, en s'aidant des forces de la nature, captées et mises en œuvre dans ses machines, et en divisant les opérations de son industrie, une quantité décuple, parfois centuple et davantage des matériaux de la vie. Et, par le fait de la division du travail que rend possible l'extension des marchés, les échanges se sont multipliés dans la même proportion que l'augmentation de la production. Si la statistique ne nous donne que des indications insuffisantes sur le développement du commerce intérieur des pays où s'est opérée l'évolution progressive de l'industrie, les relevés des douanes nous apprennent qu'en dépit des tarifs fiscaux et protectionnistes, des crises de guerre et autres, le commerce international des produits de l'agriculture et de l'industrie s'est accru dans une mesure approchante de l'extension des débouchés.

La production et le commerce des capitaux se sont développés en conséquence et, selon toute apparence, dans la même proportion que la productivité de l'industrie. Nous savons que les produits se répartissent entre les coopérateurs de la production et constituent leurs revenus, et que ces revenus sont, en partie, employés à la satisfaction des besoins immédiats, en partie capitalisés et réservés pour celle des besoins futurs, ou mis directement ou indirectement au service de la production, en sorte que la multiplication des produits entraîne celle des capitaux. Le commerce des capitaux s'augmente donc comme celui des produits. Tandis qu'il ne dépassait guère, de même que celui-ci, les frontières de chaque pays, il s'étend aujourd'hui jusque dans les régions les plus éloignées des lieux de production. Les pays grands producteurs de capitaux, l'Angleterre, la France, la Suisse, etc., en approvisionnent aujourd'hui ceux où l'industrie moins productive, l'esprit de prévoyance et d'épargne moins actif n'en créent pas d'une manière suffisante pour répondre aux besoins de l'Etat ou de la production. C'est par milliards que se chiffre maintenant l'exportation annuelle des capitaux. Enfin la production et le commerce du travail ont suivi de même l'impulsion de la productivité de l'indutrie, des masses croissantes d'émigrants passent chaque année d'Europe en Amérique, quoique le travail n'ait pas à son service un mécanisme de mobilisation analogue à celui qui s'est créé pour les produits et les capitaux.

Le développement extraordinaire des industries, sous l'impulsion de la concurrence économique et des progrès qu'elle engendrait et imposait sous peine de ruine, ne provoquait pas seulement la multiplication des instruments matériels de transport, navigation à vapeur, chemins de fer, télégraphes, il nécessitait en même temps celle des agents de mobilisation et d'échange, tant des produits que des capitaux et du travail, maisons et sociétés de commerce, banques, agences de publicité, etc. On a vu, en conséquence, ces intermédiaires se multiplier en se spécialisant, et ceux dont les opérations s'étendent dans l'espace et le temps forment les mailles de plus en plus serrées d'un tissu qui met en communication les différentes parties du globe, en faisant connaître, journellement et parfois même d'heure en heure aux producteurs et aux consommateurs, le cours des marchandises et des capitaux, le montant des approvisionnements, l'état de l'offre et de la demande dans les divers marchés successivement unifiés.

L'unification des marchés, en étendant la sphère d'opération de la concurrence a augmenté à la fois sa puissance propulsive et régulatrice. Les entreprises de production se sont agrandies en raison de l'extension des marchés, elles ont pu employer des machines de plus en plus puissantes et diviser davantage le travail. Et les progrès réalisés dans un foyer d'industrie ont dû être imités dans tous les autres, sous peine de décadence et de ruine.

Comme régulatrice des prix et de la distribution des produits, des capitaux et du travail, l'opération de la concurrence est devenue encore plus bienfaisante que son impulsion propulsive. Sous le régime du monopole, le prix était fixé par le monopoleur en raison de la quantité qu'il lui plaisait d'offrir au consommateur. Il était le maître du prix et l'établissait de manière à s'attribuer la plus grande part du bénéfice de l'échange. Mais la concurrence apparaît. Si aucun obstacle naturel ou artificiel n'arrête ou ne ralentit son essor, si elle opère dans un milieu libre, elle agit, avec l'auxiliaire de la loi de la valeur, pour mettre en équilibre les quantités offertes et demandées et partager le bénéfice de l'échange entre les deux parties. Lorsque les quantités offertes sur un point quelconque du marché dépassent les quantités demandées, aussitôt le prix baisse d'une manière automatique et cette baisse s'opère, sous l'impulsion de la loi de la valeur, en raison géométrique, tandis que l'écart entre l'offre et la demande s'accroît en raison arithmétique. Le résultat, c'est d'obliger le producteur à retirer le surcroît du marché, soit pour le mettre en réserve, soit pour le porter sur un autre point du marché où ce surcroît n'existe pas. Lorsque la situation inverse se produit, lorsque la quantité offerte est inférieure à la demande, le prix hausse dans la même progression. De là une tendance générale à l'équilibre entre les quantités offertes et demandées dans toutes les parties du marché. Et cet équilibre s'établit ou, pour mieux dire tend perpétuellement à s'établir au niveau des moindres frais de production augmentés du profit strictement nécessaire pour déterminer les détenteurs des agents productifs, capital et travail, à les mettre au service de l'une ou de l'autre des branches de la production. C'est ainsi que la concurrence, avec le concours de la loi de la valeur, règle de la manière la plus conforme à l'intérêt général de l'espèce, partant à la justice, quand aucun obstacle naturel ou artificiel n'entrave son opération, le prix des produits et la rétribution des agents productifs, en un mot, la distribution équitable de la richesse dans les différentes parties du vaste marché du monde.

Quelle est la conséquence morale de la constitution progressive de ce marché, où les producteurs de toutes les nations commencent à se faire concurrence pour satisfaire aux besoins et à la demande des consommateurs, où les échanges franchissent toutes les frontières, où les produits, les capitaux et le travail se portent d'eux-mêmes dans les régions où le besoin en est le plus urgent et la demande la plus vive? C'est d'intéresser tous les peuples à la prospérité les uns des autres. Tandis qu'à l'époque où le mode dominant de l'acquisition de la richesse était le vol, où les sociétés propriétaires d'Etats demandaient l'accroissement de leur puissance et de leur richessé à la conquête des territoires et des sujets de leurs concurrents, elles étaient naturellement ennemies, et mutuellement intéressées à s'affaiblir et à s'appauvrir, — car, à mesure que croissaient leurs forces et leurs ressources, elles devenaient plus redoutables, — le mode d'acquisition par l'échange fait succéder à cet antagonisme primitif l'accord des intérêts et la bienveillance réciproque. Plus, en effet, une nation s'enrichit, plus s'accroît le débouché qu'elle ouvre à toutes les autres, partant les profits qu'elles en tirent; plus, au contraire, elle s'appauvit, plus le débouché se restreint et devient moins fructueux, en sorte que les nations, à mesure qu'elles s'unissent par les liens de l'échange, dépendent davantage les unes des autres.

C'est ainsi, en dernière analyse, que les progrès de l'industrie, suscités par la concurrence, la multiplication des échanges, l'extension et l'unification des marchés sont en voie d'établir une solidarité croissante d'intérêts entre tous les peuples de la terre.

Cependant malgré les progrès prodigieux des instruments et des agents de la production de la richesse, la somme de travail et de peine avec laquelle la multitude achète ses moyens d'existence n'a pas diminué, et ces éléments du bien-être sont loin de s'être accrus dans la mesure du développement de la productivité de l'industrie. D'une autre part, la répartition de la richesse, au lieu de se rapprocher davantage de l'intérêt général de l'espèce, critérium de la justice, est devenue plus inégale. Il y avait moins de différence entre la somme des moyens d'existence de l'esclave le plus pauvre et celle du maître le plus puissant et le plus riche, du serf et de son seigneur qu'entre celle de la masse des ouvriers modernes et des milliardaires. A quelles causes faut-il attribuer cette anomalie économique et morale ? C'est, comme nous allons le voir à la persistance du mode d'acquisition de la richesse par la destruction et le vol, concurremment avec celui de la production et de l'échange.

II

Les mêmes inventions et découvertes qui ont augmenté si prodigieusement la puissance productive de l'homme civilisé en mettant à son service les forces de la nature, il les a utilisées pour développer sa puissance destructive ; la métallurgie et la chimie lui ont fourni des instruments et des procédés pour l'une et l'autre destinations, et la puissance de son matériel de guerre terrestre et maritime égale aujourd'hui si elle ne la dépasse point celle du matériel le plus perfectionné de la grande industrie. L'augmentation extraordinaire de la productivité des industries transformées par le progrès n'a pas moins servi la guerre en mettant à sa disposition, en masse croissante, les instruments indispensables à la destruction aussi bien qu'à la production, le capital et le travail.

Ces progrès de la productivité des industries ont contribué de même à augmenter la puissance de l'organisme de l'Etat. Les chemins de fer et la télégraphie électrique ont permis aux maîtres de cet organisme de transporter d'une manière presque instantanée sur tous les points du territoire une force supérieure à toutes les forces locales, individuelles ou collectives, de briser toutes les résistances à leurs ordres ou à leurs lois, plus vite et plus complètement que ne pouvaient le faire les monarques les plus absolus de l'ancien régime. Les mêmes progrès leur ont valu un instrument nouveau qui a ajouté à leur contingent de ressources actuelles, un contingent supérieur des ressources de l'avenir. Les chefs d'Etat de l'ancien régime étaient obligés de recourir presque exclusivement à l'impôt pour faire la guerre, et toute augmentation d'impôts, à une époque où la productivité de l'industrie n'avait pas encore subi l'impulsion du progrès, soulevait des murmures et parfois des révoltes dont la répression était difficile et lente. Les capitaux étaient rares, et les chefs d'Etats ne parvenaient à en emprunter, en l'absence de la garantie des nations, qu'en petites quantités et à un taux usuraire. Maintenant les capitaux abondent, et le crédit de l'Etat, garanti par la nation, les fournit en quantité suffisante pour alimenter la guerre, de telle sorte qu'il n'est pas nécessaire d'augmenter les impôts avant le retour de la paix. Et si les capitaux nationaux ne suffisent pas, les capitaux étrangers, attirés par l'appât d'un supplément d'intérêt, y suppléent. Telle est même l'impartialité des capitalistes qu'ils prêtent à la fois aux deux belligérants. Le crédit a encore cet avantage qu'il écarte la nécessité d'obliger la génération présente à supporter le fardeau écrasant de la totalité des frais de la guerre, en reportant la plus forte part du remboursement de ces frais sur les générations futures. Les capitaux affluent volontairement et en abondance sans qu'il soit nécessaire de les arracher péniblement à l'impôt. Quant aux hommes, la conscription à laquelle a succédé le service universel, auquel nul ne peut se soustraire sans s'exposer à une pénalité plus dure que celle du commun des crimes, elle met à la disposition de l'Etat autant de soldats que la nation en peut fournir. Amplement et rapidement pourvue désormais des instruments et des ressources nécessaires, la guerre peut être déchaînée du jour au lendemain et causer des pertes et dommages d'autant plus grands que la richesse s'est multipliée davantage.

Quand on se rend compte du récent accroissement de la puissance destructive de l'appareil de guerre et de celle de l'organisme des Etats, on se convainc qu'il suffirait d'un petit nombre d'hommes munis de l'armement moderne pour assurer la sécurité des nations civilisées à l'intérieur et au dehors contre les barbares qui continuent à demander leurs moyens de subsistance au vol et au meurtre. Déjà, la police intérieure, demeurée à la vérité très imparfaite, n'emploie qu'un faible contingent de juges et de policiers et son budget est le moindre de l'Etat. Celui de la police extérieure serait moindre encore si les peuples civilisés n'avaient plus à redouter que les aggressions des barbares du dehors et du dedans. Il suffirait à leurs membres de fournir une contribution presque infinitésimale à la maison ou à la Société chargée de garantir la sécurité commune pour assurer aussi complètement que possible leur vie et leurs propriétés contre les risques de vol et de meurtre d'où qu'ils proviennent.

Déjà au XVIIIe siècle, les économistes avaient reconnu que la guerre coûtait à la nation plus qu'elle ne lui rapportait, et qu'il pouvait suffire d'une faible contribution pour subvenir aux dépenses de l'Etat, en réduisant ses attributions à la garantie de la vie et de la propriété des individus et en laissant au libre exercice de leur activité le soin de pourvoir à leurs autres besoins. Mais cette conception devançait son temps. Elle était en opposition avec la mentalité de la classe gouvernante aussi bien que de la multitude gouvernée. Cette maxime : que le profit de l'un fait le dommage de l'autre, c'est-à-dire que la richesse ne peut être acquise qu'aux dépens d'autrui était universelle et elle se fondait sur la pratique séculaire de l'humanité. Qu'était l'Etat, sinon un instrument d'acquisition de la richesse aux dépens d'autrui, par la guerre et l'asservissement ? Le but que poursuivaient les associations fondatrices des Etats était non seulement de les défendre mais encore de les agrandir, en s'emparant des domaines des sociétés concurrentes. Ce mode d'acquisition de la richesse n'enrichissait évidemment le vainqueur qu'en appauvrissant le vaincu. Il était longtemps demeuré profitable et s'il avait fini par se solder en perte comme l'attestait l'issue des guerres de Louis XIV, cette perte n'était point supportée par la maison propriétaire de l'Etat. Elle l'était par ses sujets, mais elle avait été longtemps nécessaire si elle avait cessé de l'être.

La conquête, bien que n'étant autre chose qu'une forme du vol, avait été utile à l'espèce humaine, partant morale, en ce qu'elle avait rendu possibles la production et l'échange, sources de la richesse. La sujétion fruit de la conquête participait du vol et de l'échange. Le maître rendait des services au sujet et en fixait le prix à sa convenance. Si ce prix dépassait la valeur du service, le surcroît consistait en une richesse acquise aux dépens du sujet. Et tel était le cas ordinaire. Un cas analogue se présentait aussi lorsque le producteur d'un produit ou d'un service quelconque était plus fort que le consommateur de ce produit ou de ce service et pouvait en fixer le prix au-dessus de sa valeur. C'était le cas du monopole. Le monopole était naturel ou artificiel. Le monopole était naturel lorsque le producteur était seul capable de fournir le produit dont le consommateur avait besoin, et lorsque son besoin de le vendre était moins intense que celui du consommateur de l'acheter, — ce qui le rendait le plus fort. Le monopole était artificiel lorsque le producteur avait seul le droit de vendre le produit ou pouvait empêcher tout autre producteur de l'offrir au consommateur au-dessous du prix qu'il lui convenait de fixer.

Or telle était encore généralement la situation avant le prodigieux essor de progrès qui a donné naissance à la grande industrie. Il était vrai alors dans la majorité, sinon dans la totalité des cas, que le profit de l'un faisait le dommage de l'autre et que la richesse ne s'acquérait qu'aux dépens d'autrui. Cet état de choses devait naturellement déterminer celui des esprits et celui-ci allait à son tour exercer une influence décisive sur les effets des progrès qui augmentaient du même coup la puissance productive des nations et la puissance destructive des États.

CHAPITRE XII

La crise.

I

Nous ne possédons que des données approximatives et incertaines sur la richesse des nations appartenant à notre civilisation, à la fin du XVIIIe siècle ; nous ne savons pas d'une manière plus exacte dans quelles proportions elle s'est accrue depuis cette époque, mais le progrès du rendement de certains impôts sur des articles de consommation générale, sans parler d'autres indices, semble attester qu'elle avait décuplé à la fin du XIXe siècle, au moins dans les pays de grande industrie, tandis que la population ne s'y est augmentée que de moitié environ. Nous n'avons encore que des données purement conjecturales sur la part annuelle que l'Etat prend dans le revenu que chaque nation tire des différents éléments ou facteurs de sa richesse. Cette part, l'Etat la prélève au moyen des impôts divers dont il frappe la production et la consommation et qui sont demeurés les mêmes sous des noms et avec des modes de perception différents, si ce n'est toutefois que le nombre s'en est visiblement accru, soit qu'ils atteignent les rares articles qui en étaient autrefois exempts ou des articles nouveaux nés des progrès de l'industrie. Malgré les lois qui ont eu pour objet d'en augmenter le rendement ou d'en modifier la répartition, on ignore sur qui et dans quelle mesure en retombe la charge car leur incidence est à la fois mystérieuse et variable, mais ce n'est pas trop s'éloigner de la vérité de soutenir que la part que prend l'Etat dans le revenu annuel de la nation n'a subi aucun changement. Il est d'ailleurs manifeste qu'elle tend partout à s'accroître plutôt qu'à diminuer. Ce qui pourrait faire croire qu'elle s'est amoindrie, c'est qu'elle est plus aisément supportée et que les augmentations d'impôts qui soulevaient jadis des révoltes ne causent aujourd'hui qu'une légère émotion. En effet, si la richesse d'une nation vient à doubler, si son revenu annuel s'élève, par exemple, de 2 milliards à 4, l'Etat, en lui en enlevant la moitié, lui laisse cependant le double de ce qui lui restait auparavant. Elle peut, en conséquence, augmenter son bien-être et son épargne, partant aussi fournir facilement, sans trop restreindre la satisfaction de ses besoins, la même proportion d'impôts qu'elle acquittait péniblement, au prix de la privation du nécessaire.

II

Si l'on examine les dépenses de l'Etat moderne, on s'explique que la proportion que l'impôt enlève au revenu annuel de la nation n'ait pas diminué, qu'elle tende au contraire à s'élever progressivement. La guerre est demeurée de beaucoup le principal article de ces dépenses. Nous savons à quel point les progrès de son outillage l'ont rendue plus coûteuse, mais l'augmentation extraordinaire de la richesse de la nation n'en a pas moins permis à l'Etat de pourvoir avec une facilité croissante à celle de ses frais. Car il a pu, grâce au développement du crédit public disposer non seulement des ressources de la génération présente, mais encore escompter celles des générations à venir. Sous l'ancien régime, l'Etat était obligé de subvenir aux frais de ses guerres presque exclusivement par l'impôt. Il ne pouvait recourir qu'exceptionnellement et dans une faible mesure à l'emprunt, d'abord parce que les capitaux étaient rares, ensuite parce qu'il ne pouvait offrir aux prêteurs que des garanties insuffisantes et douteuses. Les dépenses de l'Etat n'étant point, sauf en Angleterre, consenties et autorisées par la nation, elle n'en était point responsable. Et il aurait fallu à l'Etat plus de puissance qu'il n'en possédait communément pour ajouter aux impôts ordinaires qu'il ne percevait pas sans peine, un impôt supplémentaire destiné à payer ses dettes. Il avait moins à redouter les réclamations de ses créanciers que les révoltes de ses sujets et, s'il portait atteinte à son crédit en retranchant un quartier de la rente, il s'épargnait les embarras du moment.

Mais la situation a changé le jour où les nations après avoir acquis de gré ou de force la propriété de l'Etat sont devenues responsables de ses dettes. Sans doute une nation peut répudier en totalité ou en partie les dettes d'un Etat prodigue, mais c'est à la condition d'être assez forte pour braver les revendications des Etats étrangers, dont les sujets ont participé à ses emprunts. Lorsqu'elle est faible, ils lui imposent à coups de canon l'obligation de les rembourser. Il arrive alors que les créanciers ainsi protégés après avoir prêté à grosse usure à un Etat dont ils suspectaient l'honnêteté se trouvent avoir fait une bonne affaire et sont encouragés à prêter aux Etats malhonnêtes de préférence aux autres.

L'Etat, quel qu'il soit, peut, au surplus, faire du crédit un usage utile ou nuisible. Si les capitaux qu'il emprunte sont employés d'une manière utile à la nation, le profit qu'elle en tirera dépassera la charge des intérêts et de l'amortissement. Seulement, l'Etat a l'habitude d'attribuer à ses entreprises l'accroissement de la richesse de la nation, sans tenir compte de l'enrichissement qu'ont pu lui valoir les autres. Si au contraire, les capitaux empruntés par l'Etat ont servi à des entreprises engagées dans l'intérêt du chef de l'Etat et de la classe particulière sur laquelle il s'appuie, on aura quelque raison de douter que cet emploi procure à la nation un accroissement de puissance et de richesse supérieur ou même égal à l'affaiblissement et à l'appauvrissement que lui causera la charge des intérêts et de l'amortissement des capitaux empruntés.

C'est principalement à des entreprises de guerre qu'ont été employés les capitaux fournis d'abord presque exclusivement par l'impôt, ensuite pour la plus grande partie par le crédit. Il serait intéressant d'examiner et de comparer les motifs qui ont fait entreprendre les guerres à l'époque où l'Etat appartenait à une maison, et depuis qu'il appartient à la nation.

Si nous nous en tenons à la période qui s'étend du règne de Louis XIV à la Révolution française, nous constaterons sans peine que la considération de l'intérêt des nations n'entre pour rien dans les motifs de la guerre, qu'il ne vient pas à la pensée de ceux qui l'engagent de calculer si les avantages qu'elle en tirera seront supérieurs ou non au prix dont elle la paiera. La guerre de la succession d'Espagne était motivée par un conflit d'ambition entre les maisons de France et d'Autriche, la guerre de Hollande a été causée par l'irrévérence des publications qui s'attaquaient à la personne sacrée du Roi-Soleil, et sous Louis XV une guerre désastreuse a été provoquée par des épigrammes qui égratignaient la favorite. La guerre avec l'Angleterre eut à la vérité un motif plus noble, l'entraînement à secourir les insurgents des colonies d'Amérique ;

Nul, à l'exception de Turgot, ne s'avisait de se demander s'il était sage de s'abandonner à cet acte de générosité aux frais de la nation épuisée par les guerres précédentes.

Mais l'Etat était alors en France et ailleurs la propriété d'une maison. Les guerres qui ont ravagé le monde depuis que l'Etat appartient à la nation étaient-elles mieux justifiées et plus conformes à son intérêt ? Les guerres du Premier Empire ont été engagées par la volonté d'un seul homme qui concentrait entre ses mains tous les pouvoirs de la nation souveraine, dont il se plaisait à confondre l'intérêt avec le sien. Après une longue période de paix, les guerres se sont multipliées avec rapidité sans être mieux motivées que celles de l'ancien régime, mais avec des frais qui s'augmentent du même pas que les ressources que fournit pour les soutenir l'accroissement de la productivité de l'industrie et le développement du crédit. La guerre d'Orient avait pour prétexte la protection des Lieux Saints, et pour motif la satisfaction à donner aux intérêts professionnels des complices du coup d'Etat du 2 décembre, peut-être aussi une incorrection personnellement offensante du formulaire diplomatique ; la guerre d'Italie a eu pour cause déterminante un attentat destiné à remettre en mémoire au maître de la France ses engagements d'ancien carbonaro ; la guerre franco-allemande entreprise sous le prétexte ridicule d'une candidature allemande au trône d'Espagne était destinée à raviver l'existence de l'Empire, affaibli par l'échec de ses réformes libérales, et menacé d'un retour offensif de la Révolution, malgré l'unanimité d'une consultation de l'opinion en faveur de la paix ; la guerre russo-japonaise a été engagée dans l'intérêt d'une spéculation véreuse, sans que la multitude des pauvres moujiks qui devaient l'alimenter de leur sang et de leurs maigres ressources connussent même l'existence du Japon et des Japonais. C'étaient à la vérité des guerres dont le régime constitutionnel ne peut être rendu responsable. En revanche, la guerre de la Sécession américaine a été fomentée sous le prétexte humanitaire de l'abolition de l'esclavage d'une race pour laquelle ses libérateurs affichent plus d'antipathie et de mépris que ne faisaient ses maîtres, en réalité sous l'impulsion de la jalousie et des convoitises des politiciens et des protectionnistes des Etats du Nord ; la guerre du Transvaal a été le résultat du conflit d'un groupe de capitalistes anglais avec les politiciens boers ; les guerres coloniales qui se soldaient en perte et avaient presque disparu au XVIIIe siècle ont recommencé sous la poussée des intérêts de la hiérarchie professionnelle des armées et de la bureaucratie devenue pléthorique. Et n'importe sous quel régime, toutes ces guerres ont été entreprises sans que les nations qui en payaient les frais aient été consultées plus qu'elles ne l'étaient dans les siècles précédents, et bien que la guerre soit devenue incomparablement plus coûteuse. Si l'on compare à cet égard les guerres du XIXe siècle à celles du XVIIIe, on se convainc que la dépense d'argent et de sang qu'elles ont coûtée s'est élevée pour le moins au décuple. Les dettes causées presque en totalité par la guerre dans la durée du siècle qui a précédé la Révolution française n'atteignaient pas dix milliards, et celles de la France y étaient comprises pour moins de 2 milliards. Elles s'élèvent aujourd'hui à 148 milliards (1), et la part de la France y figure pour plus de 30 milliards. Quant au sang répandu

---

(1) M. Alfred Neymarck a publié, dans le *Rentier*, cet aperçu statistique de la progression des dettes publiques et des dépenses militaires de l'Europe depuis quarante ans.

Les dettes publiques européennes, d'après les chiffres officiellement constatés et publiés — car *il y a dans les budgets ce que l'on voit et ce que l'on ne voit pas et bien des dépenses militaires restent inconnues pour le public* — ont suivi depuis quarante ans, la progression suivante :

	1866	1870	1887	1900
	—	—	—	—
		Milliards		
Capital nominal des dettes européennes..................	66	75	117	148
Dépenses militaires..........	3	3,5	4,5	6,7
Dépense duscrvice des intérêts	2,4	3	5,3	5 9

Depuis 1887 seulement, c'est-à-dire depuis vingt ans le capital annuel des dettes publiques européennes a augmenté de 31 milliards, l'intérêt des dettes d'un demi-milliard, les charges militaires annuelles de 2 milliards.

La préparation à la guerre coûte annuellement à l'Europe près d'un milliard de plus que l'intérêt des dettes contractées. Y compris l'intérêt de ces dettes, il faut que les budgets européens payent près de 13 milliards par an !

dans les guerres du siècle antérieur à la Révolution, il remplirait un étang, celui des guerres du siècle suivant ferait déborder un lac.

III

Dans tous les pays civilisés, les budgets de la guerre et de la dette, incessamment grossis par les armements permanents que la guerre nécessite et qu'il faut renouveler le plus souvent avant qu'ils n'aient servi, absorbent généralement plus de la moitié des dépenses de l'Etat.

Le restant est employé à pourvoir à des services de plus en plus nombreux et divers. Les Etats de l'ancien régime n'avaient qu'un petit nombre d'attributions. Ils se bornaient à pourvoir à la sécurité extérieure et intérieure de leur domaine, à le conserver intact et à l'agrandir. Ils abandonnaient l'enseignement au clergé, et la généralité des industries aux corporations de métiers et aux entreprises individuelles ; enfin l'affermage de la plupart des impôts les exonérait de la nécessité d'entretenir une nombreuse bureaucratie. Ils avaient été amenés à cette organisation conforme à la loi de l'économie des forces par la pression de la concurrence guerrière, et d'autant plus que la société fondatrice et propriétaire de l'Etat n'avait ni le goût, ni les aptitudes requises par les industries dont elle assurait l'existence. La bourgeoisie, plus nombreuse que l'aristocratie et plus capable d'exercer des professions que celle-ci avait considérées comme subalternes, en la dépossédant ou en entrant en partage avec elle devait naturellement s'efforcer d'agrandir l'Etat pour s'y faire une place. A la vérité on pouvait prétendre, et on n'y a pas manqué, que les besoins de l'industrie en progrès nécessitaient la création d'un nombre croissant de services, mais la liberté n'y aurait-elle pas pourvu aussitôt qu'un service quelconque serait devenu assez utile pour attirer le capital et le travail par l'appât d'une rémunération équivalente à celle des autres emplois ? ce qui était même le signe certain de leur utilité. Cette considération économique ne pouvait toutefois arrêter la foule des aspirants à des fonctions dont la rétribution était assurée par l'impôt, et qui étaient garanties contre les exigences et les risques de la concurrence; il suffisait de posséder quelque influence électorale pour y avoir accès. Les partis organisés en vue de conquérir l'Etat, ou de le conserver après l'avoir conquis, rétribuaient leur armée avec cette monnaie; il fallait bien la multiplier à mesure que l'extension du droit électoral accroissait le nombre des électeurs. Peu importait que la fonction fut plus ou moins utile. Ce n'était pas le besoin auquel pourvoyait la fonction qui déterminait sa création, c'était le service politique dont elle était la rétribution. De là aussi ce sentiment naturellement ancré chez le fonctionnaire, — que, s'il a quelque obligation envers le parti auquel il doit sa nomination, il n'en a aucune envers le public ; qu'en exécutant une besogne à laquelle il n'est propre que par hasard, il remplit une fastidieuse corvée, et d'ailleurs que son avancement ne dépend point du service qu'il rend au public mais de celui qu'il rend et surtout de celui qu'il peut rendre encore à son parti.

L'accession d'une classe de plus en plus nombreuse à la possession de l'Etat a été la cause déterminante de sa tendance croissante à s'emparer aussi d'un plus grand nombre d'industries. Que cette mainmise par l'Etat sur les entreprises de production ait pour résultat naturel et invariable de diminuer la richesse de la nation ou l'empêcher de s'accroître autant qu'elle le ferait si elle était abandonnée à l'activité privée, cela tient en dernière analyse, à ce que cet accaparement est en opposition avec les lois naturelles de l'économie des forces et de la concurrence. Lse causes générales de cette infériorité productive de l'Etat résident 1° dans la multipilicité même et la diversité des entreprises dont il se charge et qui exigent chacune une unité de direction et de responsabilité. La direction suprême de l'Etat s'affaiblit en se multipliant et sa responsabilité en s'étendant s'évanouit et devient illusoire. Et si le directeur délégué et le personnel de chacune de ces entreprises multiples est choisi en raison de sa fidélité au parti gouvernant plutôt qu'en raison de ses aptitudes professionnelles, la diminution de leur productivité va s'accumulant chaque jour davantage. Ces causes générales agissent sur les différents modes d'intervention de l'Etat dans l'industrie et chacun de ces modes a ses effets particuliers, mais tous plus ou moins nuisibles à la nation. 1° Si l'Etat monopolise dans un but fiscal la production et la vente de certains articles, tels que le tabac, les allumettes, etc., il perçoit sur les consommateurs un impôt égal à la différence du prix du monopole et de celui de la concurrence. Une partie de cette différence est absorbée par la supériorité des frais de production de l'industrie monopolisée, et constitue pour la nation une perte sèche. Si l'autre partie n'est pas employée par l'Etat plus utilement que ne l'aurait fait le consommateur, elle constitue une seconde perte. 2° L'Etat intervient dans l'industrie en comblant aux frais des contribuables les déficits des branches de la production qu'il exerce, soit qu'il les soumette ou non à la concurrence, en subventionnant celles dont les produits ou les services ne sont pas assez demandés pour obtenir un prix rémunérateur. Mais dans ces différents cas le montant des dépenses ou de la subvention s'augmente pour le contribuable des frais de perception de l'impôt, lesquels constituent encore une perte sèche. Et ces modes d'intervention de l'Etat se sont particulièrement développés depuis que l'industrie privée est devenue plus puissante et s'est montrée capable de mener à bonne fin les plus vastes et les plus difficiles entreprises.

Mais l'Etat ne prélève pas seulement sur la nation des impôts destinés à pourvoir d'une part aux frais de ses services militaires et civils, d'une autre part à combler les déficits des industries qu'il exerce lui-même, il y ajoute les charges du protectionnisme. A mesure que la classe propriétaire et dirigeante des entreprises de production est devenue plus puissante, elle a usé de son influence politique pour faire protéger ses produits contre la concurrence étrangère. A l'impôt fiscal que l'Etat perçoit à son profit s'est superposé un impôt de protection, qu'il prélève au profit des producteurs protégés. Cet impôt est égal au montant de la différence des prix des produits protégés et de ceux des produits concurrents de l'étranger. Quoiqu'il soit invisible et variable, on l'évalue en France à un milliard qui s'ajoute aux 4 milliards des impôts d'Etat. Aux Etats-Unis et en Allemagne, il a été aggravé par la fondation des trusts et des cartels qui ont pour objectif la suppression de la concurrence intérieure et, par conséquent, l'élévation des prix au niveau des droits protecteurs. Le surcroît de profits que procure le monopole des trusts et des cartels se concentre entre les mains de leur état-major financier et industriel. Et c'est ainsi que se sont créées et accumulées les monstrueuses fortunes des milliardaires américains et que s'est accrue plus qu'à aucune autre époque l'inégalité de la distribution des richesses.

Malgré l'insuffisance et les lacunes des données des statistiques officielles, nous croyons qu'on peut évaluer en moyenne à la moitié du revenu annuel de l'ensemble des nations appartenant à notre civilisation la part que l'Etat leur enlève. En évaluant donc encore en moyenne à 10 heures par jour la quantité de travail employée à la production de la richesse, on trouvera que sur ces 10 heures, 5 sont absorbées par le paiement obligatoire des services du gouvernement et le restant par la satisfaction de tous les besoins matériels et moraux auxquels l'Etat laisse à l'individu le soin de pourvoir lui-même.

Cela ne veut pas dire que la moitié du revenu de la nation — ou la moitié de la quantité du travail qui est employé à le produire — constitue en totalité le revenu de la classe relativement peu nombreuse à laquelle l'Etat fournit directement ou indirectement ses moyens de subsistance. Une partie et probablement la plus forte est perdue et ne profite à personne.

L'Etat ne peut toutefois être rendu responsable de toutes les pertes que subit la richesse d'une nation et qui diminuent son revenu. Parmi ces pertes figurent en première ligne les risques qui pèsent sur la production. Ces risques sont de plusieurs sortes. Il en est auxquels l'Etat est étranger quoiqu'on le sollicite d'habitude d'y remédier, ce qui n'est pas en son pouvoir. Tels sont ceux qui proviennent de l'inégalité des récoltes, des entraînements qui surexcitent la production et font succéder à des périodes de hausse des périodes de baisse en occasionnant des crises désastreuses, des perturbations causées par le progrès de l'outillage, etc., etc. Il en est, en revanche, que l'Etat crée ou suscite, tels sont l'appréhension de la guerre, l'arrêt et les perturbations que toute guerre occasionne, les changements dans l'assiette des impôts, et notamment du taux des droits de douane. Ces risques et les dommages qu'ils causent se propagent, à des degrés différents, dans tous les marchés du monde que la vapeur et l'électricité ont mis en communication et rendus solidaires. Ces deux catégories de risques et de dommages diminuent la richesse des nations, partant le montant des revenus que l'Etat frappe d'impôts directs ou indirects, visibles ou invisibles.

Ces impôts sont perçus sur les produits et les services créés par la coopération du capital et du travail, car le capital et le travail ne peuvent rien produire isolément. Il reste donc à savoir dans quelle proportion ils supportent le fardeau de l'impôt.

Jusqu'à présent les classes supérieure et moyenne entre les mains desquels se trouve principalement le capital ont exercé une influence prépondérante sur la gestion de l'Etat ; elles en ont profité pour faire peser sur la multitude qui vit du produit de son travail la plus grosse part du fardeau de l'impôt en taxant soit au profit du fisc, soit au profit des bénéficiaires de la production, les nécessités de la vie. Mais quel a été le résultat de cette politique égoïste ? Ça été de diminuer la consommation, partant la production des articles dont la plus forte proportion est consommée par la classe ouvrière, plus nombreuse à elle seule que les deux autres et plus prolifique. Le débouché du capital s'est trouvé ainsi artificiellement limité en même temps que celui du travail, mais dans les pays de grande industrie la production du capital n'en est pas moins demeurée plus abondante que celle du travail. On en trouve la preuve dans la supériorité de l'accroissement de l'exportation du capital sur celle de l'émigration des travailleurs. Le résultat a été une baisse générale de l'intérêt et une hausse non moins générale du salaire. Mais voici maintenant que l'influence politique de la classe ouvrière va grandissant depuis qu'elle est en possession du suffrage universel. Sous cette nouvelle influence, l'Etat, tout en continuant cependant à frapper les nécessités de la vie pour satisfaire les appétits protectionnistes des classes supérieures, a commencé à pourvoir à l'accroissement continu de ses dépenses en atteignant le capital par des impôts progressifs sur les successions et sur le revenu, auxquels on peut d'ailleurs justement reprocher de n'être pas proportionnés au service rendu. Mais quel est l'effet de cette fiscalité démocratique ? C'est de provoquer le capital à se dérober à l'impôt par l'émigration, et, pis encore, c'est de décourager l'épargne qui le crée ou d'encourager la prodigalité qui le dissipe. D'où une diminution générale de la quantité et de l'offre, partant une augmentation de la part du capital aux dépens de celle du travail dans le produit de leur collaboration, une hausse de l'intérêt et une baisse du salaire. C'est ainsi que l'Etat en frappant le capital, pour complaire à sa démocratie électorale, atteint le travail, et accroît la part des capitalistes dans le revenu qu'il laisse aux deux catégories inégales en nombre des collaborateurs de la production, après en avoir pris la moitié.

Cependant cette part déjà insuffisante est chaque jour menacée d'être restreinte davantage tant par les dépenses rapidement croissantes des guerres et des dettes de l'Etat que par la diminution de la productivité des industries qu'il accapare en les soustrayant à la concurrence. On peut donc craindre que les forces destructives de la richesse ne finissent par l'emporter sur les forces productives et que l'évolution ne se termine, après une période de décadence, par la ruine.

Cette crainte est, non sans raison, devenue plus vive depuis que l'Etat est en voie de tomber entre les mains de la démocratie et de ses éducateurs syndicalistes ou socialistes.

IV

De même qu'à la veille de la Révolution française les hommes qui allaient faire couler le sang à flots se proposaient d'ouvrir une ère de paix et de fraternité des peuples, leurs descendants sont animés des sentiments les plus idylliques. Ils rêvent d'établir dans le monde une paix universelle et permanente en supprimant radicalement la guerre ; seulement on regrette de constater que leurs pratiques sont non moins radicalement en opposition avec leur idéal.

La guerre et la paix ont leur cause initiale dans deux modes contraires et qui s'excluent, d'acquisition des matériaux de la vie, l'un commun à toutes les espèces vivantes, l'autre seulement propre à l'espèce humaine, le vol et l'échange. Or, auquel de ces deux modes les ouvriers syndiqués ont-ils recours pour élever le taux de leur salaire ? C'est à une des formes du vol, le monopole. Imitant en cela les protectionnistes inventeurs des trusts et des cartels, ils s'attribuent à la fois le monopole du travail aux dépens des ouvriers nationaux non syndiqués et des ouvriers étrangers syndiqués ou non et particulièrement de ceux des races de couleur. C'est ainsi qu'ils ont interdit aux ouvriers chinois et qu'ils veulent interdire aux Japonais l'accès des marchés de travail de l'Australie, des Etats-Unis, du Sud de l'Afrique. La conséquence inévitable de cet accaparement d'une vaste portion du globe au détriment de la portion la plus nombreuse de l'espèce humaine, c'est une guerre de races.

Quant aux socialistes révolutionnaires et aux anarchistes, ils s'en tiennent de préférence au vol pur et simple. Imitant encore en cela le fâcheux exemple qui leur a été donné par la confiscation des biens de la noblesse et du clergé, ils se proposent de confisquer les propriétés et les industries de la classe dite capitaliste. Et comme il y a apparence qu'elle ne se les laissera pas enlever sans résistance, à la guerre de race se joindra la guerre civile.

L'accaparement de toutes les industries par l'Etat

conduira-t-il plus sûrement à la réalisation de l'idéal du bien-être universel ? Nous ne pouvons nous dissimuler que cet accaparement est la conséquence logique de l'appropriation de l'Etat à la nation et de la mise en régie de ses services. Si la nation s'est emparée de l'Etat pour organiser à sa manière l'industrie de l'assurance de la vie et de la propriété, si, convaincue de la supériorité de ses méthodes, elle a successivement étatisé la poste, l'enseignement, etc., pourquoi n'étatiserait-elle pas tous les produits et tous les services ? Mais nous savons par expérience que l'Etat est plus apte à détruire qu'à produire.

D'où nous pouvons conclure qu'aussi longtemps que l'Etat demeurera entre les mains des classes supérieure et moyenne la décadence des nations civilisées pourra se prolonger pendant des siècles avant d'aboutir à la ruine tandis qu'il suffira de quelques années à la démocratie socialiste pour mettre fin à leur existence et à celle de la civilisation.

CHAPITRE XIII

Risques de décadence et chances de progrès.

Quelle sera l'issue de la crise que traversent actuellement les sociétés civilisées ? Sera-ce un accroissement continu et progressif de forces et de richesses ou une décadence ? Voilà ce qu'on commence à se demander non sans inquiétude. Au XVIIIe siècle, on croyait volontiers à la perfectibilité indéfinie de l'homme et des sociétés humaines, et cette croyance, les progrès extraordinaires accomplis dans le cours du XIXe siècle ont naturellement contribué à la fortifier. Cependant l'expérience a maintes fois démontré qu'elle ne repose point sur un fondement inébranlable. Des sociétés florissantes sont tombées en décadence et ont péri, même sans avoir succombé à une lutte contre des rivales plus puissantes. Les causes de leur chute résidaient en elles-mêmes. Quelques-unes ont disparu sans laisser de traces, après avoir transformé en déserts des régions fécondes. C'est ainsi que les sociétés guerrières qui avaient fondé les anciens empires de la Chaldée et de l'Assyrie, bâti Ninive, Babylone et d'autres foyers de population et de richesse n'ont laissé qu'un sol épuisé, un vaste désert de sable où ne croissent que des cactus, et que parcourent de rares tribus de Nomades pillards. Si l'homme a acquis le pouvoir de s'emparer des forces de la nature et de les utiliser, ne possède-t-il pas de même le pouvoir de les détruire ou de les employer à des fins nuisibles? Il peut, par exemple, rendre le sol plus fécond en le mettant en culture, mais il peut aussi l'épuiser et le rendre impropre à entretenir la vie. Quoi qu'en disent les déterministes, l'homme est libre, et sa destinée bonne ou mauvaise dépend de l'usage, utile ou nuisible, qu'il fait de sa liberté. Ce qui est vrai de l'individu ne l'est pas moins des sociétés et de l'humanité. Les lois naturelles laissent sa liberté intacte, seulement, selon qu'il les observe ou les enfreint, il s'en trouve bien ou mal. Si l'on bâtit une maison sans tenir compte de la loi physique de la pesanteur, on s'expose à ce qu'elle s'effondre en ensevelissant sous ses ruines ceux qui l'habitent; en se conformant, au contraire, à cette loi naturelle on construit des édifices qui durent des siècles. Il en est de même des lois économiques. Si une société n'obéit pas dans la production de la richesse à la loi du moindre effort, si elle gaspille ses forces en les détournant de leur destination utile, elle les affaiblit et finit par les épuiser. Alors, une autre loi naturelle, celle-là même à l'impulsion de laquelle elle est redevable des progrès de sa richesse, la concurrence, précipite sa ruine.

II

L'analyse des causes de la crise qui menace l'existence des sociétés civilisées en fera apparaître les remèdes. Ces causes résident dans la persistance artificielle de l'état de guerre et du régime de monopole et de protection qui lui était adapté. Guerre, monopole et protection, après avoir été utiles, sont devenus nuisibles, et l'œuvre de la réforme consiste à écarter ces obstacles à la marche de l'Evolution.

I. *La guerre.* Aussi bien dans les pays où l'Etat appartient à la nation que dans les Etats d'ancien régime, la guerre continue de subsister comme un risque inévitable et fatal. Ce n'est pas cependant un phénomène naturel qui échappe au pouvoir de l'homme. Les guerres entre les peuples civilisés dépendent de la volonté des gouvernements, et elles peuvent toujours être évitées. Ce qui le prouve, c'est que les dissentiments et les conflits d'intérêt les plus sérieux sont fréquemment vidés par des négociations ou un arbitrage. Et quand on examine les causes ou les prétextes des guerres qui ont ravagé le monde depuis un siècle, on s'aperçoit qu'elles ont été engagées uniquement sous la pression des intérêts d'un petit nombre d'individus en possession du mécanisme de l'Etat. Enfin, lorsqu'on fait le compte des avantages qu'ils pouvaient en tirer en cas de succès, on est étonné de l'énormité du prix auquel ils les achètent. Il est vrai qu'ils profitent de ces avantages tandis que le prix en est payé par la nation. La guerre franco-allemande nous fournit à cet égard une illustration saisissante. Si la responsabilité de cette guerre peut justement être attribuée au vaincu, celle de l'annexion de l'Alsace-Lorraine au mépris de la volonté manifeste de la population annexée appartient au vainqueur. Quels en ont été les résultats ? Au point de vue des intérêts immédiats de la classe gouvernante de l'Etat allemand, ces résultats ont été évidemment avantageux. Elle y a gagné une augmentation du débouché de ses fonctionnaires militaires et civils, et subsidiairement celle des bénéfices que le maintien et l'accroissement nécessaires des armements procurent aux fabricants et commanditaires de l'appareil de guerre. En revanche, la nation est condamnée à supporter indéfiniment les frais de cet appareil et d'une guerre possible de revendication des provinces conquises. Entre les avantages de la classe gouvernante de l'Etat, les charges et les risques de la masse de la nation gouvernée, la disparité n'est-elle pas colossale ? Autant peut-on en dire de toutes les guerres modernes, guerres entre les peuples civilisés et guerres coloniales. Elles ont, sans aucune exception, été entreprises en vue de satisfaire les intérêts de la classe ou du parti en possession de l'Etat, et il faut ajouter qu'elles n'ont point rencontré d'obstacles dans les institutions constitutionnelles. La classe gouvernante a pu changer ou se modifier, mais son intérêt particulier et immédiat est demeuré le mobile permanent de sa politique. Lorsqu'une guerre lui paraît présenter plus de risques de perte que de chances de bénéfices, elle s'abstient de l'engager ; lorsque les chances de bénéfice l'emportent, elle n'hésite pas à l'entreprendre, sans rechercher ce qu'il en pourra coûter à la nation. C'est qu'il est dans la nature d'une classe ou d'un parti de n'envisager que son intérêt, sauf à le confondre avec l'intérêt national et à le cacher sous le masque flatteur du patriotisme. C'est encore que les sentiments altruistes lorsqu'ils dépassent l'étroite limite des sympathies que l'homme est capable de ressentir ne prévalent pas contre le plus faible intérêt, dût la satisfaction en être achetée par un dommage cent fois, mille fois plus considérable infligé à autrui. On pourrait aisément s'en convaincre en évaluant le montant des profits ou des avantages que les guerres modernes ont rapportés aux souverains et aux partis qui les ont engagées sans avoir pris la peine de consulter les nations, et en les comparant à l'énormité des frais et des souffrances de la masse des gouvernés qui en ont pâti.

Au point de vue de l'intérêt général des nations civilisées, la guerre est la plus effroyable des calamités et la multitude qui en supporte partout les frais et les maux en est depuis longtemps convaincue. Peut-être les amis de la paix prennent-ils une peine superflue en entreprenant de l'en persuader. Ils prêchent des convertis. En revanche, il est permis de douter que leurs prédications soient assez efficaces pour avoir raison des intérêts qui poussent à la guerre, à l'entretien et à l'accroissement continu des armements qu'elle nécessite. C'est au sentiment qu'ils font appel, mais si forts que soient les sentiments, ils le sont moins que les intérêts. Un intérêt ne peut être vaincu que par un intérêt plus fort.

Lorsque la conscience de sa force existera dans la multitude gouvernée, il lui suffira, pour établir la paix entre les nations civilisées et la perpétuer, de recourir au procédé par lequel le seigneur le plus fort l'imposait aux plus faibles, au temps de la féodalité. Ce serait certainement un rêve et même un rêve anti-économique de vouloir unifier le gouvernement des nations en établissant une monarchie ou une république universelle. Mas cette unification, qui ne serait ni praticable ni désirable entre les gouvernements, est en voie de s'opérer entre les nations. Il y a déjà entre les nations, même les plus éloignées, plus d'intérêts communs qu'il n'y en avait naguère entre les provinces les plus rapprochées de la même nation, et ces intérêts créés par l'échange des produits, des capitaux et du travail, ont un égal besoin de la paix. Lors donc que ces intérêts pacifiques seront devenus assez forts et conscients de leur force, ils pourront obliger les gouvernements à s'associer pour interdire à un Etat quelconque de vider par la guerre ses querelles ou ses différends, en appuyant cette interdiction par une force collective. Alors se produira le même phénomène qui a été, au sein de chaque nation, la conséquence de l'unification de l'Etat : le désarmement, impliquant la suppression des armées et des fortifications particulières, et leur remplacement par un armement commun, destiné à préserver la civilisation du risque des invasions des barbares. Grâce à la prépondérance acquise par les nations civilisées, ce risque ne comporterait plus que la moins coûteuse des primes d'assurance.

Remarquons qu'il suffirait même pour assurer la permanence de la paix entre les nations civilisées d'adapter le droit des gens aux conditions nouvelles d'existence que leur ont faites les progrès de l'industrie et l'extension des échanges.

En remontant à l'origine du droit des gens, on trouve que l'ensemble des règles qui constituent ce droit avait pour objet d'assurer le libre exercice de l'industrie des propriétaires d'Etat : la guerre. Non seulement toute société propriétaire d'un Etat entreprenait une guerre quand elle la jugeait conforme à son intérêt, elle la conduisait à sa guise, exterminait ses ennemis et s'appropriait leurs domaines sans que les autres sociétés eussent rien à y voir, mais si elle s'imposait l'obligation de respecter le domaine des neutres, ceux-ci s'abstenaient de leur côté d'entraver, d'une manière ou d'une autre, la liberté de ses opérations ; et ces deux règles s'étaient établies et généralisées comme des coutumes dont l'expérience avait démontré l'utilité. Cependant quand les relations commerciales et en particulier le commerce maritime commencèrent à se développer, les opérations de guerre causèrent aux neutres des gênes et des dommages. Le blocus des ports de l'ennemi interrompait leur commerce; les marchandises neutres étaient capturées avec les navires qui les transportaient ; les belligérants recherchaient et confisquaient les marchandises ennemies sous pavillon neutre. Mais la guerre étant la plus productive de toutes les industries et celle de la caste souveraine des Etats, les gênes et les dommages qu'elle causait aux classes inférieures ne pouvaient être mis en balance avec les avantages que les belligérants pouvaient tirer de la destruction du commerce ennemi. Ces pratiques destructives étaient généralement acceptées comme utiles, les neutres sachant qu'ils en useraient à leur tour lorsqu'ils passeraient à l'état de belligérants, ce qui était le cas ordinaire. Il en alla ainsi aussi longtemps que les intérêts commerciaux n'eurent qu'une faible importance. Mais déjà à la fin du XVIIIe siècle, l'extension des relations internationales avait provoqué la résistance du commerce maritime contre le droit que s'attribuaient les belligérants de rechercher et de confisquer la marchandise ennemie à bord d'un navire neutre, et d'une autre part, des protestations de plus en plus vives s'élevaient contre le pillage de la propriété privée. Ces progrès du droit des gens ont fini par se réaliser, la maxime que le pavillon couvre la marchandise a été adoptée par la généralité des Etats civilisés ; le respect de la propriété privée, de la vie et de la liberté des populations qui ne prennent point part à la guerre est devenu du moins en théorie, sinon toujours en pratique, une règle que les armées sont tenues d'observer et qui est d'ailleurs conforme à leur intérêt. Cependant d'autres progrès seront, selon toute apparence, suscités par le développement de la grande industrie. Avec l'extension du commerce international qui en a été la conséquence s'est accru dans des proportions croissantes le dommage que la guerre cause aux neutres (1). La guerre de la sécession américaine a infligé à l'industrie cotonnière de l'Europe des pertes qui se chiffrent par centaines de millions sinon par milliards. La guerre franco-allemande a provoqué une crise dont l'influence perturbatrice et déprimante ne s'est pas arrêtée aux frontières des belligérants. Dans l'état actuel du monde, la guerre prend de plus en plus le caractère d'une nuisance universelle. Or, c'est une règle fondamentale du droit que tout dommage causé à autrui, sauf le cas de force majeure, doit être réparé et donne lieu à une indemnité. La guerre entre les peuples civilisés ne peut plus invoquer le cas de force majeure ; elle est un acte libre et implique la

---

(1) Progrès réalisés dans les usages de la guerre. *Journal des Economistes* des 15 août et 15 septembre 1854. Reproduit dans les *Questions d'économie politique et de droit public*. T. II, p. 278.

responsabilité naturellement attachée à la liberté. Les neutres seront donc fondés à exiger une indemnité pour les dommages qu'elle leur cause, et, ces dommages étant inévitables, à se liguer pour les prévenir. Ainsi le droit des gens, après avoir reconnu et sanctionné la liberté de la guerre, c'est-à-dire de la concurrence sous sa forme destructive, sera amené à l'interdire et à apporter sa sanction aux mesures désormais conformes à l'intérêt de l'espèce qui pourront être prises pour la supprimer.

II. *Le monopole et la protection.* L'Etat ne continue pas seulement à pratiquer l'industrie destructive de la guerre, bien qu'elle ait cessé d'être nécessaire et qu'elle coûte à la multitude des consommateurs de sécurité incomparablement plus qu'elle ne rapporte à la classe particulière de ses producteurs : souverains, politiciens, diplomates, hiérarchie professionnelle des armées, fournisseurs du matériel de guerre, financiers négociateurs des emprunts, etc., l'Etat s'est emparé aussi d'un nombre croissant d'industries productives qu'il exerce tantôt en s'en réservant le monopole, tantôt en concurrence avec l'industrie privée : tels sont la fabrication de la monnaie, la poste, les travaux publics, l'enseignement. Ces industries se partagent en deux catégories bien distinctes : 1° les industries de concurrence ; 2° les monopoles naturels. Si l'Etat s'attribue le monopole des premières, les consommateurs ne tardent pas à souffrir de la cherté, du ralentissement du progrès et des autres vices inhérents à tout monopole. S'il s'agit par exemple du monopole de la production de la monnaie, il a été vicié de bonne heure par l'altération de la monnaie métallique et plus tard par l'émission du papier-monnaie. Ces pratiques frauduleuses ont infligé aux consommateurs de monnaie des pertes et des dommages hors de toute proportion avec le gain que rapportait aux gouvernements monopoleurs et faussaires la différence entre les frais de production et la valeur rapidement décroissante de la monnaie altérée ou de la surémission du papier-monnaie. S'il s'agit du monopole postal, après avoir servi d'instrument d'espionnage aux beaux jours du cabinet noir, il est resté le plus lent, le plus inexact et le moins sûr des services. C'est qu'il manque à toutes les industries monopolisées par l'Etat les conditions nécessaires à leur bon fonctionnement et à leurs progrès : le stimulant de la concurrence et la responsabilité effective du producteur. Dans les industries de concurrence, toute perte causée par les vices ou les abus de la gestion est supportée par le capital d'entreprise, et elle détermine la recherche et l'application du remède : remplacement du matériel arriéré ou défectueux, renvoi du personnel incapable ou véreux. Dans les industries d'Etat, la perte — ou le manque à gagner — diluée dans la totalité des dépenses de l'Etat est presque insensible aux contribuables et elle est encore moins sensible à ceux dont l'incurie ou l'infidélité l'a causé. Il leur suffit, le plus souvent, de la protection du parti auquel ils rendent des services électoraux pour les exonérer du poids de leur responsabilité.

Dans les industries d'Etat qui partagent leur clientèle avec les entreprises privées, ces industries se trouvent placées dans des conditions qui diminuent si elles ne suppriment pas entièrement l'efficacité de la concurrence. Elles fonctionnent avec un capital qui leur est fourni par les contribuables et dont elles n'ont à supporter ni les charges de l'intérêt ni celles de l'amortissement. De plus, leurs déficits sont toujours couverts par l'impôt, dont une partie est prélevée sur leurs concurrents eux-mêmes, en sorte que leur existence est assurée. Contre une industrie placée dans ces conditions, la concurrence d'entreprises obligées de couvrir elles-mêmes leurs frais et exposées à la faillite semble impossible. Tel est le cas de l'enseignement de l'Etat. Il faut qu'un intérêt extérieur, — l'intérêt religieux, — intervienne pour suppléer à l'intérêt économique. Mais quel est le résultat de ce régime de demi-monopole et de concurrence faussée ? C'est que de toutes les industries celle de l'enseignement répond moins qu'aucune autre aux besoins qu'elle a pour objet de satisfaire, c'est que les produits en sont adultérés d'un côté par les intérêts de la classe dirigeante de l'Etat, d'un autre par ceux de l'Eglise ; c'est, en un mot, qu'elle est à la fois la plus nécessaire au progrès et la plus arriérée des industries.

L'intervention de l'Etat dans les industries de concurrence se traduit donc par une déperdition inévitable des forces et de la richesse des nations, et par l'affaiblissement de leur capacité à soutenir la concurrence de leurs rivales sous sa forme destructive ou productive.

Or la presque généralité des industries sont devenues accessibles à la concurrence depuis que les progrès de la sécurité et des moyens de communication ont étendu le domaine des échanges. Il n'existe plus qu'un nombre chaque jour plus restreint de monopoles naturels. Ces monopoles, à commencer par celui de l'assurance de la vie et de la propriété individuelles et de la conservation du domaine national, sont gérés par l'Etat, les sous-Etats des provinces, des départements et des communes. Cette gestion en régie occasionne à la nation la même déperdition de forces qu'il est dans la nature de tout monopole de causer. Cependant, elle peut être évitée du moins en partie par un recours indirect à la concurrence. Il n'est pas nécessaire que l'Etat ou un sous-Etat se charge de gérer lui-même un monopole naturel. Il peut contracter pour cette gestion, d'une manière temporaire et même illimitée, sauf à surveiller l'exécution du contrat, avec des maisons ou des associations concurrentes, présentant les garanties matérielles et morales nécessaires. Dans ce cas le prix du produit ou du service pourra ne pas dépasser celui d'une industrie de concurrence, quoique le stimulant qui pousse celle-ci à perfectionner ses procédés et son outillage soit moins pressant et plus faible.

Aux déperditions de forces et de richesses que causent aux nations la guerre et les armements qu'elle nécessite, l'accaparement anti-économique des industries et leur gestion par l'Etat, s'ajoutent celles de la protection des industries jugées incapables de soutenir la concurrence étrangère. Le dommage qu'elle cause aux nations enserrées dans les lignes des douanes ne se borne pas à la différence des prix des produits à l'intérieur et au dehors ; il s'augmente, dans une proportion bien supérieure, des effets destructeurs que la limitation artificielle des marchés oppose à l'opération propulsive et régulatrice de la concurrence ; il s'augmente enfin de la prime des risques que l'instabilité des tarifs de douane fait peser sur l'ensemble des branches de l'industrie humaine.

Telles sont les causes qui agissent pour détruire la richesse et en troubler la distribution utile, tandis que se multiplient et se perfectionnent les industries qui la produisent. D'où cette conséquence que la condition de la multitude n'a pu s'améliorer dans la proportion de l'accroissement de la productivité de son travail. Si elle ne s'est point aggravée comme le prétendent les socialistes, cela tient à ce que les progrès des facteurs de la production des richesses ont jusqu'à présent dépassé ceux de la destruction. Mais il n'en existe pas moins une différence manifeste entre la somme des matériaux de la vie que l'accroissement de la productivité de son travail a acquise au grand nombre et celle qu'il aurait pu lui acquérir. Et cette différence menace de devenir de plus en plus forte tant par l'augmentation continue de la puissance des facteurs de la destruction et du détournement de la richesse que par l'obstacle qu'ils opposent aux progrès de la production et de la distribution utile des produits.

Nous avons évalué à la moitié du revenu annuel des nations civilisées, — et nous croyons être demeuré au-dessous de la vérité, — la part que l'Etat leur enlève, et à la moitié de la journée de travail celle qu'il impose à la multitude qui demande ses moyens d'existence aux industries productives. Cette somme de richesses et de travail ne profite pas tout entière à la classe en possession de l'Etat ; elle est en partie perdue sans profit pour personne.

En résumé, les obstacles à l'adaptation de l'Etat aux nouvelles conditions d'existence que les progrès de la science et des industries destructives et productives ont faites aux sociétés en voie de civilisation, ces obstacles résident dans la persistance d'un état de guerre qui est devenu nuisible après avoir cessé d'être nécessaire, dans l'absorption anti-économique des industries libres dans le monopole de l'Etat, dans la limitation artificielle de la sphère des échanges, partant de l'action propulsive et régulatrice de la concurrence. L'œuvre des hommes de progrès doit consister à éliminer ces causes de renchérissement de la vie, partant à diminuer la somme de travail et de peine qu'il nécessite. C'est ainsi qu'ils réaliseront le rêve des économistes du XVIIIe siècle : le gouvernement à bon marché.

V

Cette évolution ne pourra toutefois s'accomplir qu'à la condition que l'intérêt général devienne assez fort pour l'emporter sur les intérêts particuliers auxquels profitent la conservation et l'aggravation de l'ancien régime de guerre et de monopole. Au temps où nous sommes et de tout temps bien peu d'hommes ont placé l'intérêt général au-dessus de leurs intérêts particuliers, et lui ont obéi de préférence. Il en est ainsi de la classe en possession du pouvoir politique. Vivant de l'Etat, puisant des moyens d'existence assurés contre la concurrence dans les industries qu'il accapare ou protège, elle est intéressée non seulement à les conserver, mais encore à les multiplier. Elle est étatiste, militariste et protectionniste. Ce n'est pas qu'elle n'aperçoive les vices et la décrépitude du régime existant et qu'elle n'en prévoie la fin. Mais elle veut en conserver, et, s'il se peut, en augmenter les profits aussi longtemps qu'il sera debout, et elle s'imagine volontiers que l'Etat devient plus puissant en devenant plus volumineux. En vain entreprendrait-on de lui démontrer que l'accroissement de la richesse de la nation, débarrassée des charges improductives et nuisibles de l'état de guerre, des monopoles et de la protection, augmentera sa part dans cette richesse, tout en amoindrissant les inégalités parfois monstrueuses de la répartition, la concurrence lui inspire les mêmes sentiments de crainte et de répulsion que ressentent les industriels lorsqu'elle les oblige à renouveler leurs procédés et leur outillage. Peut-être la diminution des profits et des avantages de sa situation dans une société en décadence l'excitera-t-elle à sortir de sa torpeur, mais alors ce sera bien tard.

Cette classe, à laquelle la possession des services de l'Etat et des industries qu'il protège rapportent plus que ne lui coûte le renchérissement de la vie, ne forme nulle part plus du dixième de la population, mais elle met une influence bien supérieure à cette proportion numérique au service de ses intérêts particuliers. La multitude sur laquelle retombe tout le poids de l'Etat est plus encore, du moins en grande majorité, incapable de s'élever à la notion de l'intérêt général. C'est que la nature même de ses occupations journalières en n'exigeant que dans une faible mesure l'exercice de ses facultés intellectuelles la retient dans la sphère étroite de ses intérêts particuliers et immédiats. On a attribué à l'instruction gratuitement et universellement répandue le pouvoir de la lui faire franchir. Mais l'expérience n'a pas tardé à démontrer que l'instruction ne possède nullement ce pouvoir, que l'intelligence ne se développe qu'autant que l'individu en possède le germe et que la nature de ses occupations l'obligent à l'exercer. Or les occupations du grand nombre n'exigent guère que la mise en œuvre de la force physique et d'une certaine adresse manuelle. Ce n'est que par l'emploi des outils que l'homme a commencé à s'affranchir d'une portion du travail matériel de la production et cette portion est restée dominante jusqu'à ce que les machines aient remplacé les simples outils. Comme l'observait déjà Aristote, l'homme asservi au travail matériel est impropre aux travaux de l'intelligence. L'instruction ne peut suppléer à l'exercice d'une profession intellectuelle. Dans tous les métiers qui ont conservé l'outillage primitif, dans l'industrie agricole et dans les autres branches de la production où l'emploi de la force musculaire est demeurée prédominante, l'individu a promptement oublié les rudiments de l'enseignement primaire, à l'exception de ceux dont il éprouve le besoin journalier. On pourrait même soutenir que l'instruction lui est nuisible dans une plus forte proportion qu'elle ne lui est utile en ce qu'elle le rend accessible à des excitations dangereuses et corruptrices. Sa participation au gouvernement de l'Etat n'a pas eu la vertu de développer son intelligence ; et la cuisine électorale a-t-elle élevé sa moralité ?

Les progrès de la machinerie en voie de s'opérer et de se multiplier sous l'impulsion de la concurrence n'ont pas seulement pour effet d'augmenter la productivité de l'industrie. Comme nous l'avons remarqué il y a longtemps, ils ont un résultat plus bienfaisant encore en élevant la nature du travail (1). Ils

(1) *Cours d'économie politique*, 2e édition, 1868. T. 1er, La part du travail. *Notions fondamentales d'économie politique*. Chap. IX. La part du capital personnel.

substituent au travail physique, commun à l'homme et à la bête de somme, le travail mécanique incomparablement moins coûteux et plus puissant (1), et ne laissent à l'ouvrier que la direction, la surveillance et la responsabilité de son œuvre, impliquant l'emploi de ses facultés intellectuelles et morales. C'est ainsi que le progrès industriel, en exigeant la mise en œuvre de facultés différentes et plus hautes, augmente la différence entre l'homme et l'animal. A mesure que l'évolution progressive de l'industrie gagnera les branches de la production qu'elle n'a pas encore atteintes, cette différence s'accroîtra et se généralisera. Le niveau intellectuel de la multitude s'élèvera, sa vue dépassant le cercle étroit de ses intérêts particu-

(1) On cherche quelquefois à apprécier par un chiffre les avantages de la substitution des machines à la main-d'œuvre humaine. C'est facile. L'homme adulte par son alimentation journalière engendre en énergie calorique de 2,500 à 3,000 calories qui lui servent à faire fonctionner ses organes, à maintenir fixe sa température et à effectuer une certaine somme de travail extérieur. On évalue le travail moyen et continu d'un ouvrier à 127.000 kilogrammètres. Ces kilogrammètres évalués en unités caloriques correspondent à 300 calories, un peu moins d'un demi-cheval vapeur.

Dans ces conditions, pour produire 100 chevaux-vapeur-heure, il faut environ 250 ouvriers à la moyenne de 3 fr. par jour au moins. Coût : 750 fr. Ou 20 chevaux de trait coût : 60 fr. Ou une machine à vapeur 6 fr. ou un moteur à gaz 3 fr. 50.

Donc la force motrice humaine est plus de *cent fois* plus chère que la force motrice mécanique.

Henri de Parville. *Journal des Débats* du 16 mai 1907.

liers et prochains, s'étendra à la conception de l'intérêt général.

On peut donc espérer qu'il se produira une opinion assez intelligente pour comprendre que l'existence des sociétés civilisées peut désormais être assurée à moins de frais, et assez puissante pour enlever l'Etat-assureur aux intérêts particuliers qui s'en disputent la possession, et qui au lieu de simplifier et d'alléger cette vieille et lourde machine, s'évertuent tous les jours à la compliquer et à l'alourdir (1).

(1) Nous avons supposé que la crise suscitée par la persistance artificielle du régime adapté à l'état de guerre et de monopole se terminerait par la victoire, malheureusement encore douteuse, de l'intérêt général, et nous avons esquissé dans un précédent ouvrage, en nous fondant sur l'application pacifique des lois naturelles de l'économie des forces et de la concurrence, *l'organisation de la société future.*

TABLE DES MATIÈRES

Paris. — Typ. A. DAVY, 52, rue Madame. — Téléphone

Août 1907

FÉLIX ALCAN, ÉDITEUR

LIBRAIRIES FÉLIX ALCAN ET GUILLAUMIN RÉUNIES

108, Boulevard Saint-Germain, 108, Paris, 6e.

EXTRAIT DU CATALOGUE

SCIENCES — MÉDECINE — HISTOIRE — PHILOSOPHIE
ÉCONOMIE POLITIQUE — STATISTIQUE — FINANCES

BIBLIOTHÈQUE SCIENTIFIQUE INTERNATIONALE

Volumes in-8, cartonnés à l'anglaise.

Derniers volumes publiés

109. **LOEB.** La dynamique des phénomènes de la vie, ill. 9 fr.
108. **Cte CONSTANTIN.** Le rôle sociologique de la guerre. 6 fr.
107. **LALOY.** Parasitisme et mutualisme dans la nature, illustré 6 fr.
106. **COSTANTIN.** Le transformisme appliqué à l'agriculture, illustré. 6 fr.
105. **JAVAL.** Physiologie de la lecture et de l'écriture, 2e éd. illustré. 6 fr.

Sauf indication spéciale, tous ces volumes se vendent 6 francs.

1. **J. TYNDALL.** Les glaciers et les transform. de l'eau, 7e éd., ill.
2. (*Épuisé.*)
3. (*Épuisé.*)
4. **A. BAIN.** L'esprit et le corps, 6e édition.
5. **PETTIGREW.** La locomotion chez les animaux, 2e éd., ill.
6. **HERBERT SPENCER.** Introd. à la science sociale, 13e édit.
7. **OSCAR SCHMIDT.** Descendance et darwinisme, 6e édition.
8. **H. MAUDSLEY.** Le crime et la folie, 7e édition.
9. **VAN BENEDEN.** Les commensaux et les parasites dans le règne animal, 4e édition, illustré.
10. **BALFOUR STEWART.** La conservation de l'énergie, 6e éd., illustré.
11. **DRAPER.** Les conflits de la science et de la religion, 11e éd.
12. **LÉON DUMONT.** Théorie scientifique de la sensibilité, 4e éd.
13. **SCHUTZENBERGER.** Les fermentations, 6e édition, illustré.
14. **WHITNEY.** La vie du langage, 4e édition.
15. **COOKE et BERKELEY.** Les champignons, 4e éd., illustré.
16. **BERNSTEIN.** Les sens, 5e édition, illustré.
17. **BERTHELOT.** La synthèse chimique, 9e édition.
18. **NIEWENGLOWSKI.** La photographie et la photochimie, ill.

19 et 20. (*Épuisés.*)

21. **FUCHS.** Les volcans et les tremblements de terre, 6e éd.

22. (*Épuisé.*)
23. A. DE QUATREFAGES. L'espèce humaine, 13e édition.
24. BLASERNA et HELMHOLTZ. Le son et la musique, 5e éd.
25. (*Épuisé.*)
26. BRUCKE et HELMHOLTZ. Principes scientifiques des beaux-arts, 4e édition, illustré.
27. WURTZ. La théorie atomique, 8e édition.
28-29. SECCHI (Le Père). Les étoiles, 3e édit., 2 vol. illustrés.
30. (*Épuisé.*)
31. A. BAIN. La science de l'éducation, 10e édition.
32-33. THURSTON. Histoire de la machine à vapeur, 3e éd., 2 vol.
34. (*Épuisé.*)
35. HERBERT SPENCER. Les bases de la morale évolutionniste, 7e édition.
36. TH.-H. HUXLEY. L'écrevisse, 2e édition, illustré.
37. DE ROBERTY. La sociologie, 3e édition.
38. O.-N. ROOD. Théorie scientifique des couleurs et leurs applications à l'art et à l'industrie, 2e édition, illustré.
39. (*Épuisé.*)
40-41. CHARLTON-BASTIAN. Le cerveau et la pensée, 2e éd., 2 vol. illustrés.
42. JAMES SULLY. Les illusions des sens et de l'esprit, 3e éd., ill.
43. (*Épuisé.*)
44. A. DE CANDOLLE. Origine des plantes cultivées. 4e édit.
45-46. (*Épuisé.*)
47. ED. PERRIER. La philos. zoologique avant Darwin, 3e éd.
48. STALLO. La matière et la physique moderne, 3e édition.
49. MANTEGAZZA. La physionomie et l'expression des sentiments, 3e édit., illustré, avec 8 pl. hors texte.
50. DE MEYER. Les organes de la parole, illustré.
51. DE LANESSAN. Introduction à la botanique. *Le sapin*, 2e édit., illustré.
52-53. (*Épuisé.*)
54. TROUESSART. Microbes, ferments et moisissures, 2e éd., illustré.
55. (*Épuisé.*)
56. SCHMIDT. Les mammifères dans leurs rapports avec leurs ancêtres géologiques, illustré.
57. BINET et FÉRÉ. Le magnétisme animal, 4e éd., illustré.
58-59. ROMANES. L'intelligence des animaux, 3e éd., 2 vol.
60. F. LAGRANGE. Physiologie des exercices du corps, 8e éd.
61. DREYFUS. L'évolution des mondes et des sociétés, 3e édit.
62. DAUBRÉE. Les régions invisibles du globe et des espaces célestes, 2e édition, illustré.
63-64. (*Épuisé.*)
65. RICHET (Ch.). La chaleur animale, illustré.
66. (*Épuisé.*)
67. BEAUNIS. Les sensations internes.
68. CARTAILHAC. La France préhistorique, 2e éd., illustré.

69. BERTHELOT. **La révolution chimique, Lavoisier.** ill. 2e éd.
70. J. LUBBOCK. **Les sens et l'instinct chez les animaux**, ill.
71. STARCKE. **La famille primitive.**
72. ARLOING. **Les virus**, illustré.
73. TOPINARD. **L'homme dans la nature**, illustré.
74. BINET. **Les altérations de la personnalité.**
75. DE QUATREFAGES. **Darwin et ses précurseurs français**, 2e éd.
76. LEFÈVRE. **Les races et les langues.**
77-78. A. DE QUATREFAGES. **Les émules de Darwin**, 2 vol.
79. BRUNACHE. **Le centre de l'Afrique ; autour du Tchad**, ill.
80. A. ANGOT. **Les aurores polaires**, illustré.
81. JACCARD. **Le pétrole, l'asphalte et le bitume**, illustré.
82. STANISLAS MEUNIER. **La géologie comparée**, illustré.
83. LE DANTEC. **Théorie nouvelle de la vie**, 4e éd., illustré.
84. DE LANESSAN. **Principes de colonisation.**
85. DEMOOR, MASSART et VANDERVELDE. **L'évolution régressive en biologie et en sociologie**, illustré.
86. G. DE MORTILLET. **Formation de la nation française**, 2e édition, illustré.
87. G. ROCHÉ. **La culture des mers en Europe**, illustré.
88. J. COSTANTIN. **Les végétaux et les milieux cosmiques** (*Adaptation, évolution*), illustré.
89. LE DANTEC. **Évolution individuelle et hérédité.**
90. E. GUIGNET et E. GARNIER. **La céramique ancienne et moderne**, illustré.
91. E.-M. GELLÉ. **L'audition et ses organes**, illustré.
92. STANISLAS MEUNIER. **Géologie expérimentale**, 2e éd., ill.
93. J. COSTANTIN. **La nature tropicale**, illustré.
94. E. GROSSE. **Les débuts de l'art**, illustré.
95. J. GRASSET. **Les maladies de l'orientation et de l'équilibre**, illustré.
96. G. DEMENY. **Les bases scientifiques de l'éducation physique**, 3e éd., illustré.
97. F. MALMÉJAC. **L'eau dans l'alimentation**, illustré.
98. STANISLAS MEUNIER. **La géologie générale**, illustré.
99. G. DEMENY. **Mécanisme et éducation des mouvements**, 3e édition, illustré. 0 fr.
100. L. BOURDEAU. **Histoire du vêtement et de la parure.**
101. A. MOSSO. **Les exercices physiques et le développement intellectuel.**
102. LE DANTEC. **Les lois naturelles**, illustré.
103. NORMAN LOCKYER. **L'évolution inorganique**, illustré.
104. COLAJANNI. **Latins et Anglo-Saxons.** 9 fr.
105. JAVAL. **Physiologie de la lecture et de l'écriture**, 2e éd. ill.
106. COSTANTIN. **Le transformisme appliqué à l'agriculture**, illustré.
107. LALOY. **Parasitisme et mutualisme dans la nature**, ill
108. Cte CONSTANTIN. **Le rôle sociologique de la guerre et le sentiment national.**
109. LOEB. **La dynamique des phénomènes de la vie**, ill. 9 fr.

COLLECTION MÉDICALE

ÉLÉGANTS VOLUMES IN-12, CARTONNÉS A L'ANGLAISE, A 4 ET A 3 FRANCS

Derniers volumes publiés :

L'amnésie, par les Drs DROMARD et LEVASSORT. 4 fr.
La mélancolie, par le Dr R. MASSELON. 4 fr.
Essai sur la puberté chez la femme, par le Dr MARTHE FRANCILLON. 4 fr.
Hygiène de l'alimentation dans l'état de santé et de maladie, par le Dr J. LAUMONIER, avec gravures. 3e éd. 4 fr.
Les nouveaux traitements, par *le même*, 2e édit. 4 fr.
Les embolies bronchiques tuberculeuses, par le Dr CH. SABOURIN. 4 fr.
Manuel d'électrothérapie et d'électrodiagnostic, par le Dr E. ALBERT-WEIL, avec 88 gravures. 2e éd. 4 fr.

L'alimentation des nouveau-nés. *Hygiène de l'allaitement artificiel*, par le Dr S. ICARD, avec 60 gravures. 2e édit. 4 fr.
La mort réelle et la mort apparente, diagnostic et traitement de la mort apparente, par *le même*, avec gravures. 4 fr.
L'hygiène sexuelle et ses conséquences morales, par le Dr S. RIBBING, prof. à l'Univ. de Lund (Suède). 3e édit. 4 fr.
Hygiène de l'exercice chez les enfants et les jeunes gens, par le Dr F. LAGRANGE, lauréat de l'Institut. 8e édit. 4 fr.
De l'exercice chez les adultes, par *le même*. 4e édition. 4 fr.
Hygiène des gens nerveux, par le Dr LEVILLAIN, avec gravures. 4e édition. 4 fr.
L'éducation rationnelle de la volonté, son emploi thérapeutique, par le Dr PAUL-EMILE LÉVY. Préface de M. le prof. BERNHEIM. 6e édition. 4 fr.
L'idiotie. *Psychologie et éducation de l'idiot*, par le Dr J. VOISIN, médecin de la Salpêtrière, avec gravures. 4 fr.
La famille névropathique, *Hérédité, prédisposition morbide, dégénérescence*, par le Dr CH. FÉRÉ, médecin de Bicêtre, avec gravures. 2e édition. 4 fr.
L'instinct sexuel. *Évolution, dissolution*, par *le même*. 2e éd. 4 fr.
Le traitement des aliénés dans les familles, par *le même*. 3e édition. 4 fr.
L'hystérie et son traitement, par le Dr PAUL SOLLIER. 4 fr.
Manuel de psychiatrie, par le Dr J. ROGUES DE FURSAC. 2e éd. 4 fr.

L'éducation physique de la jeunesse, par A. Mosso, professeur à l'Université de Turin. 4 fr.

Manuel de percussion et d'auscultation, par le Dr P. Simon, professeur à la Faculté de médecine de Nancy, avec grav. 4 fr.

Manuel théorique et pratique d'accouchements, par le Dr A. Pozzi, professeur à l'École de médecine de Reims, avec 138 gravures. 4e édition. 4 fr.

Morphinisme et Morphinomanie, par le Dr Paul Rodet. (*Couronné par l'Académie de médecine.*) 4 fr.

La fatigue et l'entraînement physique, par le Dr Ph. Tissié, avec gravures. Préface de M. le prof. Bouchard. 2e édition. 4 fr.

Les maladies de la vessie et de l'urèthre chez la femme, par le Dr Kolischer; trad. de l'allemand par le Dr Beuttner, de Genève; avec gravures. 4 fr.

La profession médicale. *Ses devoirs, ses droits*, par le Dr G. Morache, professeur de médecine légale à l'Université de Bordeaux. 4 fr.

Le mariage, par *le même.* 4 fr.

Grossesse et accouchement, par *le même.* 4 fr.

Naissance et mort, par *le même.* 4 fr.

La responsabilité, par *le même.* 4 fr.

Traité de l'intubation du larynx *chez l'enfant et chez l'adulte*, par le Dr A. Bonain, avec 42 gravures. 4 fr.

Pratique de la chirurgie courante, par le Dr M. Cornet. Préface du Pr Ollier, avec 111 gravures. 4 fr.

Dans la même collection :

COURS DE MÉDECINE OPÉRATOIRE

de M. le Professeur **Félix Terrier.**

Petit manuel d'antisepsie et d'asepsie chirurgicales, par les Drs Félix Terrier, professeur à la Faculté de médecine de Paris, et M. Péraire, ancien interne des hôpitaux, avec grav. 3 fr.

Petit manuel d'anesthésie chirurgicale, par *les mêmes*, avec 37 gravures. 3 fr.

L'opération du trépan, par *les mêmes*, avec 222 grav. 4 fr.

Chirurgie de la face, par les Drs Félix Terrier, Guillemain et Malherbe, avec gravures. 4 fr.

Chirurgie du cou, par *les mêmes*, avec gravures. 4 fr.

Chirurgie du cœur et du péricarde, par les Drs Félix Terrier et E. Reymond, avec 79 gravures. 3 fr.

Chirurgie de la plèvre et du poumon, par *les mêmes*, avec 67 gravures. 4 fr.

MÉDECINE

EXTRAIT DU CATALOGUE, PAR ORDRE DE SPÉCIALITÉS

Dernières publications :

BOUCHUT ET DESPRÈS. **Dictionnaire de médecine et de thérapeutique médicale et chirurgicale,** comprenant le résumé de la médecine et de la chirurgie, les indications thérapeutiques de chaque maladie, la médecine opératoire, les accouchements, l'oculistique, l'odontotechnie, les maladies d'oreilles, l'électrisation, la matière médicale, les eaux minérales, et un formulaire spécial pour chaque maladie. 7e édition, très augmentée, mise au courant de la science par les Drs MARION et F. BOUCHUT. 1 vol. in-4, avec 1097 fig. dans le texte et 3 cartes. Broché, 25 fr. ; relié. 30 fr.

CAMUS ET PAGNIEZ. **Isolement et psychothérapie.** *Traitement de la neurasthénie.* Préface du Pr DÉJERINE. 1 vol. gr. in-8. 9 fr.
Couronné par l'Académie des sciences (Prix Lallemand.)

CHASSEVANT (A.). **Précis de chimie physiologique.** 1 vol. gr. in-8. 10 fr.

CORNIL, RANVIER, BRAULT ET LETULLE. **Manuel d'histologie pathologique.** 3e édition entièrement remaniée.

TOME I, par MM. RANVIER, CORNIL, BRAULT, F. BEZANÇON et M. CAZIN. — *Histologie normale.* — *Cellules et tissus normaux.* — *Généralités sur l'histologie pathologique.* — *Altération des cellules et des tissus.* — *Inflammations.* — *Tumeurs.* — *Notions sur les bactéries.* — *Maladies des systèmes et des tissus.* — *Altérations du tissu conjonctif.* 1 vol. in-8, avec 387 gravures en noir et en couleurs. 25 fr.

TOME II, par MM. DURANTE, JOLLY, DOMINICI, GOMBAULT et PHILIPPE. — *Muscles.* — *Sang et hématopoïèse.* — *Généralités sur le système nerveux.* 1 vol. in-8, avec 278 grav. en noir et en couleurs. 25 fr.

TOME III, par MM. GOMBAULT, NAGEOTTE, A. RICHE, R. MARIE, DURANTE, LEGRY, MILIAN, F. BEZANÇON. — *Cerveau.* — *Moelle.* — *Nerfs.* — *Cœur.* — *Larynx.* — *Ganglion lymphatique.* — *Rate.* 1 vol. in-8, avec 382 grav. en noir et en couleurs. 35 fr.

L'ouvrage complet comprendra 4 volumes (le tome IV paraîtra en 1908).

CYON (E. DE). **Les nerfs du cœur.** 1 vol. gr. in-8 avec fig. 6 fr.

DEBIERRE. **Le cerveau et la moelle épinière.** 1 vol. in-8, avec grav. en noir et en couleurs. 15 fr.

ESTOR. **Guide pratique de chirurgie infantile.** 1 vol. in-8, avec 165 gravures. 8 fr.

FLEURY (Maurice de). **Manuel pour l'étude des maladies du système nerveux.** 1 vol. gr. in-8, avec 132 grav. en noir et en couleurs, cart. à l'angl. 25 fr.
(*Couronné par l'Académie des sciences.*)

FRENKEL (Dr H. S.). **L'ataxie tabétique.** *Ses origines, son traitement.* Préface de M. le Prof. RAYMOND. 1 vol. in-8. 8 fr.

LABADIE-LAGRAVE ET LEGUEU. **Traité médico-chirurgical de gynécologie.** 3e édition entièrement remaniée. 1 vol. grand in-8, avec nombreuses fig., cart. à l'angl. 25 fr.

LAGRANGE (F.). **Le traitement des affections du cœur par l'exercice et le mouvement.** 1 vol. in-8, avec fig. et une carte hors texte. 6 fr.

LE DANTEC (F.). **Traité de biologie.** 1 vol. grand in-8, avec fig., 2ᵉ éd. 15 fr.

— **Introduction à la pathologie générale.** 1 fort vol. gr. in-8. 15 fr.

NIMIER (H.). **Blessures du crâne et de l'encéphale par coup de feu.** 1 vol. in-8, avec 150 fig. 15 fr.

TERRIER (F.) et AUVRAY (M.). **Chirurgie du foie et des voies biliaires.** — TOME I. *Traumatismes du foie et des voies biliaires. — Foie mobile. — Tumeurs du foie et des voies biliaires.* 1901. 1 vol. gr. in-8, avec 50 gravures. 10 fr.

TOME II. *Echinococcose hydatique commune. — Kystes alvéolaires. — Suppurations hépatiques. — Abcès tuberculeux intra-hépatique. — Abcès de l'actinomycose.* 1907. 1 vol. gr. in-8, avec 47 gravures. 12 fr.

UNNA. **Thérapeutique des maladies de la peau.** Traduit de l'allemand par les Drs DOYON et SPILLMANN. 1 vol. gr. in-8.

A. — Pathologie et thérapeutique médicales.

BOURCART et CAUTRU. **Le ventre.** I. *Le rein.* 1 vol. gr. in-8 avec grav. et planches. 10 fr.

CORNIL ET BABÈS. **Les bactéries et leur rôle dans l'anatomie et l'histologie pathologiques des maladies infectieuses.** 3ᵉ éd. entièrement refondue. 2 vol. in-8, avec 350 fig. en noir et en couleurs dans le texte et 12 planches hors texte. 40 fr.

DAVID. **Les microbes de la bouche.** 1 vol. in-8, avec gravures en noir et en couleurs dans le texte. 10 fr.

DODERLEIN. **Précis d'opérations obstétricales.** 1 vol. in-8, avec grav., cartonné. 5 fr.

FÉRÉ (Ch.). **Les épilepsies et les épileptiques.** 1 vol. gr. in-8, avec 12 planches hors texte et 67 grav. dans le texte. 20 fr.

— **La pathologie des émotions.** 1 vol. in-8. 12 fr.

FINGER (E.). **La syphilis et les maladies vénériennes.** Trad. de l'allemand avec notes par les docteurs SPILLMANN et DOYON. 2ᵉ édit. 1 vol. in-8, avec 5 planches hors texte. 12 fr.

FLEURY (Maurice de). **Introduction à la médecine de l'esprit.** 7ᵉ édit. 1 vol. in-8. 7 fr. 50

(*Ouvrage couronné par l'Académie française et par l'Académie de médecine.*)

— **Les grands symptômes neurasthéniques.** 3ᵉ édition, revue. 1 vol. in-8. 7 fr. 50

(*Couronné par l'Académie des sciences.*)

GRASSET. **Les maladies de l'orientation et de l'équilibre.** 1 vol. in-8, cart. à l'angl. 6 fr.

HERARD, CORNIL ET HANOT. **De la phtisie pulmonaire.** 2ᵉ éd. 1 vol. in-8, avec fig. dans le texte et pl. coloriées. 20 fr.

ICARD (S.). **La femme pendant la période menstruelle.** Étude de psychologie morbide et de médecine légale. In-8. 6 fr.

JANET (P.) ET RAYMOND (F.). **Névroses et idées fixes.** TOME I. — *Études expérimentales sur les troubles de la volonté, de l'attention, de la mémoire; sur les émotions, les idées obsédantes et leur traitement,* par P. JANET. 2ᵉ éd. 1 vol. gr. in-8, avec 68 gr. 12 fr.

TOME II. — *Fragments des leçons cliniques du mardi sur les névroses, les maladies produites par les émotions, les idées obsédantes et leur traitement*, par F. RAYMOND et P. JANET. 2ᵉ éd. 1 vol. grand in-8, avec 97 gravures. 14 fr.

(*Couronné par l'Académie des Sciences et l'Académie de médecine.*)

JANET (P.) ET RAYMOND (F.). **Les obsessions et la psychasthénie.** TOME I. — *Études cliniques et expérimentales sur les idées obsédantes, les impulsions, les manies mentales, la folie du doute, les tics, les agitations, les phobies, les délires du contact, les angoisses, les sentiments d'incomplétude, la neurasthénie, les modifications des sentiments du réel, leur pathogénie et leur traitement*, par P. JANET. 1 vol. in-8 raisin, avec gravures dans le texte. 18 fr.

TOME II. — *Fragments des leçons cliniques du mardi sur les états neurasthéniques, les aboulies, les sentiments d'incomplétude, les agitations et les angoisses diffuses, les algies, les phobies, les délires du contact, les tics, les manies mentales, les folies du doute, les idées obsédantes, les impulsions, leur pathogénie et leur traitement*, par F. RAYMOND et P. JANET. 1 vol. in-8 raisin, avec 22 grav. dans le texte. 14 fr.

LAGRANGE (F.). **Les mouvements méthodiques et la « mécanothérapie ».** 1 vol. in-8, avec 55 gravures dans le texte. 10 fr.

— **La médication par l'exercice.** 1 vol. gr. in-8 avec 68 grav. et une planche en couleurs hors texte. 2ᵉ éd. 12 fr.

MARVAUD (A.). **Les maladies du soldat.** 1 vol. grand in-8. (*Ouvrage couronné par l'Académie des sciences.*) 20 fr.

MOSSÉ. **Le diabète et l'alimentation aux pommes de terre.** 1 vol. in-8. 5 fr.

RILLIET ET BARTHEZ. **Traité clinique et pratique des maladies des enfants.** 3ᵉ édition, refondue et augmentée, par BARTHEZ et A. SANNÉ. — TOME I, 1 fort vol. gr. in-8, 16 fr. — TOME II, 1 fort vol. gr. in-8, 14 fr. — TOME III terminant l'ouvrage, 1 fort vol. gr. in-8. 25 fr.

SOLLIER (P.). **Genèse et nature de l'hystérie.** 2 vol. in-8. 20 fr.

VOISIN (J.). **L'épilepsie.** 1 vol. in-8. 6 fr.

B. — Pathologie et thérapeutique chirurgicales.

DE BOVIS. **Le cancer du gros intestin.** 1 volume in-8. 5 fr.

DELORME. **Traité de chirurgie de guerre.** 2 vol. gr. in-8.

TOME I, avec 95 grav. dans le texte et une pl. hors texte. 16 fr.

TOME II, terminant l'ouvrage, avec 400 grav. dans le texte. 26 fr.

(*Ouvrage couronné par l'Académie des sciences.*)

DURET (H.). **Les tumeurs de l'encéphale.** *Manifestations et chirurgie.* 1 fort vol. gr. in-8 avec 300 figures. 20 fr.

JULLIARD. **Manuel pratique des bandages, pansements et appareils chirurgicaux.** 1 vol. in-8 avec grav. br. 6 fr. cart. 7 fr.

KOSCHER. **Les fractures de l'humérus et du fémur.** 1 vol. gr. in-8, avec 105 fig. et 58 planches hors texte. 15 fr.

LEGUEU. **Leçons de clinique chirurgicale** (Hôtel-Dieu, 1901). 1 vol. grand in-8, avec 71 gravures dans le texte. 12 fr.

LIEBREICH. **Atlas d'ophtalmoscopie,** représentant l'état normal et les modifications pathologiques du fond de l'œil vues à l'ophtalmoscope. 3ᵉ édition. Atlas in-fᵒ de 12 planches. 40 fr.

NIMIER (H.) ET DESPAGNET. **Traité élémentaire d'ophtalmologie.** 1 fort vol. gr. in-8, avec 432 gravures. Cart. à l'angl. 20 fr.

NIMIER (H.) ET LAVAL. **Les projectiles de guerre** et leur action vulnérante. 1 vol. in-12, avec grav. 3 fr.

— **Les explosifs, les poudres, les projectiles d'exercice,** leur action et leurs effets vulnérants. 1 vol. in-12, avec grav. 3 fr.

— **Les armes blanches,** leur action et leurs effets vulnérants. 1 vol. in-12, avec grav. 6 fr.

— **De l'infection en chirurgie d'armée,** évolution des blessures de guerre. 1 vol. in-12, avec grav. 6 fr.

— **Traitement des blessures de guerre.** 1 fort vol. in-12, avec gravures. 6 fr.

F. TERRIER ET M. PÉRAIRE. **Manuel de petite chirurgie.** 8e édition, entièrement refondue. 1 fort vol. in-12, avec 572 fig., cartonné à l'anglaise. 8 fr.

C. — Thérapeutique. Pharmacie. Hygiène.

BOSSU. **Petit compendium médical.** 6e édit. 1 vol. in-32, cartonné à l'anglaise. 1 fr. 25

BOUCHARDAT. **Nouveau formulaire magistral.** 33e édit. 1905. 1 vol. in-18, cartonné. 4 fr.

BOUCHARDAT ET DESOUBRY. **Formulaire vétérinaire,** contenant le mode d'action, l'emploi et les doses des médicaments. 6e édit. 1 vol. in-18, cartonné. 4 fr.

BOURGEOIS (G.). **Exode rural et tuberculose.** 1 vol. gr. in-8. 5 fr.

LAGRANGE (F.). **La médication par l'exercice.** 1 vol. grand in-8, avec 68 grav. et une carte en couleurs. 2 éd. 12 fr.

— **Les mouvements méthodiques et la « mécanothérapie ».** 1 vol. in-8, avec 55 gravures. 10 fr.

LAYET. **Hygiène et Colonisation. La santé des Européens entre les tropiques.** T. I, 1 vol. in-8. 7 fr.

WEBER. **Climatothérapie.** Traduit de l'allemand par les docteurs DOYON et SPILLMANN. 1 vol. in-8. 6 fr.

D. — Anatomie. Physiologie.

BELZUNG. **Anatomie et physiologie végétales.** 1 fort volume in-8, avec 1700 gravures. 20 fr.

— **Anatomie et physiologie animales.** 10e édition revue. 1 fort volume in-8, avec 522 gravures dans le texte, broché, 6 fr.; cart. 7 fr.

BÉRAUD (B.-J.). **Atlas complet d'anatomie chirurgicale topographique,** pouvant servir de complément à tous les ouvrages d'anatomie chirurgicale, composé de 109 planches représentant plus de 200 figures gravées sur acier, avec texte explicatif. 1 fort vol. in-4.

Prix : Fig. noires, relié, 60 fr. — Fig. coloriées, relié, 120 fr.

BONNIER. **La voix,** *sa culture physiologique.* 1 vol. in-16, avec gravures. 3 fr. 50

CHASSEVANT. **Précis de chimie physiologique.** 1 vol. gr. in-8 avec figures. 10 fr.

DEBIERRE. **Traité élémentaire d'anatomie de l'homme.** Ouvrage complet en 2 volumes. 40 fr.

TOME I. *Manuel de l'amphithéâtre.* 1 vol. in-8 de 950 pages, avec 450 figures en noir et en couleurs dans le texte. 20 fr.

TOME II ET DERNIER. 1 vol. in-8, avec 515 figures en noir et en couleurs dans le texte. 20 fr.

(*Couronné par l'Académie des sciences.*)

— **Atlas d'ostéologie,** comprenant les articulations des os et les insertions musculaires. 1 vol. in-4, avec 253 grav. en noir et en couleurs, cart. toile dorée. 12 fr.

— **Leçons sur le péritoine.** 1 vol. in-8, avec 58 figures. 4 fr.

— **L'embryologie en quelques leçons.** 1 vol. in-8, avec 144 fig. 4 fr.

— **Le cerveau et la moelle épinière.** 1 vol. in-8 avec fig. et planches. 15 fr.

DEMENY (G.) **Mécanisme et éducation des mouvements.** 3e éd. 1 vol. in-8, avec grav. cart. 9 fr.

FAU. **Anatomie des formes du corps humain,** à l'usage des peintres et des sculpteurs. 1 atlas in-folio de 25 planches. Prix : Figures noires, 15 fr. — Figures coloriées. 30 fr.

FÉRÉ. **Travail et plaisir.** *Études de psycho-mécanique.* 1 vol. gr. in-8, avec 200 fig. 12 fr.

— **Sensation et mouvement.** 2e éd. 1 vol. in-16, avec grav. 2 fr. 50

GLEY (E.). **Études de psychologie physiologique et pathologique.** 1 vol. in-8 avec gravures. 5 fr.

GRASSET (J.). **Les limites de la biologie.** 4e édit. Préface de Paul BOURGET. 1 vol. in-16. 2 fr. 50

LE DANTEC. **Lamarckiens et Darwiniens.** 2e éd. 1 vol. in-16. 2 fr. 50

— **L'unité dans l'être vivant.** *Essai d'une biologie chimique.* 1 vol. in-8. 7 fr. 50

— **Les limites du connaissable.** *La vie et les phénomènes naturels.* 2e édit. 1 vol. in-8. 3 fr. 75

— **Éléments de philosophie biologique.** 1 vol. in-16. 3 fr. 50

PREYER. **Éléments de physiologie générale.** Traduit de l'allemand par M. J. SOURY. 1 vol. in-8. 5 fr.

— **Physiologie spéciale de l'embryon.** 1 vol. in-8, avec figures et 9 planches hors texte. 7 fr. 50

RICHET. (Ch.), professeur à la Faculté de médecine de Paris, membre de l'Académie de médecine. **Dictionnaire de physiologie,** publié avec le concours de savants français et étrangers. Formera 10 à 12 volumes gr. in-8, se composant chacun de 3 fascicules; chaque volume, 25 fr.; chaque fascicule, 8 fr. 50. 7 volumes parus.

TOME I (*A-Bac*). — TOME II (*Bac-Cer*). — TOME III (*Cer-Cob*). — TOME IV (*Cob-Dig*). — TOME V (*Dic-Fac*). — TOME VI (*Fiom-Gal*). — TOME VII (*Gal-Gra*).

SPENCER (Herbert). **Principes de biologie,** traduit par M. CAZELLES. 4e édit. 2 forts vol. in-8. 20 fr.

BIBLIOTHÈQUE GÉNÉRALE DES SCIENCES SOCIALES

Secrétaire de la rédaction : DICK MAY, Secrét. gén. de l'Éc. des Hautes Études sociales.
Volumes in-8 carré de 300 pages environ, cart. à l'anglaise.
Chaque volume, 6 fr.

Derniers volumes parus :

L'individu, l'association et l'État, par E. Fournière.
Le surpeuplement et les habitations à bon marché, par H. Turot et H. Bellamy.
Essais socialistes, *La religion, L'alcoolisme, L'art*, par E. Vandervelde, professeur à l'Université nouvelle de Bruxelles.
Religions et sociétés, par MM. Th. Reinach, A. Puech, R. Allier, A. Leroy-Beaulieu, le Bon Carra de Vaux, H. Dreyfus.
Enseignement et démocratie, par MM. A. Croiset, Devinat, Boitel, Millerand, Appell, Seignobos, Lanson, Ch.-V. Langlois.

L'individualisation de la peine, par R. Saleilles, professeur à la Faculté de droit de l'Université de Paris.
L'idéalisme social, par Eugène Fournière.
Ouvriers du temps passé (xve et xvie siècles), par H. Hauser, professeur à l'Université de Dijon, 2e édition.
Les transformations du pouvoir, par G. Tarde, de l'Institut, professeur au Collège de France.
Morale sociale, par MM. G. Belot, Marcel Bernès, Brunschvicg, F. Buisson, Darlu, Dauriac, Delbet, Ch. Gide, M. Kovalevsky, Malapert, le R. P. Maumus, de Roberty, G. Sorel, le Pasteur Wagner. Préface de M. Émile Boutroux, de l'Institut.
Les enquêtes, *pratique et théorie*, par P. du Maroussem.
Questions de morale, par MM. Belot, Bernès, F. Buisson, A. Croiset, Darlu, Delbos, Fournière, Malapert, Moch, D. Parodi, G. Sorel. 2e édit.
Le développement du catholicisme social, depuis l'encyclique *Rerum Novarum*, par Max Turmann. 2e édit.
Le socialisme sans doctrines, par A. Métin.
L'éducation morale dans l'Université (*Enseignement secondaire*). Conférences et discussions, sous la présidence de M. A. Croiset, doyen de la Faculté des lettres de l'Université de Paris.
La méthode historique appliquée aux sciences sociales, par Ch. Seignobos, maître de conf. à l'Univ. de Paris.
Assistance sociale. *Pauvres et mendiants*, par Paul Strauss, sénateur.
L'hygiène sociale, par E. Duclaux, de l'Institut, directeur de l'Institut Pasteur.
Le contrat de travail. *Le rôle des syndicats professionnels*, par P. Bureau, professeur à la Faculté libre de droit de Paris.
Essai d'une philosophie de la solidarité. Conférences et discussions, sous la présidence de MM. Léon Bourgeois et A. Croiset. 2e édit.
L'éducation de la démocratie, par MM. E. Lavisse, A. Croiset, Seignobos, Malapert, Lanson, Hadamard. 2e édit.

L'exode rural et le retour aux champs, par E. VANDERVELDE, professeur à l'Université nouvelle de Bruxelles.

La lutte pour l'existence et l'évolution des sociétés, par J.-L. DE LANESSAN, député, ancien ministre de la Marine.

La concurrence sociale et les devoirs sociaux, par LE MÊME.

La démocratie devant la science, par C. BOUGLÉ, professeur à l'Université de Toulouse.

L'individualisme anarchiste. *Max Stirner*, par V. BASCH, professeur à l'Université de Rennes.

Les applications sociales de la solidarité, par MM. P. BUDIN, CH. GIDE, H. MONOD, PAULET, ROBIN, SIEGFRIED, BROUARDEL. Préface de M. LÉON BOURGEOIS.

La paix et l'enseignement pacifiste, par MM. FR. PASSY, CH. RICHET, D'ESTOURNELLES DE CONSTANT, E. BOURGEOIS, A. WEISS, H. LA FONTAINE, G. LYON.

Études sur la philosophie morale au XIXe siècle, par MM. BELOT, A. DARLU, M. BERNÈS, A. LANDRY, CH. GIDE, E. ROBERTY, R. ALLIER, H. LICHTENBERGER, L. BRUNSCHVICG.

Enseignement et démocratie, par MM. CROISET, DEVINAT, BOITEL, MILLERAND, APPELL, SEIGNOBOS, LANSON, CH.-V. LANGLOIS.

Religions et sociétés, par MM. TH. REINACH, A. PUECH, R. ALLIER, A. LEROY-BEAULIEU, le Bon CARRA DE VAUX, H. DREYFUS.

Essais socialistes, *La religion*, *L'alcoolisme*, *L'art*, par E. VANDERVELDE, professeur à l'Université nouvelle de Bruxelles.

Le surpeuplement et les habitations à bon marché, par H. TUROT et H. BELLAMY.

L'individu, l'association et l'État, par E. FOURNIÈRE.

MINISTRES ET HOMMES D'ÉTAT

Chaque volume in-16, 2 fr. 50

Bismarck, par H. WELSCHINGER.
Prim, par H. LÉONARDON.
Disraeli, par M. COURCELLE.
Ôkoubo, ministre japonais, par M. COURANT.
Chamberlain, par A. VIALLATE.

LES MAITRES DE LA MUSIQUE

ÉTUDES D'HISTOIRE ET D'ESTHÉTIQUE

Publiées sous la direction de M. JEAN CHANTAVOINE

Chaque volume in-8 de 250 pages environ, 3 fr. 50

Palestrina, par M. BRENET.
J.-S. Bach, par A. PIRRO. 2e édit.
César Franck, par VINCENT D'INDY. 3e édit.
Beethoven, par JEAN CHANTAVOINE. 3e édit.
Mendelssohn, par CAMILLE BELLAIGUE.
Smetana, par WILLIAM RITTER.

En préparation :

Grétry, par PIERRE AUBRY. — **Orlande de Lassus**, par HENRY EXPERT. — **Wagner**, par HENRI LICHTENBERGER. — **Berlioz**, par ROMAIN ROLLAND. — **Rameau**, par L. LALOY. — **Schubert**, par A. SCHWEITZER. — **Gluck**, par JULIEN TIERSOT, etc., etc.

BIBLIOTHÈQUE
D'HISTOIRE CONTEMPORAINE

Volumes in-16 et in-8

DERNIERS VOLUMES PUBLIÉS :

LES QUESTIONS ACTUELLES DE POLITIQUE ÉTRANGÈRE EN EUROPE, par MM. *F. Charmes, A. Leroy-Beaulieu, R. Millet, A. Ribot, A. Vandal, R. de Caix, R. Henry, G.-L. Jaray, R. Pinon, A. Tardieu.* 1 vol. in-16, avec cartes. . . . . 3 fr. 50

LA CONFÉRENCE D'ALGÉSIRAS. *Histoire diplomatique de la crise marocaine (janvier-avril 1906)*, par *A. Tardieu.* 2e édit. 1 vol. in-8. 10 fr.

HISTOIRE DU MOUVEMENT SYNDICAL EN FRANCE (1789-1906), par *Paul Louis.* 1 vol. in-16. . . . . 3 fr. 50

LA FRANCE MODERNE ET LE PROBLÈME COLONIAL (1815-1830), par *Ch. Schefer.* 1 vol. in-8. . . . . 7 fr.

LES MISSIONS ET LEUR PROTECTORAT, par *J.-L. de Lanessan.* 1 vol. in-16. . . . . 3 fr. 50

L'ÉGLISE CATHOLIQUE ET L'ÉTAT EN FRANCE SOUS LA TROISIÈME RÉPUBLIQUE (1870-1906), par *A. Debidour.* I. 1870-1889. 1 vol. in-8. 7 fr.

EUROPE

HISTOIRE DE L'EUROPE PENDANT LA RÉVOLUTION FRANÇAISE, par *H. de Sybel.* Traduit de l'allemand par Mlle Dosquet. 6 vol. in-8. Chacun. 7 fr.

HIST. DIPLOMATIQUE DE L'EUROPE (1815-1878), par *Debidour*, 2 v. in-8. 18 fr.

LA QUESTION D'ORIENT, depuis ses origines jusqu'à nos jours, par *E. Driault*; préface de *G. Monod.* 1 vol. in-8, 3e édit. . . . . 7 fr.

LA PAPAUTÉ, par *I. de Dœllinger.* Trad. de l'allemand. 1 vol. in-8. 7 fr.

QUESTIONS DIPLOMATIQUES DE 1904, par *A. Tardieu.* 1 vol. in-16. 3 fr. 50

FRANCE

LA RÉVOLUTION FRANÇAISE, par *H. Carnot.* 1 vol. in-16. Nouv. éd. 3 fr. 50

LA THÉOPHILANTHROPIE ET LE CULTE DÉCADAIRE (1796-1801), par *A. Mathiez.* 1 vol. in-8. . . . . 12 fr.

CONTRIBUTIONS A L'HISTOIRE RELIGIEUSE DE LA RÉVOLUTION FRANÇAISE, par *le même.* 1 vol. in-16. . . . . 3 fr. 50

MÉMOIRES D'UN MINISTRE DU TRÉSOR PUBLIC (1780-1815), par le comte *Mollien.* Publié par *M. Gomel.* 3 vol. in-8. . . . . 15 fr.

CONDORCET ET LA RÉVOLUTION FRANÇAISE, par *L. Cahen.* 1 vol. in-8. 10 fr.

CAMBON ET LA RÉVOLUTION FRANÇAISE, par *F. Bornarel.* 1 vol. in-8. 7 fr.

LE CULTE DE LA RAISON ET LE CULTE DE L'ÊTRE SUPRÊME (1793-1794). Étude historique, par *A. Aulard.* 2e éd. 1 vol. in-16. . . . . . . 3 fr. 50

ÉTUDES ET LEÇONS SUR LA RÉVOLUTION FRANÇAISE, par *A. Aulard.* 5 vol. in-16. Chacun . . . . 3 fr. 50

VARIÉTÉS RÉVOLUTIONNAIRES, par *M. Pellet.* 3 vol. in-16. Chacun 3 fr. 50

HOMMES ET CHOSES DE LA RÉVOLUTION, par *Eug. Spuller.* 1 vol. in-16. . . . . 3 fr. 50

LES CAMPAGNES DES ARMÉES FRANÇAISES (1792-1815), par *C. Vallaux.* 1 vol. in-16, avec 17 cartes. . . . . 3 fr. 50

LA POLITIQUE ORIENTALE DE NAPOLÉON (1806-1808), par *E. Driault.* 1 vol. in-8. . . . . 7 fr.

NAPOLÉON ET LA SOCIÉTÉ DE SON TEMPS, par *P. Bondois.* 1 vol. in-8. 7 fr.

DE WATERLOO A SAINTE-HÉLÈNE (20 juin-16 oct. 1815), par *J. Silvestre.* 1 vol. in-16. 3 fr. 50

HISTOIRE DE DIX ANS (1830-1840), par *Louis Blanc.* 5 vol. in-8. Chacun. 5 fr.

ASSOCIATIONS ET SOCIÉTÉS SECRÈTES SOUS LA DEUXIÈME RÉPUBLIQUE (1848-1851), par *J. Tchernoff.* 1 vol. in-8. . . . . 7 fr.

HISTOIRE DU SECOND EMPIRE (1848-1870), par *Taxile Delord.* 6 vol. in-8. Chacun . . . . 7 fr.

HISTOIRE DU PARTI RÉPUBLICAIN (1814-1870), par *G. Weill.* 1 v. in-8. 10 fr.

HISTOIRE DU MOUVEMENT SOCIAL (1852-1902), par *le même.* 1 v. in-8. 7 fr.

LA CAMPAGNE DE L'EST (1870-71), par *Poullet.* 1 vol. in-8 avec cartes. 7 fr.

Histoire de la troisième République, par *E. Zévort* : I. *Présidence de M. Thiers*, 1 vol. in-8. 3e édit. 7 fr. — II. *Présidence du Maréchal*. 1 vol. in-8. 2e édit. 7 fr. — III. *Présidence de Jules Grévy*. 1 vol. in-8. 2e édition. 7 fr. — IV. *Présidence de Sadi-Carnot*. 1 vol. in-8. . . . 7 fr.
Histoire des rapports de l'Église et de l'État en France (1789-1870), par *A. Debidour*. 1 vol. in-8 (*Couronné par l'Institut*). . . . 12 fr.
L'État et les Églises en France, Des origines à la loi de séparation, par *J.-L. de Lanessan*. 1 vol. in-16. . . . . 3 fr. 50
La société française sous la troisième République, par *Marius-Ary Leblond*. 1 vol. in-8. . . . . 5 fr.
Histoire de la liberté de conscience en France (1595-1870), par *G. Bonet-Maury*. 1 vol. in-8. . . . . 5 fr.
Les civilisations tunisiennes, par *P. Lapie*. 1 vol. in-16. . 3 fr. 50
La France politique et sociale, par *Aug. Laugel*. 1 vol. in-8. 5 fr.
Les colonies françaises, par *P. Gaffarel*. 1 vol. in-8. 6e éd. . . 5 fr.
L'œuvre de la France au Tonkin, par *A. Gaisman*. 1 vol. in-16 avec cartes. . . . . 3 fr. 50
La France hors de France. *Notre émigration, sa nécessité, ses conditions*, par *J.-B. Piolet*. 1 vol. in-8 . . . . 10 fr.
L'Indo-Chine française (*Cochinchine, le Cambodge, l'Annam* et *le Tonkin*), par *J.-L. de Lanessan*. 1 vol. in-8, avec 5 cartes en couleurs. 15 fr.
L'Algérie, par *M. Wahl*. 1 vol. in-8. 4e éd., revue par *A. Bernard*. 5 fr.

ANGLETERRE

Histoire contemporaine de l'Angleterre, depuis la mort de la reine Anne jusqu'à nos jours, par *H. Reynald*. 1 vol. in-16. 2e éd. 3 fr. 50
Lord Palmerston et lord Russell, par *Aug. Laugel*. 1 vol. in-16. 3 fr. 50
Le socialisme en Angleterre, par *Albert Métin*. 1 vol. in-16. 3 fr. 50
Histoire gouvernementale de l'Angleterre (1770-1830), par *Cornewal Lewis*. 1 vol. in-8 . . . . 7 fr.

ALLEMAGNE

Le grand-duché de Berg (1806-1813), par *Ch. Schmidt*. 1 vol. in-8.. 10 fr.
Histoire de la Prusse, de la mort de Frédéric II à la bataille de Sadowa, par *E. Véron*. 1 vol. in-18. 6e éd., revue par *Paul Bondois*. 3 fr. 50
Histoire de l'Allemagne, dep. la bataille de Sadowa à nos jours, par *E. Véron*. 1 vol. in-18. 3e éd., continuée jusqu'en 1892, par *P. Bondois*. 3 fr. 50
Le socialisme allemand et le nihilisme russe, par *J. Bourdeau*. 1 vol. in-16. 2e édition. . . . . 3 fr. 50
Les origines du socialisme d'État en Allemagne, par *Ch. Andler*. 1 vol. in-8. . . . . 7 fr.
L'Allemagne nouvelle et ses historiens (*Niebuhr, Ranke, Mommsen, Sybel, Treitschke*), par *A. Guilland*. 1 vol. in-8 . . . . 5 fr.
La démocratie socialiste allemande, par *E. Milhaud*. 1 vol. in-8. 10 fr.
La Prusse et la Révolution de 1848, par *P. Matter*. 1 v. in-16. 3 fr. 50
Bismarck et son temps, par *le même*. I. *La préparation* (1815-1862), 1 vol. in-8, 10 fr. — II. *L'action* (1863-1870), 1 vol. in-8, 10 fr. — III. *Le triomphe et le déclin* (1870-1898). 1 vol. in-8. . . . . 10 fr.

AUTRICHE-HONGRIE

Les Tchèques et la Bohême contemporaine, par *J. Bourlier*. 1 vol. in-16. . . . . 3 fr. 50
Les races et les nationalités en Autriche-Hongrie, par *B. Auerbach*, 1 vol. in-8 . . . . 5 fr.
Le pays magyar, par *R. Recouly*. 1 vol. in-16. . . . . 3 fr. 50

ESPAGNE

Histoire de l'Espagne, depuis la mort de Charles III jusqu'à nos jours, par *H. Reynald*. 1 vol. in-16 . . . . 3 fr. 50

SUISSE

Histoire du peuple suisse, par *Daendliker*; précédée d'une introduction par *Jules Favre*. 1 vol. in-8. . . . . 5 fr.

AMÉRIQUE

Histoire de l'Amérique du Sud, par *Alf. Deberle*. 1 vol. in-16. 3e éd., revue par *A. Milhaud*. 3 fr. 50

ITALIE

HISTOIRE DE L'UNITÉ ITALIENNE (1814-1871), par *Bolton King*. Traduit de l'anglais par *Macquart*; introduction de *Yves Guyot*. 2 vol. in-8. 15 fr.
HISTOIRE DE L'ITALIE, depuis 1815 jusqu'à la mort de Victor-Emmanuel, par *E. Sorin*. 1 vol. in-16 . . . . 3 fr. 50
BONAPARTE ET LES RÉPUBLIQUES ITALIENNES (1796-1799), par *P. Gaffarel*. 1 vol. in-8 . . . . 5 fr.
NAPOLÉON EN ITALIE (1800-1812), par *J.-E. Driault*. 1 vol. in-8. . 10 fr.

ROUMANIE

HISTOIRE DE LA ROUMANIE CONTEMPORAINE (1822-1900), par *Fr. Damé*. 1 vol. in-8. . . . . 7 fr.

GRÈCE et TURQUIE

LA TURQUIE ET L'HELLÉNISME CONTEMPORAIN, par *V. Bérard*. 1 vol. in-16. 4e éd. (*Ouvrage couronné par l'Académie française*) . . . . 3 fr. 50
BONAPARTE ET LES ILES IONIENNES (1797-1816), par *E. Rodocanachi*. 1 vol. in-8. . . . . 5 fr.

INDE

L'INDE CONTEMPORAINE ET LE MOUVEMENT NATIONAL, par *E. Piriou*. 1 vol. in-16. . . . . 3 fr. 50

CHINE

HISTOIRE DES RELATIONS DE LA CHINE AVEC LES PUISSANCES OCCIDENTALES (1861-1902), par *H. Cordier*. 3 vol. in-8, avec cartes. . . . . . 30 fr.
L'EXPÉDITION DE CHINE DE 1857-58, par *le même*. 1 vol. in-8. . . 7 fr.
L'EXPÉDITION DE CHINE DE 1860, par *le même*. 1 vol. in-8. . . . . 7 fr.
EN CHINE. *Mœurs et institutions. Hommes et faits*, par *M. Courant*. 1 vol. in-16. . . . . 3 fr. 50
LE DRAME CHINOIS (JUILLET-AOUT 1900), par *Marcel Monnier*. 1 vol. in-16. . . . . 2 fr. 50

ÉGYPTE

LA TRANSFORMATION DE L'ÉGYPTE, par *Alb. Métin*. 1 vol. in-16. 3 fr. 50

M. Dumoulin. FIGURES DU TEMPS PASSÉ. 1 vol. in-16 . 3 fr. 50
Paul Louis. L'OUVRIER DEVANT L'ÉTAT. 1 vol. in-8. . . . . . 7 fr.
E. Driault. PROBLÈMES POLITIQUES ET SOCIAUX. 2e éd. 1 vol. in-8. 7 fr.
Jules Barni. LES MORALISTES FRANÇAIS AU XVIIIe SIÈCLE. 1 vol. in-16 . . . . 3 fr. 50
Deschanel (E.). LE PEUPLE ET LA BOURGEOISIE. 1 vol. in-8. 2e éd. 5 fr.
E. de Laveleye. LE SOCIALISME CONTEMPORAIN. 1 volume in-16. 11e édition, augmentée. . . . . 3 fr. 50
E. Despois. LE VANDALISME RÉVOLUTIONNAIRE. 1 vol. in-16. 4e éd. 3 fr. 50
Eug. Spuller. FIGURES DISPARUES, portraits contemporains, littéraires et politiques. 3 vol. in-16, chaque volume. . . . . 3 fr. 50
— L'ÉDUCATION DE LA DÉMOCRATIE. 1 vol. in-16. . . . . . . 3 fr. 50
— L'ÉVOLUTION POLITIQUE ET SOCIALE DE L'ÉGLISE. 1 vol. in-16. 3 fr. 50
J. Reinach. LA FRANCE ET L'ITALIE DEVANT L'HISTOIRE. 1 vol. in-8. 5 fr.
G. Schefer. BERNADOTTE ROI (1810-1818-1844). 1 vol. in-8. . 5 fr.
Hector Depasse. TRANSFORMATIONS SOCIALES. 1 vol. in-16. 3 fr. 50
— DU TRAVAIL ET DE SES CONDITIONS. 1 vol. in-16. . . . . 3 fr. 50
Eug. d'Eichthal. SOUVERAINETÉ DU PEUPLE ET GOUVERNEMENT. 1 vol. in-16. . . . . 3 fr. 50
G. Isambert. LA VIE A PARIS PENDANT UNE ANNÉE DE LA RÉVOLUTION (1791-1792). 1 vol. in-16. . . . . 3 fr. 50
G. Weill. L'ÉCOLE SAINT-SIMONIENNE. 1 vol. in-16 . . 3 fr. 50
A. Lichtenberger. LE SOCIALISME UTOPIQUE. 1 vol. in-16. 3 fr. 50
— LE SOCIALISME ET LA RÉVOLUTION FRANÇAISE. 1 v. in-8. . . 5 fr.
Paul Matter. LA DISSOLUTION DES ASSEMBLÉES PARLEMENTAIRES. 1 vol. in-8. . . . . 5 fr.

BIBLIOTHÈQUE UTILE

Élégants volumes in-32, de 192 pages chacun.

Chaque volume broché, 60 cent.; cartonné, 1 franc. Franco par poste.

---

1. **Morand.** Introduction à l'étude des sciences physiques. 6e éd.
2. **Cruveilhier.** Hygiène générale. 9e édit.
3. **Corbon.** De l'enseignement professionnel. 4e édit.
4. **L. Pichat.** L'art et les artistes en France. 5e édit.
5. **Buchez.** Les Mérovingiens. 6e éd.
6. **Buchez.** Les Carlovingiens. 2e éd.
7. (*Épuisé.*)
8. **Bastide.** Luttes religieuses des premiers siècles. 5e édit.
9. **Bastide.** Les guerres de la Réforme. 5e édit.
10. (*Épuisé.*)
11. **Brothier.** Histoire de la terre. 9e éd.
12. **Bouant.** Les principaux faits de la chimie (avec fig.).
13. **Turck.** Médecine populaire. 7e édit.
14. **Morin.** La loi civile en France. 6e édit.
15. **Paul Louis.** Les lois ouvrières.
16. **Ott.** L'Inde et la Chine.
17. **Catalan.** Notions d'astronomie. 6e édit.
18. (*Épuisé.*)
19. (*Épuisé.*)
20. **J. Jourdan.** La justice criminelle en France. 4e édit.
21. **Ch. Rolland.** Histoire de la maison d'Autriche. 4e édit.
22. **Eug. Despois.** Révolution d'Angleterre. 4e édit.
23. **B. Gastineau.** Les génies de la science et de l'industrie. 3e éd.
24. **Leneveux.** Le budget du foyer.
25. **L. Combes.** La Grèce ancienne. 4e édit.
26. **F. Lock.** Histoire de la Restauration. 5e édit.
27. (*Épuisé.*)
28. (*Épuisé.*)
29. **L. Collas.** Histoire de l'empire ottoman. 3e édit.
30. **F. Zurcher.** Les phénomènes de l'atmosphère. 7e édit.
31. **E. Raymond.** L'Espagne et le Portugal. 3e édit.
32. **Eugène Noël.** Voltaire et Rousseau. 4e édit.
33. **A. Ott.** L'Asie occidentale et l'Égypte. 3e édit.
34. (*Épuisé.*)
35. **Enfantin.** La vie éternelle. 6e éd.
36. **Brothier.** Causeries sur la mécanique. 5e édit.
37. **Alfred Doneaud.** Histoire de la marine française. 4e édit.
38. **F. Lock.** Jeanne d'Arc. 3e édit.
39-40. **Carnot.** Révolution française, 2 vol. 7e édit.
41. **Zurcher et Margollé.** Télescope et microscope. 3e édit.
42. **Blerzy.** Torrents, fleuves et canaux de la France. 3e édit.
43. (*Épuisé.*)
44. **Stanley Jevons.** L'économie politique. 9e édit.
45. **Ferrière.** Le darwinisme. 8e éd.
46. **Leneveux.** Paris municipal. 2e éd.
47. **Boillot.** Les entretiens de Fontenelle sur la pluralité des mondes.
48. **Zevort (Edg.).** Histoire de Louis-Philippe. 4e édit.
49. (*Épuisé.*)
50. **Zaborowski.** L'origine du langage. 6e édit.
51. **H. Blerzy.** Les colonies anglaises. 2e édit.
52. **Albert Lévy.** Histoire de l'air (avec fig.). 4e édit.
53. **Geikie.** La géologie (avec fig.). 4e édit.
54. **Zaborowski.** Les migrations des animaux. 4e édit.
55. **F. Paulhan.** La physiologie de l'esprit. 5e édit. refondue.
56. **Zurcher et Margollé.** Les phénomènes célestes. 3e édit.
57. **Girard de Rialle.** Les peuples de l'Afrique et de l'Amérique. 2e éd.
58. **Jacques Bertillon.** La statistique humaine de la France.
59. **Paul Gaffarel.** La défense nationale en 1792. 2e édit.
60. **Herbert Spencer.** De l'éducation. 12e édit.

61. (*Épuisé.*)
62. **Huxley.** Premières notions sur les sciences. 4e édit.
63. **P. Bondois.** L'Europe contemporaine (1789-1879). 2e édit.
64. **Grove.** Continents et océans. 3e éd.
65. **Jouan.** Les îles du Pacifique.
66. **Robinet.** La philosophie positive. 6e édit.
67. **Renard.** L'homme est-il libre? 5e édit.
68. **Zaborowski.** Les grands singes.
69. **Hatin.** Le Journal.
70. **Girard de Rialle.** Les peuples de l'Asie et de l'Europe.
71. **Doneaud.** Histoire contemporaine de la Prusse. 2e édit.
72. **Dufour.** Petit dictionnaire des falsifications. 4e édit.
73. **Henneguy.** Histoire de l'Italie depuis 1815.
74. **Leneveux.** Le travail manuel en France. 2e édit.
75. **Jouan.** La chasse et la pêche des animaux marins.
76. **Regnard.** Histoire contemporaine de l'Angleterre.
77. **Bouant.** Hist. de l'eau (avec fig.).
78. **Jourdy.** Le patriotisme à l'école.
79. **Mongredien.** Le libre-échange en Angleterre.
80. **Creighton.** Histoire romaine (avec fig.).
81-82. **P. Bondois.** Mœurs et institutions de la France. 2 vol. 2e éd.
83. **Zaborowski.** Les mondes disparus (avec fig.). 3e édit.
84. **Debidour.** Histoire des rapports de l'Église et de l'État en France (1789-1871). Abrégé par Dubois et Sarthou.
85. **H. Beauregard.** Zoologie générale (avec fig.).
86. **Wilkins.** L'antiquité romaine (avec fig.). 2e édit.
87. **Maigne.** Les mines de la France et de ses colonies.
88. (*Épuisé.*)
89. **E. Amigues.** A travers le ciel.
90. **H. Gossin.** La machine à vapeur (avec fig.).
91. **Gaffarel.** Les frontières françaises. 2e édit.
92. **Dallet.** La navigation aérienne (avec fig.).
93. **Collier.** Premiers principes des beaux-arts (avec fig.).
94. **A. Larbalétrier.** L'agriculture française (avec fig.).
95. **Gossin.** La photographie (fig.).
96. **F. Genevoix.** Les matières premières.
97. **Faque.** L'Indo-Chine française.
98. **Monin.** Les maladies épidémiques (avec fig.).
99. **Petit.** Économie rurale et agricole.
100. **Mahaffy.** L'antiquité grecque (avec fig.).
101. **Bère.** Hist. de l'armée française.
102. **F. Genevoix.** Les procédés industriels.
103. **Quesnel.** Histoire de la conquête de l'Algérie.
104. **A. Coste.** Richesse et bonheur.
105. **Joyeux.** L'Afrique française.
106. **G. Mayer.** Les chemins de fer (avec fig.).
107. **Ad. Coste.** Alcoolisme ou épargne. 6e édit.
108. **Ch. de Larivière.** Les origines de la guerre de 1870.
109. **Gérardin.** Botanique générale (avec fig.).
110. **D. Bellet.** Les grands ports maritimes de commerce (avec fig.).
111. **H. Coupin.** La vie dans les mers (avec fig.).
112. **A. Larbalétrier.** Les plantes d'appartement (avec fig.).
113. **A. Milhaud.** Madagascar. 2e éd.
114. **Sérieux et Mathieu.** L'Alcool et l'alcoolisme. 3e édit.
115. **Dr J. Laumonier.** L'hygiène de la cuisine.
116. **Adrien Berget.** La viticulture nouvelle. (*Manuel du vigneron.*) 3e éd.
117. **A. Acloque.** Les insectes nuisibles (avec fig.).
118. **G. Meunier.** Histoire de la littérature française. 4e éd.
119. **P. Merklen.** La Tuberculose; son traitement hygiénique.
120. **G. Meunier.** Histoire de l'art (avec fig.).
121. **Larrivé.** L'assistance publique.
122. **Adrien Berget.** La pratique des vins. (*Guide du récoltant.*)
123. **A. Berget.** Les vins de France. (*Guide du consommateur.*)
124. **Vaillant.** Petite chimie de l'agriculteur.
125. **S. Zaborowski.** L'homme préhistorique. 7e édit.

BIBLIOTHÈQUE DE PHILOSOPHIE CONTEMPORAINE

VOLUMES IN-16.

Br., 2 fr. 50; cart. à l'angl., 3 fr.

Derniers volumes parus :

C. Bos.
Pessimisme, féminisme, moralisme.

C. Bouglé.
Qu'est-ce que la sociologie?

J. Delvolve.
L'organisation de la conscience morale.

A. Cresson.
Les bases de la philosophie naturaliste.

G. Lachelier.
Études sur le syllogisme.

O. Lodge.
La vie et la matière.

L. Proal.
L'éducation [illegible] des enfants.

E. [illegible].
L'attention spontanée et volontaire.

J. Rogues de Fursac.
Un mouvement mystique contemporain.

Schopenhauer.
Philosophie et philosophes.

P. Sollier.
L'association en psychologie.

P. Souriau.
La rêverie esthétique.

Sully Prudhomme.
Psychologie du libre arbitre.

Alaux.
Philosophie de Victor Cousin.

R. Allier.
Philosophie d'Ernest Renan. 3e éd.

L. Arréat.
La morale dans le drame. 3e édit.
Mémoire et imagination. 2e édit.
Les croyances de demain.
Dix ans de philosophie (1890-1900).
Le sentiment religieux en France.
Art et psychologie individuelle.

G. Ballet.
Langage intérieur et aphasie. 2e éd.

A. Bayet.
La morale scientifique. 2e édit.

Bergson.
Le rire. 4e édit.

Binet.
Psychologie du raisonnement. 4e éd.

Hervé Blondel.
Les approximations de la vérité.

C. Bos.
Psychologie de la croyance. 2e éd.

M. Boucher.
Essai sur l'hyperespace. 2e éd.

C. Bouglé.
Les sciences sociales en Allemagne.

J. Bourdeau.
Les maîtres de la pensée contemporaine. 5e éd.
Socialistes et sociologues. 2e édit.

E. Boutroux.
Conting. des lois de la nature. 6e éd.

Brunschvicg.
Introd. à la vie de l'esprit. 2e éd.
L'idéalisme contemporain.

Coste.
Dieu et l'âme. 2e édit.

A. Cresson.
Le malaise de la pensée philos.
La morale de Kant. 2e éd.

G. Danville.
Psychologie de l'amour. 4e édit.

L. Dauriac.
La psychol. dans l'Opéra français.

L. Dugas.
Psittacisme et pensée symbolique.
La timidité. 4e édit.
Psychologie du rire.
L'absolu.

G. Dumas.
Le sourire.

Dunan.
Théorie psychologique de l'espace.

Duprat.
Les causes sociales de la folie.
Le mensonge.

Durand (de Gros).
Philosophie morale et sociale.

E. Durkheim.
Les règles de la méthode sociol. 4e éd.

E. d'Eichthal.
Cor. de S. Mill et G. d'Eichthal.
Les probl. sociaux et le socialisme.

Encausse (Papus).
Occultisme et spiritualisme. 2e éd.

A. Espinas.
La philos. expériment. en Italie.

Ch. Féré.
Sensation et mouvement. 2e édit.
Dégénérescence et criminalité. 4e éd.

E. Ferri.
Les criminels dans l'art et la littérature. 2e édit.

Fierens-Gevaert.
Essai sur l'art contemporain. 2e éd.
La tristesse contemporaine. 4e éd.
Psychol. d'une ville. Bruges. 2e éd.
Nouveaux essais sur l'art contemp.

Maurice de Fleury.
L'âme du criminel. 2e éd.

Fonsegrive.
La causalité efficiente.

A. Fouillée.
Propriété sociale et démocratie. Nouv. édit.

E. Fournière.
Essai sur l'individualisme.

Gauckler.
Le beau et son histoire.

G. Geley.
L'être subconscient. 2e édit.

E. Goblot.
Justice et liberté. 2e édit.

A. Godfernaux.
Le sentiment et la pensée. 2e édit.

J. Grasset.
Les limites de la biologie. 5e édit.

G. de Greef.
Les lois sociologiques. 3e édit.

Guyau.
La genèse de l'idée de temps. 2e éd.

E. de Hartmann.
La religion de l'avenir. 5e édition.
Le Darwinisme. 7e édition.

R. C. Herckenrath.
Probl. d'esthétique et de morale.

Marie Jaëll.
L'intelligence et le rythme dans les mouvements artistiques.

W. James.
La théorie de l'émotion. 3e édit.

Paul Janet.
La philosophie de Lamennais.

Jankelevitch.
Nature et société.

J. Lachelier.
Du fondement de l'induction. 5e éd.

Mme Lampérière.
Le rôle social de la femme.

A. Landry.
La responsabilité pénale.

Lange.
Les émotions. 2e édit.

Lapie.
La justice par l'État.

Gustave Le Bon.
Lois psychol. de l'évol. des peuples. 8e éd.
Psychologie des foules. 12e éd.

Lechalas.
Étude sur l'espace et le temps.

F. Le Dantec.
Le déterminisme biologique. 2e éd.
L'individualité et l'erreur individualiste. 2e édit.
Lamarckiens et darwiniens. 2e éd.

G. Lefèvre.
Obligation morale et idéalisme.

Liard.
Les logiciens anglais contemporains. 5e édition.
Définitions géométriques. 3e édit.

H. Lichtenberger.
La philosophie de Nietzsche. 10e éd.
Aphorismes et fragments choisis de Nietzsche. 3e édit.

Lombroso.
L'anthropologie criminelle. 5e éd.

John Lubbock.
Le bonheur de vivre. 2 vol. 10e éd.
L'emploi de la vie. 6e édit.

G. Lyon.
La philosophie de Hobbes.

E. Marguery.
L'œuvre d'art et l'évolution. 2e édit.

Mauxion.
L'éducation par l'instruction. 2e éd.
Nature et éléments de la moralité.

G. Milhaud.
Les conditions et les limites de la certitude logique. 2e édit.
Le rationnel.

Mosso.
La peur. 4e éd.
La fatigue intellect. et phys. 5e éd.

E. Murisier.
Les maladies du sentiment religieux. 2e édit.

A. Naville.
Nouvelle classif. des sciences. 2e éd.

Max Nordau.
Paradoxes psychologiques. 6e éd.
Paradoxes sociologiques. 5e édit.
Psycho-physiologie du génie et du talent. 4e édit.

Novicow.
L'avenir de la race blanche. 2e édit.

Ossip-Lourié.
Pensées de Tolstoï. 2e édit.
Philosophie de Tolstoï. 2e édit.
La philos. soc. dans le théât. d'Ibsen.
Nouvelles pensées de Tolstoï.
Le bonheur et l'intelligence.

G. Palante.
Précis de sociologie. 3e édit.

W.-R. Paterson (Swift).
L'éternel conflit.

Paulhan.
Les phénomènes affectifs. 2e édit.
J. de Maistre, sa philosophie.
Psychologie de l'invention.
Analystes et esprits synthétiques.
La fonction de la mémoire.

J. Philippe.
L'image mentale.

J. Philippe et G. Paul-Boncour.
Les anomalies mentales chez les écoliers. 2e édit.

F. Pillon.
La philosophie de Charles Secrétan.

Ploger.
Le monde physique.

Queyrat.
L'imagination chez l'enfant. 3e édit.
L'abstraction. 2e édit.
Les caractères et l'éducation morale.
La logique chez l'enfant. 3e éd.
Les jeux des enfants.

P. Regnaud.
Précis de logique évolutionniste.
Comment naissent les mythes.

G. Renard.
Le régime socialiste. 6e édit.

A. Réville.
Dogme de la divinité de Jésus-Christ. 4e éd.

Th. Ribot.
La philos. de Schopenhauer. 11e éd.
Les maladies de la mémoire. 20e éd.
Les maladies de la volonté. 24e éd.
Les maladies de la personnalité. 13e édit.
La psychologie de l'attention. 10e éd.

G. Richard.
Socialisme et science sociale. 2e éd.

Ch. Richet.
Psychologie générale. 7e éd.

De Roberty.
L'inconnaissable.
L'agnosticisme. 2e édit.
La recherche de l'Unité.
Auguste Comte et H. Spencer. 2e éd.
Le bien et le mal.
Psychisme social.
Fondements de l'éthique.
Constitution de l'éthique.
Frédéric Nietzsche.

Roisel.
De la substance.
L'idée spiritualiste. 2e édit.

Roussel-Despierres.
L'idéal esthétique.

Schopenhauer.
Le libre arbitre. 10e édition.
Le fondement de la morale. 9e édit.
Pensées et fragments. 21e édition.
Écrivains et style.
Sur la religion.

P. Sollier.
Les phénomènes d'autoscopie.

Herbert Spencer.
Classification des sciences. 8e édit.
L'individu contre l'État. 6e éd.

Stuart Mill.
Auguste Comte et la philosophie positive. 8e édition.
L'utilitarisme. 5e édition.
La liberté. 3e édit.

Sully Prudhomme et Ch. Richet.
Le probl. des causes finales. 4e éd.

Tanon.
L'évol. du droit et la consc. soc. 2e éd.

Tarde.
La criminalité comparée. 6e éd.
Les transformations du droit. 5e éd.
Les lois sociales. 5e édit.

Thamin.
Éducation et positivisme. 2e éd.

P.-F. Thomas.
La suggestion, son rôle dans l'éducation intellectuelle. 4e édit.
Morale et éducation. 2e éd.

Tissié.
Les rêves. 2e édit.

Wundt.
Hypnotisme et suggestion. 2e édit.

Zeller.
Christ. Baur et l'école de Tubingue.

Th. Ziegler.
La question sociale est une question morale. 3e éd.

VOLUMES IN-8.

Brochés, à 5, 7 50 et 10 fr.; cart. angl., 1 fr. de plus par vol.

Derniers volumes publiés :

J. Bardoux.
Psychologie de l'Angleterre contemporaine (*les crises politiques*). 5 fr.

G. Belot.
Études de morale positive. 7 fr. 50

H. Bergson.
L'évolution créatrice, 2e éd. 7 fr. 50

A. Binet.
Les révélations de l'écriture, avec 67 figures. 5 fr.

F. Evellin.
La raison pure et les antinomies. 5 fr.

J. Grasset.
Demifous et demiresponsables. 5 fr.

O. Hamelin.
Essai sur les éléments principaux de la Représentation. 7 fr. 50

C. Hémon.
Philosophie de Sully Prudhomme. 7 fr. 50

H. Höffding.
Philosophes contemporains. 3 fr. 75

A. Keim.
Helvétius. 10 fr.

G. Lyon.
Enseignement et religion. 3 fr. 75

F. Paulhan.
Le mensonge de l'art. 5 fr.

A. Rey.
La théorie de la physique chez les physiciens contemporains. 7 fr. 50

Th. Ribot.
Essai sur les passions, 2e éd. 3 fr. 75

Herbert Spencer.
Une autobiographie. 10 fr.

Dr I. Waynbaum
La physionomie humaine. 5 fr.

Ch. Adam.
La philosophie en France (première moitié du XIXe siècle). 7 fr. 50

Arnold (M.).
La crise religieuse. 7 fr. 50

Arréat.
Psychologie du peintre. 5 fr.

Alex. Bain.
La logique inductive et déductive. 3e édit. 2 vol. 20 fr.
Les sens et l'intell. 3e édit. 10 fr.

J.-M. Baldwin.
Le développement mental chez l'enfant et dans la race. 7 fr. 50

J. Bardoux.
Psychol. de l'Angleterre contemp. *Les crises belliqueuses.* 7 fr. 50

Barthélemy Saint-Hilaire.
La philosophie dans ses rapports avec les sciences et la religion. 5 fr.

Barzelotti.
La philosophie de H. Taine. 7 fr. 50

Bazaillas.
La vie personnelle.

Bergson.
Essai sur les données immédiates de la conscience. 6e édit. 3 fr. 75
Matière et mémoire. 4e édit. 5 fr.

A. Bertrand.
L'enseignement intégral. 5 fr.
Les études dans la démocratie. 5 fr.

A. Binet.
Les révélations de l'écriture. 5 fr.

Em. Boirac.
L'idée du phénomène. 5 fr.

Bouglé.
Les idées égalitaires. 2e éd. 3 fr. 75

L. Bourdeau.
Le problème de la mort. 4e éd. 5 fr.
Le problème de la vie. 7 fr. 50

Em. Boutroux.
Études d'histoire de la philosophie. 2e édit. 7 fr. 50

L. Bray.
Du beau. 5 fr.

Brochard.
De l'erreur. 2e éd. 5 fr.

Brunschvicg.
Spinoza. 2e édit. 3 fr. 75
La modalité du jugement. 5 fr.

Ch. Chabot.
Nature et moralité. 5 fr.

Clay.
L'alternative. 2e éd. 10 fr.

Collins.
Résumé de la phil. de H. Spencer. 4e éd. 10 fr.

Aug. Comte.
La sociologie. 7 fr. 50

Cosentini.
La sociologie génétique. 3 fr. 75

A. Coste.
Principes d'une sociol. obj. 3 fr. 75
L'expérience des peuples. 10 fr.

Crépieux-Jamin.
L'écriture et le caractère. 4e éd. 7.50

A. Cresson.
Morale de la raison théorique. 5 fr.

Dauriac.
Essai sur l'esprit musical. 5 fr.

Delbos.
Philos. pratique de Kant. 12 fr. 50

J. Delvaille.
La vie sociale et l'éducation. 3 fr. 75

J. Delvolve.
Religion, critique et philosophie positive chez Bayle. 7 fr. 50

Draghicesco
L'individu dans le déterminisme social. 7 fr. 50
Le problème de la conscience. 3 fr. 75

G. Dumas.
La tristesse et la joie. 7 fr. 50
St-Simon et Auguste Comte. 5 fr.

G.-L. Duprat.
L'instabilité mentale. 5 fr.

Duproix.
Kant et Fichte. 2e édit. 5 fr.

Durand (DE GROS).
Taxinomie générale. 5 fr.
Esthétique et morale. 5 fr.
Variétés philosophiques. 2e éd, 5 fr.

E. Durkheim.
De la div. du trav. soc. 2e éd. 7 fr. 50
Le suicide, étude sociolog. 7 fr. 50
L'année sociologique. 10 volumes :
1re à 5e années. Chacune. 10 fr.
6e à 10e. Chacune. 12 fr. 50

V. Egger.
La parole intérieure. 2e éd. 5 fr.

A. Espinas.
La philosophie sociale au XVIIIe siècle et la Révolution. 7 fr. 50

G. Ferrero.
Les lois psychologiques du symbolisme. 5 fr.

Enrico Ferri.
La sociologie criminelle. 10 fr.

Louis Ferri.
La psychologie de l'association, depuis Hobbes. 7 fr. 50

J. Finot.
Le préjugé des races. 2e éd. 7 fr. 50
Philosophie de la longévité. 11e éd. 5 fr.

Fonsegrive.
Le libre arbitre. 2e éd. 10 fr.

M. Foucault.
La psychophysique. 7 fr. 50
Le rêve. 5 fr.

Alf. Fouillée.
Liberté et déterminisme. 4e éd. 7 fr. 50
Critique des systèmes de morale contemporains. 4e éd. 7 fr. 50
La morale, l'art et la religion, d'après Guyau. 5e éd. 3 fr. 75
L'avenir de la métaphysique. 2e éd. 5 fr.
Évolution. des idées-forces. 4e éd. 7 fr. 50
La psychol. des idées-forces. 2 vol. 15 fr.
Tempérament et caractère. 3e éd. 7 fr. 50
Le mouvement idéaliste. 2e éd. 7 fr. 50
Le mouvement positiviste. 2e éd. 7.50
Psych. du peuple français. 3e éd. 7.50
La France au point de vue moral. 2e édit. 7 fr. 50
Esquisse psychologique des peuples européens. 3e édit. 10 fr.
Nietzsche et l'immoralisme. 2e éd. 5 fr.
Le moralisme de Kant et l'amoralisme contemporain. 2e éd. 7 fr. 50
Eléments sociol. de la morale. 7 fr. 50

E. Fournière.
Théories social. au XIXe siècle. 7 fr. 50

G. Fulliquet.
L'obligation morale. 7 fr. 50

Garofalo.
La criminologie. 5e édit. 7 fr. 50
La superstition socialiste. 5 fr.

L. Gérard-Varet.
L'ignorance et l'irréflexion. 5 fr.

E. Gley.
Études de psycho-physiologie. 5 fr.

E. Goblot.
La classification des sciences. 5 fr.

G. Gory.
L'immanence de la raison dans la connaissance sensible. 5 fr.

R. de la Grasserie.
De la psychologie des religions. 5 fr.

G. de Greef.
Le transformisme social. 2e éd. 7 fr. 50
La sociologie économique. 3 fr. 75

K. Groos.
Les jeux des animaux. 7 fr. 50

Gurney, Myers et Podmore

Les hallucin. télépath. 4e éd. 7 fr. 50

Guyau.

La morale angl. cont. 5e éd. 7 fr. 50

Les problèmes de l'esthétique contemporaine. 6e éd. 5 fr.

Esquisse d'une morale sans obligation ni sanction. 7e éd. 5 fr.

L'irréligion de l'avenir. 10e éd. 7 fr. 50

L'art au point de vue sociol. 7e éd. 7 fr. 50

Hérédité et éducation. 8e éd. 5 fr.

E. Halévy.

La form. du radicalisme philos.

I. *La jeunesse de Bentham*. 7 fr. 50

II. *Evol. de la doctr. utilitaire*, 1789-1815. 7 fr. 50

III. *Le radicalisme philos*. 3 fr. 50

Hannequin.

L'hypoth. des atomes. 2e éd. 7 fr. 50

P. Hartenberg.

Les timides et la timidité. 2e éd. 5 fr.

Hébert.

Evolut. de la foi catholique 5 fr.

Le divin. 5 fr.

G. Hirth.

Physiologie de l'art. 5 fr.

H. Höffding.

Esquisse d'une psychologie fondée sur l'expérience. 2e édit. 7 fr. 50

Hist. de la philos. moderne. 2 v. 20 fr.

Isambert.

Les idées socialistes en France. (1815-1848). 7 fr. 50

Jacoby.

La sélect. chez l'homme. 2e éd. 10 fr.

La justice et l'extension de la vie. 7 fr. 50

Paul Janet.

Les causes finales. 4e édit. 10 fr.

Œuvres philosophiques de Leibniz. 2e édition. 2 vol. 20 fr.

Pierre Janet.

L'automatisme psychol. 5e éd. 7 fr. 50

J. Jaurès.

Réalité du monde sensible. 2e édit. 7 fr. 50

Karppe.

Études d'hist. de la philos. 3 fr. 75

P. Lacombe.

Individus et sociétés selon Taine. 7 fr. 50

A. Lalande.

La dissolution opposée à l'évolution. 7 fr. 50

A. Landry.

Principes de morale rationnelle. 5 fr.

De Lanessan.

La morale des religions. 10 fr.

Lang.

Mythes, cultes et religions. 10 fr.

P. Lapie.

Logique de la volonté. 7 fr. 50

Lauvrière.

Edgar Poë. Sa vie. Son œuvre. 10 fr.

E. de Laveleye.

De la propriété et de ses formes primitives. 5e édit. 10 fr.

Le gouvernement dans la démocratie. 3e ed. 2 vol. 15 fr.

Gustave Le Bon.

Psych. du socialisme. 5e éd. 7 fr. 50

G. Lechalas.

Études esthétiques. 5 fr.

Lechartier.

David Hume, moraliste et sociologue. 5 fr.

Leclère.

Le droit d'affirmer. 5 fr.

F. Le Dantec.

L'unité dans l'être vivant. 7 fr. 50

Limites du connaissable. 2e édit. 3 fr. 75

Xavier Léon.

La philosophie de Fichte. 10 fr.

Leroy (E.-B.)

Le langage. 5 fr.

A. Lévy.

La philosophie de Feuerbach. 10 fr.

L. Lévy-Bruhl.

La philosophie de Jacobi. 5 fr.

Lettres inédites de J. Stuart Mill à Auguste Comte. 10 fr.

La philos. d'Aug. Comte. 2e éd. 7 fr. 50

La morale et la science des mœurs. 3e éd. 5 fr.

Liard.

Science positive et métaphysique. 4e édit. 7 fr. 50

Descartes. 2e édit. 5 fr.

H. Lichtenberger.

Richard Wagner, poète et penseur. 4e édit. 10 fr.

Henri Heine penseur. 3 fr. 75

Lombroso.

La femme criminelle et la prostituée (en collab. avec M. Ferrero). 1 vol. avec planches. 15 fr.

Le crime polit. et les révol. (en collab. avec M. Laschi). 2 vol. 15 fr.

L'homme criminel. 3e édit. 2 vol., avec atlas. 36 fr.
Le crime (causes et remèdes). 2e éd. 10 fr.

E. Lubac.

Esquisse d'un système de psychol. rationnelle. 3 fr. 75

G. Luquet.

Idées générales de psychol. 5 fr.

G. Lyon.

L'idéalisme en Angleterre au XVIIIe siècle. 7 fr. 50

P. Malapert.

Les éléments du caractère. 2e éd. 5 fr.

Marion.

La solidarité morale. 6e édit. 5 fr.

Fr. Martin.

La perception extérieure et la science positive. 5 fr.

J. Maxwell.

Les phénomènes psych. 3e éd. 5 fr.

Max Muller.

Nouv. études de mythol. 12 fr. 50

Myers.

La personnalité humaine. 2e éd. 7.50

E. Naville.

La logique de l'hypothèse. 2e éd. 5 fr.
La définition de la philosophie. 5 fr.
Les philosophies négatives. 5 fr.
Le libre arbitre. 2e édition. 5 fr.

J.-P. Nayrac.

L'attention. 3 fr. 75

Max Nordau.

Dégénérescence. 2 v. 7e éd. 17 fr. 50
Les mensonges conventionnels de notre civilisation. 9e éd. 5 fr.
Vus du dehors. 5 fr.

Novicow.

Les luttes entre sociétés humaines. 2e édit. 10 fr.
Les gaspillages des sociétés modernes. 2e édit. 5 fr.
La justice et l'extension de la vie. 7 fr. 50

H. Oldenberg.

Le Bouddha. 2e éd. 7 fr. 50
La religion du Véda. 10 fr.

Ossip-Lourié.

La philosophie russe contemp. 5 fr.
Psychol. des romanciers russes au XIXe siècle. 7 fr. 50

Ouvré.

Form. littér. de la pensée grecq. 10 fr.

G. Palante.

Combat pour l'individu. 3 fr. 75

Fr. Paulhan.

L'activité mentale et les éléments de l'esprit. 10 fr.
Les caractères. 2e édition. 5 fr.
Les mensonges du caractère. 5 fr.

Payot.

L'éducation de la volonté. 28e éd. 5 fr.
La croyance. 2e éd. 5 fr.

Jean Pérès.

L'art et le réel. 3 fr. 75

Bernard Perez.

Les trois premières années de l'enfant. 5e édit. 5 fr.
L'enfant de 3 à 7 ans. 4e éd. 5 fr.
L'éd. mor. dès le berceau. 4e éd. 5 fr.
L'éd. intell. dès le berceau. 2e éd. 5 fr.

C. Piat.

La personne humaine. 7 fr. 50
Destinée de l'homme. 5 fr.

Picavet.

Les idéologues. 10 fr.

Piderit.

La mimique et la physiognomonie, avec 95 fig. 5 fr.

Pillon.

L'année philosophique. 17 vol. chacun. 5 fr.

J. Ploger.

La vie et la pensée. 5 fr.
La vie sociale, la morale et le progrès. 5 fr.

L. Prat.

Le caractère empirique et la personne. 7 fr. 50

Preyer.

Éléments de physiologie. 5 fr.

L. Proal.

Le crime et la peine. 3e éd. 10 fr.
La criminalité politique. 5 fr.
Le crime et le suicide passionnels. 10 fr.

G. Rageot.

Le succès. 3 fr. 75

F. Rauh.

De la méthode dans la psychologie des sentiments. 5 fr.
L'expérience morale. 3 fr. 75

Récéjac.

La connaissance mystique. 5 fr.

G. Renard.

La méthode scientifique de l'histoire littéraire. 10 fr.

Renouvier.

Les dilem. de la métaph. pure. 5 fr.
Hist. et solut. des problèmes métaphysiques. 7 fr. 50
Le personnalisme. 10 fr.
Critique de la doctrine de Kant. 7 50

Th. Ribot.

L'hérédité psycholog. 8e éd. 7 fr. 50
La psychologie anglaise contemporaine. 3e éd. 7 fr. 50
La psychologie allemande contemporaine. 6e éd. 7 fr. 50

La psych. des sentim. 6e éd. 7 fr. 50
L'évol. des idées générales. 2e éd. 5 fr.
L'imagination créatrice. 2e éd. 5 fr.
La logique des sentiments. 2e édit. 3 fr. 75

Ricardou.

De l'idéal. 5 fr.

G. Richard.

L'idée d'évolution dans la nature et dans l'histoire. 7 fr. 50

H. Riemann.

Élém. de l'esthétiq. musicale. 5 fr.

E. Rignano.

Transmissibilité des caractères acquis. 5 fr.

A. Rivaud.

Essence et existence chez Spinoza. 7 fr. 50

E. de Roberty.

Ancienne et nouvelle philos. 7 fr. 50
La philosophie du siècle. 5 fr.
Nouveau programme de sociol. 5 fr.

Romanes.

L'évol. ment. chez l'homme. 7 fr. 50

Ruyssen.

Évolut. psychol. du jugement. 5 fr.

A. Sabatier.

Philosophie de l'effort. 2e éd. 7 fr. 50

Émile Saigey.

Les sciences au XVIIIe siècle. La physique de Voltaire. 5 fr.

G. Saint-Paul.

Le langage intérieur et les paraphasies. 5 fr.

F. Sanz y Escartin.

L'individu et la réforme sociale. 7 fr. 50

Schopenhauer.

Aphorismes sur la sagesse dans la vie. 9e éd. 5 fr.
Le monde comme volonté et représentation. 3e éd. 3 vol. 22 fr. 50

Séailles.

Ess. sur le génie dans l'art. 2e éd. 5 fr.
Philosoph. de Renouvier. 7 fr. 50

Sighele.

La foule criminelle. 2e édit. 5 fr.

Sollier.

Psychologie de l'idiot et de l'imbécile. 2e éd. 5 fr.
Le problème de la mémoire. 3 fr. 75
Le mécanisme des émotions. 5 fr.

Souriau.

L'esthétique du mouvement. 5 fr.
La suggestion dans l'art. 5 fr.
La beauté rationnelle. 10 fr.

Spencer (Herbert).

Les premiers principes. 9e éd. 10 fr.
Principes de psychologie. 2 vol. 20 fr.
Princip. de biologie. 5e éd. 2 v. 20 fr.
Princip. de sociol. 5 vol. 43 fr. 75
I. *Données de la sociologie*, 10 fr. — II. *Inductions de la sociologie. Relations domestiques*, 7 fr. 50. — III. *Institutions cérémonielles et politiques*, 15 fr. — IV. *Institutions ecclésiastiques*, 3 fr. 75. — V. *Institutions professionnelles*, 7 fr. 50.
Justice. 3e éd. 7 fr. 50
Le rôle moral de la bienfaisance. 7 fr. 50
La morale des différents peuples. 7 fr. 50
Problèmes de morale et de sociologie. 2e éd. 7 fr. 50
Essais sur le progrès. 5e éd. 7 fr. 50
Essais de politique. 4e éd. 7 fr. 50
Essais scientifiques. 3e éd. 7 fr. 50
De l'éducation physique, intellectuelle et morale. 13e édit. 5 fr.

P. Stapfer.

Questions esthétiques et religieuses. 3 fr. 75

Stein.

La question sociale au point de vue philosophique. 10 fr.

Stuart Mill.

Mes mémoires. 5e éd. 5 fr.
Système de logique déductive et inductive. 4e édit. 2 vol. 20 fr.
Essais sur la religion. 4e édit. 5 fr.

James Sully.

Le pessimisme. 2e éd. 7 fr. 50
Études sur l'enfance. 10 fr.
Essai sur le rire. 7 fr. 50

Sully Prudhomme.

La vraie religion selon Pascal. 7 fr. 50

G. Tarde.

La logique sociale. 3e édit. 7 fr. 50
Les lois de l'imitation. 5e éd. 7 fr. 50
L'opposition universelle. 7 fr. 50
L'opinion et la foule. 2e édit. 5 fr.
Psychologie économique. 2 vol. 15 fr.

Em. Tardieu.

L'ennui. 5 fr.

P.-Félix Thomas.

L'éduc. des sentiments. 4e éd. 5 fr.
Pierre Leroux. Sa philosophie. 5 fr.

Et. Vacherot.

Essais de philosophie critique. 7 fr. 50
La religion. 7 fr. 50

L. Weber.

Vers le positivisme absolu par l'idéalisme. 7 fr. 50

ÉCONOMIE POLITIQUE — SCIENCE FINANCIÈRE

JOURNAL DES ÉCONOMISTES

REVUE MENSUELLE DE LA SCIENCE ÉCONOMIQUE ET DE LA STATISTIQUE

Fondé en 1841, par G. GUILLAUMIN

Paraît le 15 de chaque mois

par fascicules grand in-8 de 10 à 12 feuilles (160 à 192 pages).

RÉDACTEUR EN CHEF : M. G. DE MOLINARI
Correspondant de l'Institut.

CONDITIONS DE L'ABONNEMENT :

France et Algérie : UN AN........ 36 fr.; SIX MOIS....... 19 fr.;
Union postale : UN AN............ 38 fr.; SIX MOIS....... 20 fr.
LE NUMÉRO................. 3 fr. 50

Les abonnements partent de Janvier ou de Juillet.

NOUVEAU DICTIONNAIRE
D'ÉCONOMIE POLITIQUE

PUBLIÉ SOUS LA DIRECTION DE

M. LÉON SAY et de M. JOSEPH CHAILLEY-BERT

Deuxième édition.

2 vol. grand in-8 raisin et un Supplément : prix, brochés...... 60 fr.
— — demi-reliure chagrin..................... 69 fr.

COMPLÉTÉ PAR 3 TABLES : **Tables des auteurs, table méthodique et table analytique.**

Cet important ouvrage peut s'acquérir en envoyant un mandat-poste de 20 fr., au reçu duquel est faite l'expédition du livre, et en payant le reste, soit 40 fr., en quatre traites de 10 fr. chacune, de deux mois en deux mois. (*Pour recevoir l'ouvrage relié ajouter 9 fr. au premier paiement*).

DICTIONNAIRE DU COMMERCE
DE L'INDUSTRIE ET DE LA BANQUE

DIRECTEURS :

MM. Yves GUYOT et Arthur RAFFALOVICH

2 volumes grand in-8. Prix, brochés............................. 50 fr.
— — reliés.. 58 fr.

Cet important ouvrage peut s'acquérir en envoyant un mandat-poste de 10 fr., au reçu duquel est faite l'expédition du livre, et en payant le reste, soit 40 fr., en quatre traites de 10 fr. chacune, de deux mois en deux mois. (*Pour recevoir l'ouvrage relié ajouter 8 fr. au premier paiement.*)

COLLECTION DES PRINCIPAUX ÉCONOMISTES

Enrichie de commentaires, de notes explicatives et de notices historiques

MALTHUS

Essai sur le principe de population. *Introduction*, par Rossi, de l'Institut. 3ᵉ *édition*. 1 vol. grand in-8. . . . . 10 fr.

MÉLANGES (1ʳᵉ PARTIE)

David Hume. *Essai sur le commerce, le luxe, l'argent, les impôts, le crédit public, sur la balance du commerce, la jalousie commerciale, la population des nations anciennes.* — **V. de Forbonnais.** *Principes économiques.* — **Condillac.** *Le commerce et le gouvernement.* — **Condorcet.** *Lettres d'un laboureur de Picardie à M. N**** (Necker). — *Réflexions sur l'esclavage des nègres.* — *Réflexions sur la justice criminelle.* — *De l'influence de la révolution d'Amérique sur l'Europe.* — *De l'impôt progressif.* — **Lavoisier.** *De la richesse territoriale du royaume de France.* — **Franklin.** *La science du bonhomme Richard* et ses autres opuscules. 1 vol. grand in-8. . . . . 10 fr.

MÉLANGES (2ᵉ PARTIE)

Necker. *Sur la législation et le commerce des grains.* — **L'abbé Galiani.** *Dialogues sur le commerce des blés* avec la *Réfutation* de l'abbé **Morellet.** — **Montyon.** *Quelle influence ont les diverses espèces d'impôts sur la moralité, l'activité et l'industrie des peuples?* — **Bentham.** *Défense de l'usure.* 1 vol. gr. in-8. . . . . 10 fr.

RICARDO

Œuvres complètes. Les œuvres de Ricardo se composent : 1° des **Principes de l'économie politique et de l'impôt.** — 2° Des ouvrages ci-après : *De la protection accordée à l'agriculture.* — *Plan pour l'établissement d'une banque nationale.* — *Essai sur l'influence du bas prix des blés sur les profits du capital.* — *Proposition pour l'établissement d'une circulation monétaire économique et sûre.* — *Le haut prix des lingots est une preuve de la dépréciation des billets de banque.* — *Essai sur les emprunts publics*, avec des notes. 1 vol. in-8. . . . . 10 fr.

J.-B. SAY

Cours complet d'économie politique pratique. 2 vol. grand in-8. 20 fr.

J.-B. SAY

Œuvres diverses : *Catéchisme d'économie politique.* — *Lettres à Malthus et correspondance générale.* — *Olbie.* — *Petit volume.* — *Fragments et opuscules inédits.* 1 vol. grand in-8. . . . . 10 fr.

ADAM SMITH

Recherches sur la nature et les causes de la richesse des nations, traduction de G. Garnier. 5ᵉ édition, augmentée. 2 vol. in-8. . . 10 fr.

COLLECTION DES ÉCONOMISTES
ET PUBLICISTES CONTEMPORAINS

FORMAT IN-8.

ANTOINE (Ch.). Cours d'économie sociale. 3ᵉ édition, revue et augmentée. 1 vol. in-8. . . . . 9 fr.

ARNAUNÉ (Aug.), directeur de la Monnaie. La monnaie, le crédit et le change. 1 vol. in-8. 3ᵉ édition, revue et augmentée, 1906. . . . 8 fr.

BANFIELD, Professeur à l'Université de Cambridge. Organisation de l'industrie, traduit sur la 2ᵉ édition, et annoté par M. ÉMILE THOMAS. 1 vol. in-8. . . . . 6 fr.

BASTIAT. Œuvres complètes en 7 volumes in-8 (vélin). . . . . 33 fr.
(Voir détails page 85, édition in 18).

BAUDRILLART (H.). de l'Institut. Philosophie de l'économie politique. Des rapports de l'économie politique et de la morale. Deuxième édition, revue et augmentée. 1 vol. in-8. . . . . 9 fr.

BLANQUI, de l'Institut. Histoire de l'économie politique en Europe, *depuis les anciens jusqu'à nos jours*, 5ᵉ édition. 1 vol. in-8. . . 8 fr.

BLOCK (M.), de l'Institut. Les progrès de la science économique depuis ADAM SMITH. 2ᵉ édit. augmentée. 2 vol. in-8 . . . . 16 fr.

BLUNTSCHLI. Le droit international codifié. Traduit de l'allemand par M. C. LARDY. 5ᵉ édition, revue et augmentée. 1 vol. in-8. . . . 10 fr.

— Théorie générale de l'État, traduit de l'allemand par M. DE RIEDMATTEN. 3ᵉ édition. 1 vol. in-8. . . . . 9 fr.

COLSON (C.), ingénieur en chef des ponts et chaussées. Cours d'économie politique, professé à l'École nationale des ponts et chaussées. 3 vol. grand in-8. . . . . 20 fr.

— Tome I. *Les phénomènes économiques. Le travail et les questions ouvrières*. . . . . 10 fr.

— Tome II. *La propriété des biens. Le commerce et la circulation*. 10 fr.

— Tome III, 1ʳᵉ partie. *Les finances publiques et le budget de la France*. . . . . 6 fr.

COURCELLE-SENEUIL, de l'Institut. Traité théorique et pratique d'économie politique. 3ᵉ édition, revue et corrigée. 2 vol. in-18. 7 fr.

— Traité théorique et pratique des opérations de banque. *Neuvième édition. Revue et mise à jour*, par A. LIESSE, professeur au Conservatoire des arts et métiers. 1 vol. in-8. . . . . 8 fr.

COURTOIS (A.). Histoire des banques en France. 2ᵉ édition. 1 vol. in-8. . . . . 8 fr. 50

EICHTHAL (Eugène d'), de l'Institut. La formation des richesses et ses conditions sociales actuelles, *notes d'économie politique*. . . 7 fr. 50

FAUCHER (L.), de l'Institut. Études sur l'Angleterre. 2ᵉ édition augmentée. 2 forts volumes in-8. . . . . 6 fr.

— Mélanges d'économie politique et de finances. 2 forts vol. in-8. 6 fr.

FIX (Th.). Observations sur l'état des classes ouvrières. Nouvelle édition. 1 vol. in-8. . . . . 5 fr.

GARNIER (J.), de l'Institut. Du principe de population. 2ᵉ édition. 1 vol. in-8 avec portrait. 10 fr.

GROTIUS. Le droit de la guerre et de la paix. Nouvelle traduction. 3 vol. in-8. . . . . 12 fr. 50

HAUTEFEUILLE. Des droits et des devoirs des nations neutres en temps de guerre maritime. 3e édit. refondue. 3 forts vol. in-8. 22 fr. 50

— Histoire des origines, des progrès et des variations du droit maritime international. 2e édition. 1 vol. in-8. . . . . 7 fr. 50

LAVERGNE (L. de), de l'Institut. Les économistes français du dix-huitième siècle. 1 vol. in-8. . . . . 7 fr. 50

— Essai sur l'économie rurale de l'Angleterre, de l'Écosse et de l'Irlande. 5e édition. 1 vol. in-8 avec portrait. . . . . 8 fr. 50

LEROY-BEAULIEU (P.), de l'Institut. Traité théorique et pratique d'économie politique. 3e édition. 4 vol. in-8. . . . . 36 fr.

— Traité de la science des finances. 7e édition, revue, corrigée et augmentée. 2 forts vol. in-8. . . . . 25 fr.

— Essai sur la répartition des richesses et sur la tendance à une moindre inégalité des conditions. 3e édit., revue et corrigée. 1 vol. in-8. 9 fr.

— Le collectivisme, *examen critique du nouveau socialisme*. 4e édition, revue et augmentée d'une préface. 1 vol. in-8. . . . . 9 fr.

— De la colonisation chez les peuples modernes. 6e édition. 2 vol. in-8 . . . . 16 fr.

— L'état moderne et ses fonctions. 3e édition. 1 vol. in-8. . . . 9 fr.

LIESSE (A.), professeur au Conservatoire national des arts et métiers. Le travail *aux points de vue scientifique industriel et social*. 1 vol. in-8. . . . . 7 fr. 50

MORLEY (John). La vie de Richard Cobden, traduit par SOPHIE RAFFALOVICH. 1 vol. in-8. . . . . 8 fr.

NEYMARCK (A.). Finances contemporaines. — Tome I. *Trente années financières 1872-1901*. 1 vol. in-8, 7 fr. 50. — Tome II. *Les Budgets 1872-1903*. 1 vol. in-8, 7 fr. 50. — Tome III. *Questions économiques et financières 1872-1904*. 1 vol. in-8, 10 fr. — Tomes IV-V : *L'obsession fiscale, questions fiscales, propositions et projets relatifs aux impôts depuis 1871 jusqu'à nos jours*. 2 vol. in-8 (1907). . . . . . . 15 fr.

PASSY (H.), de l'Institut. Des formes de gouvernement et des lois qui les régissent. 2e édition. 1 vol. in-8. . . . . 7 fr. 50

PRADIER-FODÉRÉ. Précis de droit administratif. 7e édition, tenue au courant de la législation. 1 fort vol. in-8. . . . . 10 fr.

RAFFALOVICH (A.). Le marché financier. France, Angleterre, Allemagne, Russie, Autriche, Japon, Suisse, Italie, Espagne, États-Unis. Questions monétaires. Années 1891-1893, 1 vol. 7 fr. 50; 1895-1896. 1 vol. 7 fr. 50; 1896-1897. 1 vol. 7 fr. 50; 1897-1899 à 1901-1902, chacune 1 vol. 10 fr. 1902-1903 à 1906-1907, chacune 1 vol. . . . . 12 fr.

RICHARD (A.). L'organisation collective du travail, essai sur la coopération de main-d'œuvre, le contrat collectif et la sous-entreprise ouvrière, préface par YVES GUYOT. 1 vol. grand in-8. . . . . 6 fr.

ROSSI (P.), de l'Institut. Cours d'économie politique, revu et augmenté de leçons inédites. 5e édition. 4 vol. in-8. . . . . 15 fr.

— Cours de droit constitutionnel, *professé à la Faculté de droit de Paris*, recueilli par M. A. PORÉE. 2e édition. 4 vol. in-8. . . . . . . 15 fr.

STOURM (R.), de l'Institut, professeur à l'École libre des sciences politiques. *Cours de finances*. Le budget, son histoire et son mécanisme. 5e édition. 1 vol. in-8. . . . . 10 fr.

— Les systèmes généraux d'impôts. 2e édition revisée et mise au courant. 1 vol. in-8. . . . . 9 fr.

VIGNES (Édouard). Traité des impôts en France. 4e édition, mise au courant de la législation, par M. VERGNIAUD. 2 vol. in-8. . . . 16 fr.

BIBLIOTHÈQUE DES SCIENCES MORALES ET POLITIQUES

FORMAT IN-18 JÉSUS.

Derniers volumes publiés.

LIESSE, professeur au Conservatoire des arts et métiers. **La statistique, ses difficultés, ses procédés.** 1 vol. in-18. 1905. . . . . 2 fr. 50

MARGUERY (E.). **Le droit de propriété et le régime démocratique.** 1 vol. in-18. 1905. 2 fr. 50

MERLIN (Roger), bibliothécaire archiviste du Musée social. **Le contrat de travail, les salaires, la participation aux bénéfices.** 1 vol. in-18. 1907. . . . . 2 fr. 50

MILHAUD (Mlle Caroline). **L'ouvrière en France, sa condition présente, réformes nécessaires.** 1 vol. in-18. 1907. . . . . 2 fr. 50

BASTIAT (Frédéric). **Œuvres complètes**, précédées d'une *Notice sur sa vie et ses écrits.* 7 vol. in-18. . . . . 24 fr. 50
I. *Correspondance.* — *Premiers écrits.* 3e édition, 3 fr. 50; — II. *Le Libre-Échange.* 3e édition, 3 fr. 50; — III. *Cobden et la Ligue.* 4e édition, 2 fr. 50; — IV et V. *Sophismes économiques.* — *Petits pamphlets.* 6e édit. 2 vol., 7 fr.; — VI. *Harmonies économiques.* 9e édition, 3 fr. 50; VII. *Essais.* — *Ébauches.* — *Correspondance.* . . . . 3 fr. 50
Les tomes IV et V seuls ne se vendent que réunis.

CIESZKOWSKI (A.). **Du crédit et de la circulation.** 3e édit. in-18. 3 fr. 50

COQUELIN (Charles). **Du crédit et des banques.** 3e édition, in-18. 4 fr.

COURCELLE-SENEUIL (J.-G.). **Traité théorique et pratique d'économie politique.** 3e édit. 2 vol. in-18. . . . . 7 fr.
— **La société moderne.** 1 vol. in-18. . . . . 5 fr.

FAUCHER (L.), de l'Institut. **Mélanges d'économie politique et de finances.** 2 forts volumes in-18. . . . . 3 fr. 50

FREEMAN (E.-A.). **Le développement de la constitution anglaise, depuis les temps les plus reculés jusqu'à nos jours.** 1 vol. in-18. . . 3 fr. 50

GROTIUS. **Le droit de la guerre et de la paix.** 3 vol. in-18. . . 7 fr. 50

LAVERGNE (L. de), de l'Institut. **Économie rurale de la France depuis 1789.** 4e édition, revue et augmentée. 1 vol. in-18. . . . . . . 3 fr. 50
— **L'agriculture et la population.** 2e édition. 1 vol. in-18. . . . 3 fr. 50

MOLINARI (G. de), correspondant de l'Institut, rédacteur en chef du *Journal des Économistes.* **Questions économiques à l'ordre du jour** 1 vol. in-18. . . . . 3 fr. 50
— **Les problèmes du XXe siècle.** 1 vol. in-18. . . . . 3 fr. 50

SAY (J.-B.). **Catéchisme d'économie politique.** 1 vol. in-18. . . 1 fr. 50

STUART MILL (J.). **La liberté.** Traduction et *Introduction*, par M. DUPONT-WHITE. 3e édition, revue. 1 vol. in-18. . . . . 2 fr. 50
— **Le gouvernement représentatif.** Traduction et *Introduction*, par M. DUPONT-WHITE. 3e édition. 1 vol. in-18. . . . . 4 fr.

COLLECTION
D'AUTEURS ÉTRANGERS CONTEMPORAINS

Histoire — Morale — Économie politique — Sociologie

Format in-8. (Pour le cartonnage, 1 fr. 50 en plus.)

BAMBERGER. — **Le Métal argent au XIX**e **siècle.** Traduction par M. Raphaël-Georges Lévy. 1 vol. Prix, broché . . . . . . 3 fr. 50

C. ELLIS STEVENS. — **Les Sources de la Constitution des États-Unis** *étudiées dans leurs rapports avec l'histoire de l'Angleterre et de ses Colonies.* Traduit par Louis Vossion. 1 vol. in-8. Prix, broché. 7 fr. 50

GOSCHEN. — **Théorie des Changes étrangers.** Traduction et préface de M. Léon Say. *Quatrième édition française* suivie du *Rapport de 1875 sur le paiement de l'indemnité de guerre,* par le même. 1 vol. Prix, broché . . . . 7 fr. 50

HERBERT SPENCER. — **Justice.** *3e édition.* Trad. de M. E. Castelot. 1 vol. Prix, broché . . . . 7 fr. 50

HERBERT SPENCER. — **La Morale des différents Peuples et la Morale personnelle.** Traduction de MM. Castelot et E. Martin Saint-Léon. 1 vol. Prix, broché . . . . 7 fr. 50

HERBERT SPENCER. — **Les institutions professionnelles et industrielles.** Traduit par Henri de Varigny. 1 vol. in-8. Prix, br. 7 fr. 50

HERBERT SPENCER. — **Problèmes de Morale et de Sociologie.** Traduction de M. H. de Varigny. 2e édit. 1 vol. Prix, broché. . 7 fr. 50

HERBERT SPENCER. — **Du Rôle moral de la Bienfaisance.** (*Dernière partie des principes de l'éthique*). Traduction de MM. E. Castelot et E. Martin Saint-Léon. 1 vol. Prix, broché . . . . 7 fr. 50

HOWELL. — **Le Passé et l'Avenir des Trade Unions.** *Questions sociales d'aujourd'hui.* Traduction et préface de M. Le Cour Grandmaison. 1 vol. Prix, broché . . . . 5 fr. 50

KIDD. — **L'évolution sociale.** Traduit par M. P. Le Monnier. 1 vol. in-8. Prix, broché. . . . . 7 fr. 50

NITTI. — **Le Socialisme catholique.** Traduit avec l'autorisation de l'auteur. 1 vol. Prix, broché . . . . 7 fr. 50

RUMELIN. — **Problèmes d'Économie politique et de Statistique.** Traduit par Ar. de Riedmatten. 1 vol. Prix, broché. . . . . . 7 fr. 50

SCHULZE GAVERNITZ. — **La grande Industrie.** Traduit de l'allemand. Préface par M. G. Guéroult. 1 vol. Prix, broché. . . . . . 7 fr. 50

W.-A. SHAW. — **Histoire de la Monnaie (1252-1894).** Traduit par M. Ar. Raffalovich. 1 vol. Prix, broché . . . . 7 fr. 50

THOROLD ROGERS. — **Histoire du Travail et des Salaires en Angleterre depuis la fin du XIIIe siècle.** Traduction avec notes par E. Castelot. 1 vol. in-8. Prix, broché . . . . 7 fr. 50

WESTERMARCK. — **Origine du Mariage dans l'espèce humaine.** Traduction de M. H. de Varigny. 1 vol. Prix broché. . . . . . . 11 fr.

A.-D. WHITE. — **Histoire de la Lutte entre la Science et la Théologie.** Traduit et adapté par MM. H. de Varigny et G. Adam. 1 vol. in-8. Prix, broché . . . . 7 fr. 50

PETITE BIBLIOTHÈQUE
ÉCONOMIQUE
FRANÇAISE ET ÉTRANGÈRE

PUBLIÉE SOUS LA DIRECTION DE M. J. CHAILLEY-BERT

PRIX DE CHAQUE VOLUME IN-32, ORNÉ D'UN PORTRAIT
Cartonné toile. . . . . 2 fr. 50

XVIII VOLUMES PUBLIÉS

I. — VAUBAN. — Dîme royale, par G. Michel.
II. — BENTHAM. — Principes de Législation, par Mlle Raffalovich.
III. — HUME. — Œuvre économique, par Léon Say.
IV. — J.-B. SAY. — Économie politique, par H. Baudrillart, de l'Institut.
V. — ADAM SMITH. — Richesse des Nations, par Courcelle-Seneuil, de l'Institut.
VI. — SULLY. — Économies royales, par M. J. Chailley-Bert.
VII. — RICARDO. — Rentes, Salaires et Profits, par M. P. Beauregard, de l'Institut.
VIII. — TURGOT. — Administration et Œuvres économiques, par M. L. Robineau.
IX. — JOHN-STUART MILL. — Principes d'économie politique, par M. L. Roquet.
X. — MALTHUS. — Essai sur le principe de population, par M. G. de Molinari.
XI. — BASTIAT. — Œuvres choisies, par M. de Foville, de l'Institut.
XII. — FOURIER. — Œuvres choisies, par M. Ch. Gide.
XIII. — F. LE PLAY. — Économie sociale, par M. F. Auburtin.
XIV. — COBDEN. — Ligue contre les lois, Céréales et Discours politiques, par Léon Say, de l'Académie française.
XV. — KARL MARX. — Le Capital, par M. Vilfredo Pareto.
XVI. — LAVOISIER. — Statistique agricole et projets de réformes, par MM. Schelle et Ed. Grimaux, de l'Institut.
XVII. — LÉON SAY. — Liberté du Commerce, finances publiques, par M. J. Chailley-Bert.
XVIII. — QUESNAY. — La Physiocratie, par M. Yves Guyot.

Chaque volume est précédé d'une introduction et d'une étude biographique, bibliographique et critique sur chaque auteur.

813207. — Coulommiers. Imp. Paul BRODARD. — 9-07.

www.ingramcontent.com/pod-product-compliance
Ingram Content Group UK Ltd.
Pitfield, Milton Keynes, MK11 3LW, UK
UKHW012017240726
13965UKWH00002B/421

9 782013 450980